本书系中央高校基本科研业务费项目“暨南大学卓越智库——侨务法治建设研究”（19JNZK04）、教育部人文社科重点研究基地重大项目“侨务法律体系研究”（15JJD810012）、国家社科基金重大项目“中国海外侨胞权益的重大法律问题研究”（17DA143）的研究成果，由暨南大学法学院/知识产权学院资助出版

法|学|研|究|文|丛

——宪法学——

侨务法律体系研究

乔素玲◉著

知识产权出版社
全国百佳图书出版单位
——北京——

图书在版编目（CIP）数据

侨务法律体系研究／乔素玲著．—北京：知识产权出版社，2022.6
ISBN 978-7-5130-8118-4

Ⅰ.①侨…　Ⅱ.①乔…　Ⅲ.①侨务—行政法—研究—中国　Ⅳ.①D922.154

中国版本图书馆 CIP 数据核字（2022）第 056078 号

责任编辑：彭小华　　**责任校对：**王　岩
封面设计：智兴设计室　　**责任印制：**刘译文

侨务法律体系研究

乔素玲　著

出版发行：知识产权出版社有限责任公司　　**网　　址：**http：//www.ipph.cn
社　　址：北京市海淀区气象路 50 号院　　**邮　　编：**100081
责编电话：010-82000860 转 8115　　**责编邮箱：**huapxh@sina.com
发行电话：010-82000860 转 8101/8102　　**发行传真：**010-82000893/82005070/82000270
印　　刷：天津嘉恒印务有限公司　　**经　　销：**新华书店、各大网上书店及相关专业书店
开　　本：880mm×1230mm　1/32　　**印　　张：**10.5
版　　次：2022 年 6 月第 1 版　　**印　　次：**2022 年 6 月第 1 次印刷
字　　数：280 千字　　**定　　价：**88.00 元

ISBN 978-7-5130-8118-4

目 录

CONTENTS

绪　论

全面依法治国是从历史经验中逐步总结出来的社会治理智慧。要实现全面依法治国，首先要具有完备的法律体系。法律体系是一个国家或地区全部现行有效的法律规范所形成的统一整体，是法律上层建筑的核心内容。充分认识法律体系建构的重要性，有助于实现法律制度内部的和谐一致，更好地适应社会现实需要，达成良好的调整效果。恩格斯曾经说过："在现代国家中，法不仅必须适应总的经济状况，不仅必须是它的表现，而且还必须是不因内在矛盾而自相抵触的一种内部和谐一致的表现。"❶

侨务法律体系是中国特色社会主义法律体系的重要构成部分。侨务是我国对归侨侨眷和华侨华人事务的总称。侨务法律体系是指以宪法为基础，由国家制定的旨在调整华侨、归侨、侨眷、外籍华人

---

❶ ［德］恩格斯："恩格斯致康拉德·施米特"（1890年10月27日），见中共中央马克思、恩格斯、列宁、斯大林著作编译局编译：《马克思恩格斯选集》（第4卷），人民出版社2012年版，第610页。

等涉侨群体的权利义务关系为主要内容的部门法体系，是包括公法与私法、实体法与程序法在内的法律规范的总和。关于侨务法律体系的主要内容，目前学界存在不同的认识。通说认为，侨务法的主要内容是归侨侨眷和华侨权益保护法律制度。[1] 另有学者认为，除归侨侨眷权益保护制度外，还应将其他外国侨民权益保护制度包括在内。[2] 我们认为，前一种观点过于狭窄，后一种观点则过于宽泛。所谓侨务法律体系应该是指以调整归侨侨眷、华侨华人的权利义务关系为主要内容的部门法体系。作为专门调整侨务关系的部门法，侨务法是我国法律体系不可或缺的组成部分。

中国是侨务资源和海外公民众多的国家。据不完全统计，目前有6 000多万海外侨胞分布在世界近200个国家和地区，其中华侨约600万，外籍华人5 000多万，[3] 另有归侨侨眷3 000多万。[4] 2017年，中国出境旅游人数达到1.29亿人次。[5] 在国外进行学习和研究的中国人多达145.41万人，十八大以来，有231.36万人学成归国；[6] 2018年年末，在外各类劳务人员约101万人。[7] 华侨华

---

[1] 刘国福：《侨务法律制度研究》，法律出版社2012年版，第10页。

[2] 冯泽华："论我国侨务立法理念的转型"，载《五邑大学学报》2017年第4期，第66~69页。

[3] 许又声："国务院关于华侨权益保护工作情况的报告"，载《全国人民代表大会常务委员会公报》2018年第8期，第462~467页。

[4] 曹云华：《2013年世界侨情报告》，暨南大学出版社2014年版，第452页。

[5] 伍策、高峰："2017出境游大数据：中国公民出境游1.3亿人次"，http://travel.china.com.cn/txt/2018-04/27/content_50976602.htm，访问日期：2019年2月1日。

[6] 张烁："1978年到2017年间83.73%留学人员选择回国发展"，载《人民日报》2018年3月31日，第1版。

[7] 商务部对外投资和经济合作司："2018年1~11月中国对外劳务合作业务简明统计"，http://hzs.mofcom.gov.cn/article/date/201812/20181202818122.shtml，访问日期：2019年2月1日。

人是中华民族的重要组成部分，是维护国家主权、安全、发展利益及促进中外友好的重要依靠力量，是我国不可替代的重要资源。随着越来越多的国人走出国门，走向世界，所面对的国际环境日趋复杂，不稳定性明显增加，特别是受新冠肺炎疫情的影响，全球化进程遭遇逆流，世界进入动荡变革期，单边主义、保护主义、霸权主义对世界和平与发展构成严重威胁，侨胞海外安全等权益保护的需求日趋突出，我们亟须借鉴已有经验，加强侨务法治体系建设，采取新的举措，有效维护侨胞合法权益。

华侨华人和归侨侨眷在中国革命和国家建设中具有重要作用，为中华民族的进步和发展做出了巨大贡献。孙中山领导的辛亥革命得到海外华侨的大力支持，孙中山曾称赞“华侨为革命之母”。华侨还是中国抗日战争的重要支持力量，毛泽东曾经为华侨杰出代表陈嘉庚亲笔题词“华侨旗帜，民族光辉”。中华人民共和国成立后，华侨成为中华人民共和国建设的重要推动者。大批华侨回国效力，其中不少人成为中国科技、教育等领域的奠基人与领导者。侨胞积极回国投资，捐资捐物，海外侨胞给国内眷属汇来的侨汇更成为中华人民共和国极为重要的外汇资金来源。改革开放以来，拥有经济、科技实力的华侨华人，更是成为中国经济发展不可或缺的重要推动力量，华侨华人和港澳同胞创办的企业占中国“三资”企业总数的七成，投资总额占中国实际利用外资总额的六成。[1] 华侨华人还通过为中国带来先进技术、管理经验与理念，大力推动中国与世界接轨，为实施科教兴国、人才强国战略，推动“一带一路”倡议，传播中华优秀传统文化，推进和平外交，促进中华民族伟大复兴，发挥独特作用。

---

[1] 李海峰：“迎接全国华商组织的蓬勃发展——载‘全国华商组织经验交流会’上的总结讲话”，载《侨务工作研究》2005 年第 1 期，第 27 ~ 30 页。

国家“十三五”规划提出要建设法治政府，全面推进法治社会建设，推进多层次多领域依法治理，提高社会治理法治化水平。《中共中央关于制定国民经济和社会发展第十四个五年规划和二〇三五年远景目标的建议》强调要“丰富指导思想和原则，强化以人民为中心、扩大对外开放、全面依法治国、统筹发展和安全等方面的内容”；强调“系统观念是具有基础性的思想和工作方法”，要“坚持系统理念”，“十四五”时期经济社会发展必须遵循坚持系统观念的原则，坚持系统谋划，根据新的实践需要，形成一系列新布局和新方略。[1]

侨务法治是中国特色社会主义法治不可或缺的构成部分，对于实现全面依法治国、树立我国负责任大国的国际形象、实现国际接轨具有重要战略意义。2018 年华侨权益保护立法列入《十三届全国人大常委会立法规划》第三类“需要继续研究论证的立法项目”,[2] 国务院“十三五”立法规划、国务院侨务办公室（以下简称国务院侨办）立法规划均将华侨权益保护立法列入立法研究计划。外交部起草的《领事保护与协助工作条例》、公安部起草的《外国人永久居留管理条例》等相关法规也被列入国务院 2019 年立法规划中的“拟制定、修订的行政法规”[3]，侨务法律体系建构已经正式提上国家立法议事日程。本书以侨务法律的体系化构建为中心，鉴于归侨侨眷立法相对比较系统成熟，已经取得明显实

---

❶ “中共中央关于制定国民经济和社会发展第十四个五年规划和二〇三五年远景目标的建议”，载《人民日报》2020 年 11 月 4 日，第 1 版。

❷ 全国人大常委会：“十三届全国人大常委会立法规划”，中国人大网，http：//www. npc. gov. cn/npc/xinwen/2018 – 09/10/content _ 2061041. htm，访问日期：2019 年 2 月 17 日。

❸ “国务院办公厅关于印发国务院 2019 年立法工作计划的通知”（国办发〔2019〕18 号），中国政府网，http：//www. gov. cn/zhengce/content/2019 – 05/11/content _ 5390676. htm，访问日期：2020 年 5 月 20 日。

践效果，而且研究成果比较丰富，大部分问题在学界已经取得共识，而有关海外侨胞的立法则相对薄弱，我们重点探讨海外侨胞权益保护的立法现状与问题，在分析问题成因的基础上，设计侨务法律体系建构的基本方案与框架，并围绕华侨华人权益保护法律制度的完善提出相应的对策与建议，以期抛砖引玉，推进侨务法学发展，加快侨务法治化进程，为凝聚侨心侨力、促进中华民族伟大复兴略尽绵薄之力。

CHAPTER 01 >> 第一章

侨胞相关概念的界定及问题

第一节　侨胞相关概念的界定

一、“侨”与“侨民”

根据《辞海》的解释，侨的本义主要有二，一是寄居、客居，如侨胞，侨居。二是侨民，如华侨。[1]《现代汉语词典》对侨的解释与《辞海》基本相同。根据《现代汉语词典》，侨的本义有两个，一是指侨居，如侨民、侨胞；二是指侨民，如华侨、外侨。[2] 换言之，侨的本义是侨居和侨民，并非专指华侨。

（1）侨居。古汉语中的侨居是指在外乡居住。近代以来，随着我国出国人数的逐渐增多，侨居的

---

[1] 辞海编辑委员会编：《辞海》，上海辞书出版社 1980 年版，第 289 页。

[2] 中国社会科学院语言研究所词典编辑室编：《现代汉语词典》，商务印书馆 2002 年版，第 1020 页。

含义由在外乡居住延伸至在国外居住。如1858年《中法天津条约》第一条规定，“嗣后大清皇上与大法国皇上及两国商民，毋论何人在何地方，均永远和好，友谊敦笃。彼此侨居，皆获保护身家”。❶《现代汉语词典》认为侨居是指“在外国居住”。❷

（2）侨民。古汉语中并无侨民一词，《辞海》中未见侨民条目。《现代汉语词典》则将侨民列为侨的本义之一，并列有侨民专条。根据《现代汉语词典》，侨民是指“住在外国而保留本国国籍的居民”。❸孙中山建立的南方国民政府1924年颁行的《内政部侨务局保护侨民专章》第一条规定：“中华民国人民旅居外国及回国者，统称侨民。”南京国民政府时期，则专门以侨民指称旅居国外的人。1944年国民政府行政院颁行的《中华民国侨民登记规则》第一条规定，“侨居国外之中华民国人民应依照本规则登记”，也就是说，侨民是指侨居国外的中华民国人民。❹1941年《回国侨民临时接待所接待侨民暂行办法》规定，接待所接待的侨民需要提供在国外居住的证明文件，这些文件主要包括华侨登记证、侨居地出生证明或护照、侨居地中国使领馆或国民党党部以及商会出具的证明文件，以及其他足资证明确系回国侨民的证件。❺1945年中华民国行政院侨务委员会颁布的《侨民请领护照出国核给证

❶ “中法天津条约”，见王铁崖编：《中外旧约章汇编（第一册）》，生活·读书·新知三联书店1957年版，第104页。

❷ 中国社会科学院语言研究所词典编辑室编：《现代汉语词典》，商务印书馆2002年版，第1020~1021页。

❸ 中国社会科学院语言研究所词典编辑室编：《现代汉语词典》，商务印书馆2002年版，第1020~1021页。

❹ 中华民国行政院：《中华民国侨民登记规则》，见国民政府侨务委员会编印：《侨务十五年》，1947年版，第4236页。

❺ 回国侨民事业辅导委员会：《回国侨民临时接待所接待侨民暂行办法》，载《福建省政府公报》1941年第1175期，第4385~4386页。

明办法》规定："申请证明之出国复业侨民，必须呈验海外携来之有关证明，如当地政府之居留纸、回头纸，或驻外使领馆之护照登记证，无使领馆地方则为党部或中华会馆之证明书，至少须有一种且能发生效力者方予证明。申请人系应聘出国担任华侨教育及文化工作人员或受国外机关、工厂、农场或商店雇佣服务，或系订婚妇女请求出国与本国人结婚，及妇女携带子女出国投依有生业之亲属者，皆须经侨委会及有关部门核准。"[1] 根据1936年《中华民国宪法草案》，国民大会代表选举中专列"在外侨民代表"名额。但根据1946年《国民大会代表选举罢免法》第五条规定，只有年满20岁的中华民国国民才能享有选举权，年满23岁可以享有被选举权。第六条还专门对归化的外国人、恢复中华民国国籍者的选举权问题作出限制性条件，规定加入中华民国国籍的外国人，必须满5年才能享有选举权，恢复中华民国国籍者满3年才能享有选举权。[2] 表明具有中国国籍是界定侨民的关键条件。

在当代中国，学术界、政府部门等对侨民的含义有不同认识。周南京主编的《世界华侨华人词典》将侨民定义为"某国在外国定居谋生而保留原国籍的公民"。强调"驻外外交官、领事官或其他代表团官员，为任务奉命驻扎国外，任务停止或转调即行离开，而无为谋生而定居之意，不能视为侨民。留学生短期出国深造，学业完成即行回国者，亦不能视为侨民。外交官退休或辞职，以及留学生完成学业，继续在国外定居或谋生，从而改变身份，可称侨民"。[3] 目前学界所称"侨民"一般是指在外国居住而保留本

---

[1] 国民政府侨务委员会编印：《侨务十五年》，1947年版，第42页。

[2] 《国民大会代表选举罢免法》，见蔡鸿源主编：《民国法规集成（第33册）》，黄山书社1999年版，第228~229页。

[3] 周南京主编：《世界华侨华人词典》，北京大学出版社1993年版，第509页。

国国籍的公民。中国侨民是指在外国居住而保留中国国籍的中国公民。中国侨民具有以下主要特征：一是具有中国公民资格。侨民属于本国公民，与外国人有别。中国公民资格是侨民的静态身份特征，具有明显的国籍归属性。二是在外国居住。与在本国居住的本国公民不同，侨民居住在外国。居住是一种行为状态，可以是永久、长期、临时或停留，可以是合法居住，也可以是非法居住。侨民身份不因中国公民是否获得居住国居留权、获得居留权期限的长短以及居住是否合法而发生变化。❶ 三是保留中国国籍。侨民与在外国居住但不再保留中国国籍的原中国公民不同。后者是华人的重要组成部分。保留中国国籍是侨民的重要特征，中国侨民具有明显的中国国籍延续性。

政府部门则常将“侨民”“侨胞”混用，均指称所有居住在国外的中国公民，对定居、长期居住、短期居住或停留在国外的中国公民不做具体区分。外交部在官方发言中经常采用的“撤侨”，是指在紧急情况下撤回在某国或某地区的所有中国公民。但我国驻外使领馆发布的侨民登记文件中对侨民的界定并不完全一致，或者用侨民指称取得居住国居留权、具有中国国籍的中国公民，或者专指取得永久或半年以上居留权、具有中国国籍的中国公民。有时我国驻外使领馆又将“侨胞”与留学生区别开来。如中国驻纽约总领事馆在2012年发布的《总领馆提醒侨胞和留学生注意骑自行车安全》一文中称，“总领馆在此提醒广大侨胞和留学生遵守当地有关法律法规，确保自身及行人安全。”❷ 有时还将中国公民

❶ 刘国福：《侨情变化与侨务政策》，暨南大学出版社2013年版，第48~49页。

❷ 中华人民共和国驻纽约总领事馆：“总领馆提醒侨胞和留学生注意骑自行车安全”，http://www.fmprc.gov.cn/ce/cgny/chn/lsyw/lsbh/lstx/t788493.htm，访问日期：2017年10月26日。

与“侨胞”并列，意在对二者进行区别。如2005年发布的《中国驻纽约总领馆提请广大侨胞注意出行安全》一文提醒“中国公民和需要通知在中国国内亲友的侨胞还应尽快与当地的中国使、领馆取得联系，以便及时获得领事保护或协助”。❶ 有时将“侨胞”视为国外“中国公民”的同义词，有时又将“侨胞”作为华侨华人、中国留学生、中资机构人员和游客的总称。如中国驻纽约总领馆在2014年发布的《提醒中国公民注意春节期间安全》一文中称，“中华民族传统节日春节即将来临，中国驻纽约总领事馆向旅居美东地区的华侨华人、中国留学生、中资机构人员和游客拜年，祝大家新年快乐，幸福安康！在欢庆新春佳节之际，总领馆提醒大家遵守当地法律法规，确保人身及财物安全，平安出行，愉快过节。今冬美东地区天气异常，暴风雪接踵而至，旅美侨胞车祸多发，造成多人伤亡。总领馆特别提请大家注意行车安全，在雨雪天气尽量减少不必要的出行”。❷ 2020年春节国务院侨务办公室主任潘岳向全球侨胞发出的新春贺词中，实际上也是用“侨胞”泛指在国外的华侨华人、中国留学生以及其他在国外的中国公民❸。

---

❶ 中国驻纽约总领事馆：“中国驻纽约总领馆提请广大侨胞注意出行安全”，http：//www. fmprc. gov. cn/ce/cgny/chn/lsyw/lsbh/lstx/t200010. htm，访问日期：2017年10月26日。

❷ 中国驻纽约总领馆：“提醒中国公民注意春节期间安全”，http：//www. fmprc. gov. cn/ce/cgny/chn/lsyw/lsbh/lstx/t1121747. htmhttp：//www. fmprc. gov. cn/ce/cgny/chn/lsyw/lsbh/lstx/t1121747. htm，访问日期：2017年10月26日。

❸ “中国国务院侨办主任潘岳发表新春贺辞：相隔千万里 只待重逢时”，中新网，http：//www. chinanews. com/gn/2021/02 – 03/9403320. shtml，访问日期：2021年3月8日。

二、华侨

南京国民政府时期，曾将华侨界定为“凡中华民国国民侨居外国一定地点三年以上，有正当职业与固定生活者”。[1] 中华人民共和国成立后，长期采用笼统做法，未对“华侨”进行明确界定。目前学界与侨务部门一般将华侨定义为定居在国外的中国公民。2000年修订的《中华人民共和国归侨侨眷权益保护法》（以下简称《归侨侨眷权益保护法》）第二条对华侨进行了界定，即“华侨是指定居在国外的中国公民”。为了使侨务工作实践有规可依，国务院侨办2009年发布了《关于界定华侨外籍华人归侨侨眷身份的规定》，从政策层面对华侨、归侨、侨眷、外籍华人4个概念进行了界定和区分，对侨务法治实践和学术研究产生了重要影响。

华侨的法律概念有三层含义：一是从国际角度而言，华侨必定具有中国国籍，国籍的不同是华侨与外籍华人的本质区别。二是从定居地而言，华侨在国外定居，香港、澳门和台湾是中国领土，定居在这些区域的香港、澳门和台湾同胞是中国公民，不属于华侨。但如果他们移居国外，获得住在国永久居留权，就属于华侨。三是所谓“定居”，是指在国外已经取得长久或永久居住权并事实上已经在国外居住。根据国务院侨务办公室发布的《关于界定华侨外籍华人归侨侨眷身份的规定》，“定居”特指两种情况，一是中国公民已取得住在国长期或者永久居留权，并已在住在国连续居留两年，两年内累计居留不少于18个月；二是指中国公民虽未取得住在国长期或永久居留权，但已取得住在国连续5年以上（含5年）合法居留资格，5年内在住在国累计居留不少于30个月。符合上述两种情况者，

---

[1] “有关部会商定‘华侨’定义”，《银行周报》1948年38卷第44期“专载”，第29页。

才能视为华侨。我国驻外机构工作人员、访问学者、各种临时出国人员、劳务输出人员以及经常在边境出入的边境居民，并非定居国外，无论他们在国外居留时间长短，均不属于华侨。中国公民出国留学无论是公派还是自费，在国外学习期间，也不视为华侨。[1]

三、归侨侨眷

归侨指回国定居的华侨，来华定居的外籍华人在恢复或取得中国国籍后，也被视为归侨。归侨具体包括两种情况：一是回国定居的华侨；二是外籍华人经批准恢复或取得中国国籍并依法办理来中国落户手续，视为华侨。“回国定居”是指华侨放弃原住在国长期、永久或合法居留权并依法办理回国落户手续。归侨主要具有以下法律特征：一是必须曾经是华侨，非华侨回国的中国公民不是归侨。二是必须是回国定居，即使长期在国内生活居住但仍保留外国居留权的华侨不属于归侨。华侨临时或短期回国旅游探亲、讲学交流、创业经商，但未定居国内，也不属于归侨。是否回国定居是华侨与归侨的重要区别。

侨眷指华侨、归侨在国内的眷属。侨眷具体包括两种情况，一是指华侨、归侨在国内的眷属，主要指上下三代的直系亲属，具体范围包括：华侨、归侨的配偶、父母、子女及其配偶、兄弟姐妹、祖父母外祖父母、孙子女外孙子女，以及同华侨、归侨有长期抚养关系的其他亲属。二是外籍华人在中国境内的具有中国国籍的眷属视为侨眷，其范围比照华侨和归侨眷属的有关规定。[2]

---

[1] 国务院侨务办公室：《关于界定华侨外籍华人归侨侨眷身份的规定》，载董传杰主编：《涉侨法规政策文件汇编》，暨南大学出版社2014年版，第15～16页。

[2] 国务院侨务办公室：《关于界定华侨外籍华人归侨侨眷身份的规定》，载董传杰主编：《涉侨法规政策文件汇编》，暨南大学出版社2014年版，第15～16页。

四、外籍华人

外籍华人指已加入或取得了住在国国籍的原中国公民及其外国后裔，以及中国公民的外国籍后裔，简称为华人。具体而言，外籍华人包括两种情况。一是指已加入外国国籍的原中国公民及其外国后裔；二是指中国公民的外国籍后裔。外籍华人一般简称为“华人”，在一些规范性文件中经常将“外籍华人”等同于“华人”。如2016年国务院侨办发布的《在境内举办华侨、外籍华人国际性联谊活动的管理暂行办法》中就将华侨、外籍华人等同于华侨华人。[1]

五、侨胞

华侨和外籍华人简称为华侨华人。华侨华人概念是一个历史范畴，其发展变化与人类社会发展的不同历史阶段存在密切联系，是国际国内形势特别是住在国政治、经济、社会发展变化等因素综合作用的结果。第二次世界大战以前，华侨是侨胞的主要构成部分。1945年第二次世界大战结束后，大部分华侨加入住在国国籍，世界各国的华侨华人结构发生重大变化，华人在侨胞群体中的比重不断增加。目前世界各地有华侨华人约6 000万，其中华人5 000多万，占90%以上。由于华侨和外籍华人在开展侨务工作中通常密不可分，又将华侨和外籍华人统称为“侨胞”。[2] 在很多场合，我国政府部门还采用更为广泛的“侨胞”概念，将“侨胞”作为华侨华人、中国留学生、中资机构人员和游客的总称。

---

❶ 国务院侨务办公室：《在境内举办华侨、外籍华人国际性联谊活动的管理暂行办法》，见国务院侨务办公室法规司编：《2016年侨务法规文件汇编》，内部印行2017年版，第155～157页。

❷ 许又声：“国务院关于华侨权益保护工作情况的报告”，载《全国人民代表大会常务委员会公报》2018年第8期，第462～467页。

六、华侨华人与国际移民

华侨华人与国际移民之间既有联系又有区别。由于国际移民的复杂性，目前国际上尚无国际移民的统一定义。国内学者李明欢根据自己多年研究经验，以联合国和国际移民组织的定义为基础，将国际移民界定为跨越主权国家边界、以非官方身份在非本人出生国居住达1年以上的特定人群[1]。国际移民的特点有三：一是跨越本国的国家边界；二是在异国居住时间具有连续性和一定的跨度，如短期游客或短期赴国外探亲者都不属于国际移民；三是迁移是基于个人原因，如外交官不属于国际移民。华侨是定居在国外的中国公民，应该属于国际移民。按照李明欢教授上述有关国际移民认定的标准，在国外留学1年以上的留学生以及在国外工作1年以上的外派劳务人员也属于国际移民，但不是华侨。华人的情况则更为复杂。具体而言，曾经拥有中国国籍的华人属于国际移民，在当地出生的华裔是华人，但不属于国际移民。目前华侨华人群体中有相当大一部分人是在当地出生的华裔，不属于国际移民。

第二节　侨胞相关概念界定存在的主要问题

鉴于侨胞权益保护和侨务管理的现实需要，我国已经出台了一系列政策性文件，对侨胞及其相关概念进行界定，学界也对相关问题进行研究分析，为侨务法律体系的建构奠定了理论基础，

---

[1] 李明欢："国际移民的定义与类别——兼论中国移民问题"，载《华侨华人历史研究》2009年第2期，第1~10页。

但毋庸讳言，这些概念的界定仍然存在问题，难以适应世情国情尤其是侨情发展变化以及侨务法治建设的实际需要。

一、“华侨”“侨眷”的认定标准缺乏可操作性

虽然国务院侨办发布的《关于界定华侨外籍华人归侨侨眷身份的规定》对华侨华人和归侨侨眷的认定标准作出了说明，但从侨务实践层面看，目前有关华侨、侨眷的认定标准还不够明确，缺乏应有的可操作性。就华侨的认定而言，何为“定居”？有关在国外居留期限的规定标准缺乏必要的合理性论证与说明，其具体计算依据是什么？诸如此类的问题，给侨务法律的制定造成困难。就侨眷的认定而言，何为与归侨存在“长期抚养关系”？在实际操作中，各地对“长期抚养关系”存在不同界定。多数省市制定的华侨归侨侨眷权益保护办法对长期抚养关系的界定以5年为标准，如扬州市、苏州市、山东省、河南省、天津市等省市规定，侨眷是指华侨、归侨在国内的配偶、父母、子女及其配偶，兄弟姐妹，祖父母、外祖父母，孙子女、外孙子女，以及同华侨、侨眷有五年以上抚养关系的其他亲属❶。但也有部分省市直接采用国务院侨务办公室“长期抚养关系”的规定而未对“长期”作出明确的时

---

❶ 扬州市人民政府：《扬州市华侨归侨侨眷权益保护办法》(2013年)、苏州市人民政府：《苏州市华侨归侨侨眷权益保护办法》(2013年)、山东省人大常委会：《山东省归侨侨眷权益保护条例》(2014年)、河南省人民政府外事办公室：《河南省归侨侨眷身份认定办法》(2014年)，见国务院侨务办公室政策法规司编：《侨务法规文件汇编(2013—2014年)》，内部印行2015年版，第27~31、31~34、35~39、43~46页。天津市人民政府侨务办公室：《天津市归侨侨眷身份认定办法》(2016年)，见国务院侨务办公室政策法规司编：《2016年涉侨政策法规汇编》，内部印行2017年版，第135~138页。

间标准界定，如青海省❶。不同省区对同一事项的认定标准存在差异，不利于实现法律的统一，在一定程度上损害了法律的普遍性与权威性。

二、“外籍华人”定位模糊

按照我国现有法律规定，外籍华人并非侨务工作的对象。但因外籍华人祖籍或原籍为中国，其中有很多人在中国出生成长，原来就是华侨，而且他们长期与中国存在千丝万缕的联系，比如父母、配偶、子女、亲戚、朋友、同学以及企业等在中国，与中国来往频繁，对中国有比较深厚的感情，这些联系并未因其国籍变化而消失。中国政府十分珍惜与外籍华人的关系与感情，一向将其视为中国的亲戚来善待，在符合国际法则、分清国籍的原则下在具体事务中参照有关华侨的法律规定，尽可能给予其与华侨同等的法律地位。因此，外籍华人实际上已经成为我国侨务政策的主要工作对象。正如有学者所言，“除了华侨以及华人社团领袖外，重要的华人科技和专业人士、参政人士、华裔新生代、少数民族华侨华人、对台侨务以及涉疆涉藏侨务都相继成为中国侨务政策的工作对象。”❷

外籍华人具有中国血统，一般比较认同中华文化，与中国存在比较密切的联系。但外籍华人毕竟已经加入外国国籍，具有明显的国际性，与侠义的“华侨”存在明显差异。总体来看，目前

---

❶ 青海省人民政府侨务办公室：《青海省归侨侨眷证办理规定》，见国务院侨务办公室政策法规司编：《侨务法规文件汇编（2013—2014年）》，内部印行2015年版，第47～50页。

❷ 代帆：“华侨华人与中国的东南亚政策”，见国务院侨务办公室政策法规司编：《国务院侨办课题研究成果集萃（2009—2010年）》，内部印行2011年版，第474页。

我国有关外籍华人的认定标准还不够明晰。除国务院侨务办公室发布的《关于界定华侨外籍华人归侨侨眷身份的规定》对外籍华人有所界定外，部分地方性立法也力图进一步明确外籍华人的具体认定标准，但总体来看仍比较粗疏。如上海市人民政府侨务办公室为了配合《公安部支持上海科创中心建设出入境政策“新十条”》的实施，给予外籍华人在上海申办永久居留和居停留便利的优惠待遇，于2016年出台《关于外籍华人身份认定的办法》，其中规定“外籍华人是指已经加入外国国籍的原中国公民及其外国籍后裔和中国公民的外国籍后裔”，并特别说明原中国公民可直接向出入境管理部门申办有关居停留证件而无需上海市侨务办公室认定其外籍华人身份。外籍华人身份认定的具体受理部门是上海市华侨事务中心，具体认定事务则由上海市侨务办公室负责。外籍华人身份认定的申请人应该提交的材料主要包括：外籍华人身份认定申请表，申请人所持的有效护照，申请人的境外人员临时住宿登记单，同时提交下列证明申请人具备外籍华人身份的材料之一：（1）证明申请人的父母或其他亲属前辈具有中国国籍的材料（包括有关亲属关系的证明材料）；（2）申请人祖籍地县级以上人民政府侨务部门出具的证明材料；（3）经认定部门核准的海外华侨华人社团出具的证明材料；（4）申请人所在国政府部门出具的有关证明材料。除上述基本证明材料外，根据申请永久居留或五年多次出入境的不同，申请人还需要提供其他证明材料。凡申请在华永久居留的，需提交申请人的博士学位证明或者在上海“双自区”、“双创”基地内已连续工作4年的证明，以及认定部门认为必要的其他证明材料。所谓“双自区”是指上海张江国家自主创新示范区和中国（上海）自由贸易试验区，“双创”基地是指国务院批准设立的“大众创业、万众创新”示范基地，目前包括杨浦区和上海交通大学。凡是申请5年以内多次出入境签证或有效期5年以内居留许可的，需提交申请人在上海办理有关事务的证明，以及认定部门认为必要的其他证明材料。凡提交的国外婚姻证明、出生证明、亲属关系证明等相关材料，应当经我国驻外使领馆认证，也可以由所属国驻华使领馆证明。对于符合条件的申请，由上海市侨务办公室出具《外籍华人身份认定书》。

上海市关于外籍华人的认定办法具有一定可操作性，为外籍华人认定提供了具体依据，可谓是外籍华人立法的重大发展，但也存在明显不足。一是认定书的有效期限极短，而且使用范围非常有限。根据上海市出台的《关于外籍华人身份认定的办法》的规定，认定书的有效期限为自签发之日起30天，认定书的使用范围仅限于以下几个方面：（1）具有博士及以上学位或者已在上海市"双自区"、"双创"基地内已连续工作满4年，拟申请在华永久居留的外籍华人；（2）因在上海处理私人事务，或因在上海工作、学习，从事商务、科教文卫体等交流活动，拟申请5年以内多次入出境签证或有效期5年以内居留许可的外籍华人。[1] 二是部分规定过于笼统模糊。如该认定办法第五条有关申请人提供的4种外籍华人身份证明材料中，其中3种极为模糊：关于申请人的父母或其他亲属前辈具有中国国籍的材料，"其他亲属"的范围缺乏相应规定；关于经认定部门核准的海外华侨华人社团出具的证明材料，"海外华侨华人社团"缺乏基本核定标准，难以保证外籍华人证明材料的真实有效性。关于申请人所在国政府部门出具的有关证明材料，未明确什么层级的政府部门、出具什么样的证明材料能够

[1] 上海市人民政府侨务办公室：《关于外籍华人身份认定的办法》，见国务院侨务办公室政策法规司编：《2016年涉侨政策法规文件汇编》，暨南大学出版社2017年版，第144～146页。

为上海市侨务办公室所认可，对证明材料的认定缺乏明确的标准。

因此，如何界定外籍华人、其法律身份能否得到确立，仍然是目前争议较大的问题。外籍华人法律制度是我国侨务法律体系化不可或缺的内容，对增强中华民族凝聚力、发展良好国际关系、促进国家战略的实现具有特殊而重要的意义。亟须合理界定华人概念，进一步论证将外籍华人纳入侨务法律体系的法理基础，并在此基础上，明晰外籍华人的身份性质与基本定位，从法律上明确外籍华人的权利与义务。

CHAPTER 02 >> 第二章

侨务法律体系的现状

中国是侨务资源大国，侨胞遍布世界各地，他们是中华民族的重要组成部分，是维护国家主权、安全、发展利益和促进中外友好的重要力量，是中国独特而且不可替代的重要资源。由于侨胞在我国具有特殊的历史地位与作用，国家长期重视涉侨立法，尤其是改革开放以来，侨务法律体系建设不断加强，并已取得显著成绩。

第一节　我国侨务法律体系的发展历程

我国有关侨胞权益保护的规范形式多种多样，按照颁行的时间顺序，大致可以分为中华人民共和国成立初期和改革开放以来两个主要发展阶段，前一阶段为中国特色社会主义侨务政策法规初步形成时期，后一阶段则为中国特色社会主义侨务法律体系的快速、全面发展时期。

一、中华人民共和国成立初期侨务法律体系的初步发展

我国侨务法律体系建设的第一个阶段是中华人民共和国成立至20世纪60年代。中华人民共和国成立前夕，中国人民政治协商会议通过的宪法性文件《中国人民政治协商会议共同纲领》明确指出，中华人民共和国中央人民政府应尽力保护国外华侨的正当权益。1954年颁行的中华人民共和国第一部宪法明确规定，中华人民共和国保护国外华侨的正当的权利和利益，同时还颁布了一系列关于保障华侨财产权益、投资权益、出入境权益的规范性文件。1950年中央政府颁布《侨汇业管理暂行条例》《关于土地改革中对华侨土地财产处理办法》等政策性文件。1955年国务院颁布《关于贯彻保护侨汇政策的命令》，全国人民代表大会常务委员会（以下简称全国人大常委会）通过《华侨申请使用国有的荒山荒地条例》。1957年全国人大常委会批准《华侨投资于国营华侨投资公司的优待办法》《华侨捐资兴办学校办法》。1960年国务院发布《接待和安置归国华侨的指示》。此后，进入“文化大革命”时期。该时期我国初步建立的侨务政策法律体系受到严重破坏，华侨权益受到一定侵害。

二、改革开放以来我国侨务法律体系的全面发展

我国侨务法律体系的第二个重要发展阶段为1979年至今，这是侨务法律体系全面发展的时期。随着政治环境趋于稳定，经济不断发展，法治建设逐步受到重视，华侨权益保护得到恢复和发展。该时期我国出台了一系列有关华侨权益保护的法律、法规和政策性文件。1980年，国务院转发国家城市建设总局、国务院侨办制定的《关于用侨汇购买和建设住宅的暂行办法》。1982年

《宪法》明确规定，中华人民共和国保护华侨的正当的权利和利益，保护归侨和侨眷的合法的权利和利益。国务院颁布《关于加强华侨和港澳同胞捐赠进口物资管理的通知》，国务院侨办、财政部等部门联合发布《关于归侨侨眷职工出境探亲待遇问题的通知》。1983 年，国务院侨办、人事部等部门联合发布《关于归侨、侨眷职工因私事出境的假期、工资等问题的规定》，外交部、最高人民法院等联合出台《关于驻外使、领馆处理华侨结婚问题的若干规定》及《关于驻外使领馆处理华侨离婚问题的若干规定》，民政部出台《华侨同国内公民、港澳同胞同内地公民之间办理婚姻登记的几项规定》。1986 年，国务院侨办与人事部等联合发布《关于港澳同胞眷属职工探亲待遇问题的通知》。1989 年，国务院颁布《关于加强华侨、港澳台同胞捐赠进口物资管理的若干规定》。1990 年国务院颁布《关于鼓励华侨和香港澳门同胞投资的规定》。同年，我国制定首部专门性侨务法律《归侨侨眷权益保护法》。1993 年，国务院发布《中华人民共和国归侨侨眷权益保护法实施办法》（以下简称《归侨侨眷权益保护法实施办法》）。2000 年对《归侨侨眷权益保护法》进行修订。2004 年国务院颁布新的《归侨侨眷权益保护法实施办法》。除此之外，涉侨法律法规还有《中华人民共和国出境入境管理法》（以下简称《出境入境管理法》）、《中华人民共和国国籍法》（以下简称《国籍法》）、《中华人民共和国护照法》（以下简称《护照法》）等。此外，由于华侨、归侨侨眷属于中国公民，《中华人民共和国居民身份证法》（以下简称《身份证法》）、《中华人民共和国民法典》（以下简称《民法典》）等所有国内立法原则上均适用于华侨、归侨和侨眷。

党的十八大以来，以习近平同志为核心的党中央统筹国内与国际大局，高度重视侨务法治建设，对加强华侨权益保护、凝聚侨心侨力作出全面部署。习近平总书记以实现中华民族伟大复兴的战略胸怀，提出“团结统一的中华民族是海内外中华儿女共同的根，博大精深的中华文化是海内外中华儿女共同的魂，实现中华民族伟大复兴是海内外中华儿女共同的梦”❶的重要论述，强调“海外侨胞对实现中国梦有不可替代的重要作用”“把广大海外侨胞和归侨侨眷紧密团结起来，发挥他们在中华民族伟大复兴中的积极作用，是党和国家的一项重要工作”。❷ 2016年《中共中央关于全面推进依法治国若干重大问题的决定》指出：“依法维护海外侨胞权益。”党的十九大报告提出：“广泛团结联系海外侨胞和归侨侨眷，共同致力于中华民族伟大复兴。”根据党中央的决策部署，为了充分体现党中央对侨胞的高度重视和亲切关怀，全国人民代表大会（以下简称全国人大）、国务院及地方政府不断完善侨务法律制度，构建具有中国特色的社会主义侨务法律体系，并且取得明显成效。但目前尚未出台专门对海外侨胞进行保护的综合性、系统化的法律，有关海外侨胞出入境、经济、社会权益保护的具体规范散见于国务院制定的行政规章以及国务院侨办、外交部、公安部等相关部委发布的政策性文件，只有部分省市颁行了华侨权益保护的地方性法规。由于《归侨侨眷权益保护法》及其实施办法所保护的法律主体是归侨侨眷，未能将海外侨胞包括在内，成为侨务法律体系存在的重大缺陷。而且现有涉侨立法以原则性规定居多，符合侨务发展要求的可操作性规定偏少，对海外侨胞的法律地位认识模糊，有关海外侨胞的权利义务等依然存在

---

❶ “‘中国寻根之旅’夏令营开营 习近平出席并讲话”，中国政府网，http：//www.gov.cn/ldhd/2010－07/25/content_1663626.htm，访问日期：2016年8月15日。

❷ “习近平李克强对侨务工作做出重要指示批示”，中国政府网，http：//www.gov.cn/xinwen/2017－02/17/content_5168827.htm，访问日期：2019年5月3日。

大量的法律空白。

第二节　我国现行侨务政策与立法

一、现行侨务政策

“政策”是一个比较宽泛的名词，学界对其存在不同的理解。政策通常是指国家政权机关、政党组织和其他社会政治集团为了实现自己所代表的阶级、阶层的利益与意志，以权威形式标准化地规定在一定的历史时期内，应该达到的奋斗目标、遵循的行动原则、完成的明确任务、实行的工作方式、采取的一般步骤和具体措施。有学者将侨务政策概括为以政府为代表的公共权力机构针对在外国居住而保留中国国籍的中国公民的有关问题的解决，通过民主政治程序制定的具体行动方针和行为准则。[1] 考虑到我国侨务政策并非仅仅针对在国外居住而保留中国国籍的中国公民，实际上还包括归侨侨眷和外籍华人，我们认为侨务政策是指政府为处理涉侨事务而制定的目的性行动方案或指令，侨务政策以有关华侨事务的政策为中心，同时也包括涉及华侨侨眷、外籍华人事务的政策。侨务政策的构成要素包括政策主体、政策客体、政策目标以及其他影响政策制定与实施的因素。根据制定主体的不同，我国侨务政策主要可以分为国家规划、党中央的报告与决定、侨务部门以及其他国家机关制定的侨务政策等几大类别。

---

[1] 刘国福：《侨情变化与侨务政策》，暨南大学出版社2013年版，第60页。

（一）国家规划

国家规划由国家权力或行政机关等制订，对全国具有约束力。如2015年公布的《十二届全国人大立法规划》，2018年公布的《十三届全国人大常委会立法规划》等。立法规划是国家对立法的目标、进程进行的系统安排与设计。立法规划是我国一项独具特点的立法制度，其实质是配置立法优先权，即按照社会需求和执政党政策，通过对立法次序、层级和项目的理性设计实现立法权力、利益的优先分配。如《十三届全国人大常委会立法规划》包括各类立法项目116件。其中第一类项目69件，即条件比较成熟的项目；第二类项目47件，属于需要抓紧工作、条件成熟时提请审议的项目；第三类项目是因立法条件尚不完全具备，需要继续研究论证的项目；经研究论证，条件成熟时，可以安排审议。立法规划明确了立法项目的提请审议机关或牵头起草单位，要求承担牵头起草任务的单位要按照“任务、时间、组织、责任”四落实的要求，拟订起草工作计划，包括工作进度安排，主要问题的解决思路和步骤，起草工作负责人、参加单位和工作班子等。华侨权益保护法被列入第三类立法项目。[1] 国务院侨办为该项立法的牵头单位，负责组织立法研究，拟订草案起草计划。另如全国人大在2016年发布的《中华人民共和国国民经济和社会发展第十三个五年规划纲要》（以下简称“十三五”规划）。“十三五”规划“主要阐明国家战略意图，明确经济社会发展宏伟目标、主要任务和重大举措，是市场主体的行为导向，是政府履行职责的重要依据，是全国各族人民的共同愿景”。规划确立了“坚持依法治国”“坚持统筹国内国际两个大局”的指导思想，强调“法治是发展的

[1] 全国人大常委会：“十三届全国人大常委会立法规划”，中国人大网，http://www.npc.gov.cn/npc/xinwen/2018-09/10/content_2061041.htm，访问日期：2018年10月7日。

可靠保障。必须坚定不移走中国特色社会主义法治道路，加快建设中国特色社会主义法治体系，建设社会主义法治国家，推进科学立法、严格执法、公正司法、全民守法，加快建设法治经济和法治社会，把经济社会发展纳入法治轨道。”“全方位对外开放是发展的必然要求。必须坚持打开国门搞建设，既立足国内，充分运用我国资源、市场、制度等优势，又重视国内国际经济联动效应，积极应对外部环境变化，更好利用两个市场、两种资源，推动互利共赢、共同发展”。2021 年 3 月全国人大通过的《中华人民共和国国民经济和社会发展第十四个五年规划和 2035 年远景目标纲要》强调要“坚定不移走中国特色社会主义法治道路，坚持依法治国、依法执政、依法行政共同推进，一体建设法治国家、法治政府、法治社会，实施法治中国建设规划。健全保障宪法全面实施的体制机制，加强宪法实施和监督，落实宪法解释程序机制，推进合宪性审查。完善立法体制机制，加强重点领域、新兴领域、涉外领域立法，立改废释纂并举，完善以宪法为核心的中国特色社会主义法律体系”，“实施法治社会建设实施纲要，加强社会主义法治文化建设，深入开展法治宣传教育，实施‘八五’普法规划，完善公共法律服务体系、法律援助和国家司法救助制度。全面加强人权司法保护，促进人权事业全面发展。加强涉外法治体系建设，加强涉外法律人才培养”。这些国家规划高度重视社会主义法治建设，充分肯定了侨胞在对外开放中的重要作用，对于加强侨务法律体系建设，促进侨胞国内外权益保护，具有重要指导意义。

此外，国务院制定的规划纲要等也对侨务具有规范作用与意义。如 2010 年发布的《国务院关于加强法治政府建设的意见》指出，对社会高度关注、实践急需、条件相对成熟的立法项目，要作为重中之重，集中力量共管，尽快出台立法。2014 年国务院侨办印发的《关于加强涉侨法规政策建设工作规划》，对于侨务法律体系的发展发挥了重要影响。该规划明确了侨务法治建设的主要目标，并提出了具体的工作举措及强化机制。侨务立法的长期目标主要是制定国家层面的华侨权益保护法及其实施办法，根据形势发展修订归侨侨眷权益保护法及其实施办法，充实完善华侨国内权益和归侨侨眷权益保障法规政策内容，形成华侨权益保护的特别法和一般法相互配合的法律法规和政策体系。推动完善国籍法等法律制度，为外籍华人入出境及居留、工作、生活提供最大便利。国务院 2016 年印发《国家侨务工作发展纲要（2016—2020 年）》，对加强侨务法治建设、依法维护海外侨胞和归侨侨眷权益提出明确要求。国务院侨办就国家侨务工作的专门事项制定的规划也对全国性侨务工作产生重要影响。

（二）党中央的报告与决定

这些报告或决定的制定主体是中国共产党中央委员会。如 2008 年中共中央办公厅发布《中央人才工作协调小组关于实施海外高层次人才引进计划的意见》，决定实施中央层面的海外高层次人才引进计划（简称“千人计划”），围绕国家发展战略目标，重点引进一批能够突破关键技术、发展高新产业、带动新兴学科的战略科学家和科技领军人才。[1] 为进一步明确“千人计划”各相关单位的职责，完善统分结合、分工协作工作机制，提升引进海外高层次才管理的制度化水平，2017 年中央组织部颁布实施《国家海外高层次人才引进计划管理办法》，明确了海外高层次人才引进管理的原则、资格条件、遴选程序以及服务管理规范。从贯彻实施的结果来看，华侨华人在我国引进的海外高层次人才中占据绝对比重。2017 年，中共中央总书记习近平在中国共产党第十九次

[1] 《中央人才工作协调小组关于实施海外高层次人才引进计划的意见》，董传杰主编：《涉侨法规政策文件汇编》（2014 年版），暨南大学出版社 2014 年版，第 199～201 页。

全国代表大会上所做的报告《决胜全面建成小康社会 夺取新时代中国特色社会主义伟大胜利》中提出要坚持全面依法治国，“全面依法治国是中国特色社会主义的本质要求和重要保障。必须把党的领导贯彻落实到依法治国全过程和各方面，坚定不移走中国特色社会主义法治道路，完善以宪法为核心的中国特色社会主义法律体系，建设中国特色社会主义法治体系，建设社会主义法治国家，发展中国特色社会主义法治理论，坚持依法治国、依法执政、依法行政共同推进，坚持法治国家、法治政府、法治社会一体建设，坚持依法治国和以德治国相结合，依法治国和依规治党有机统一，深化司法体制改革，提高全民族法治素养和道德素质”。报告还提出要坚持推动构建人类命运共同体，“中国人民的梦想同各国人民的梦想息息相通，实现中国梦离不开和平的国际环境和稳定的国际秩序。必须统筹国内国际两个大局，始终不渝走和平发展道路、奉行互利共赢的开放战略，坚持正确义利观，树立共同、综合、合作、可持续的新安全观，谋求开放创新、包容互惠的发展前景，促进和而不同、兼收并蓄的文明交流，构筑尊崇自然、绿色发展的生态体系，始终做世界和平的建设者、全球发展的贡献者、国际秩序的维护者”。这些报告与决定直接指引侨务法治的基本发展方向，构成侨务政策的重要内容。

（三）侨务部门制定的专门性侨务政策

国务院侨办等国家侨务机构围绕华侨身份认定、华侨经济社会权益保护等相继制定了一系列政策性文件，这些政策对涉侨关系的调整具有直接的规范作用。为了规范华侨华人、归侨侨眷身份认定，国务院侨办出台了一系列政策性文件，包括 1984 年印发的《关于华侨归侨华侨学生归侨学生侨眷等身份解释（试行）》，2005 年印发的《关于对华侨定义中“定居”的解释（试行）》以及2009年发布的《关于界定华侨外籍华人归侨侨眷身份的规定》，为华侨华人、归侨侨眷身份的认定提供了重要依据。为加强华侨华人、归侨侨眷权益保护，国务院侨办先后出台了一系列专门性政策文件。如2002年国务院侨办制定的《涉侨经济案件协调处理工作暂行办法》，对涉侨经济案件协调处理的性质、组织机构与职能以及案件受理程序等作出规定，促进了涉侨经济案件的及时、公平处理。2007年印发的《国务院侨办关于海外侨胞捐赠公益事业资金服务管理办法》、2010年印发的《国务院侨办华侨捐赠工作管理办法》等对于推动捐赠工作的规范化、制度化具有现实意义。2014年国务院侨办发布的《关于华侨回国定居办理工作中有关意见的通知》《关于华侨回国定居办理工作中有关问题的参考口径的函》等，明确规定华侨回国定居的条件、主管机构与办理程序，对保障华侨回国定居权益具有积极意义。

（四）侨务部门与其他国家机关联合制定发布的政策性规定

为了贯彻侨务政策，吸引华侨人才归国安居乐业，早在1980年国家城市建设总局、国务院侨办制定了《关于侨汇购买和建设住宅的暂行办法》，为侨汇购买和建设住宅提供法律依据。该办法的具体内容包括，鼓励华侨、归侨、侨眷用侨汇购买和建设住宅；用侨汇建设住宅应列入各地基本建设计划，专项下达，不受自筹资金计划指标的限制；侨汇住宅建设的设计应当根据华侨的特点和要求，在住宅建筑面积、装修和设备标准等方面尽可能满足华侨的需要；切实保证建筑材料的供应；切实保证侨汇住宅建设的施工力量；合理确定侨汇住宅的造价、收取土地使用费；注意适时维修；用侨汇构建的住宅可以在当地出售、交换，并允许继承赠送。为了保护华侨教育权益，国务院侨办与教育部先后印发

《关于华侨子女回国接受义务教育相关问题的规定》（2009 年）、《关于华侨学生在国内接受高中阶段教育有关问题的通知》（2014 年）等。2013 年国务院侨办、公安部、外交部联合发布《华侨回国定居办理工作规定》。在侨胞社会保障权益保护方面，1982 年国务院侨办与劳动人事部、中国银行、中华全国总工会联合发布《关于获准出国定居的退休、退职人员待遇问题的通知》，1983 年国务院侨办与劳动人事部、财政部联合发布《关于归侨、侨眷职工因私事出境的假期、工资等问题的规定》，1992 年国务院侨办与人事部、外交部等部委联合发布《关于归侨侨眷离休、退休、退职人员因私事出境有关待遇的通知》，2001 年国务院侨办与劳动和社会保障部联合发布《关于获准出境定居的归侨侨眷职工医疗保险有关政策问题的通知》等。

从法治理论的角度来看，一方面，政策性文件只能指导或间接规范侨胞的权利义务以及涉侨事务管理，而不能作为侨胞权益保护的直接依据。另一方面，法律必须公开，应该向全社会甚至全世界公布，而政策往往具有明显的“内部”性特征。政策文件的内容如果不能转化为法律，而直接调整侨胞权利义务关系，客观上可能会损害法治的权威，背离政策制定的预期目的。但从现实层面看，长期以来，执政党的政策构成我国侨务法的重要渊源，极大地推动了我国侨务立法的发展，促进了侨胞权益保护水平的不断提高。因此，我们既要承认政策确实不可或缺，特别是在侨务法律体系尚不完备的情况下，侨务政策具有不可替代的作用，但同时更应不断加强侨务立法，及时将政策规定法律化，不断完善侨务法律体系，以符合社会主义法治建设的基本要求。

二、侨务法律体系的基本现状

保护华侨正当权益和归侨侨眷合法权益是我国宪法确定的重

要原则，党和政府高度重视侨胞权益保护立法。随着改革开放的不断深入，世情、国情、侨情均发生重大变化，定居国外的中国公民数量迅速增加，回国创业、为国服务的华侨以及投身于中国社会经济建设的外籍华人也越来越多，广大侨胞对在国内参政议政、投资兴业、社会保障以及子女教育等方面权益保护的要求日益强烈。为了不断提升侨胞权益保护水平，凝聚侨心侨力，共同致力于中华民族伟大复兴，我国深入贯彻全面依法治国战略，认真落实宪法关于华侨权益保护的规定，不断加强侨务法治建设，推动完善依法护侨的法律制度，初步建立了以宪法为基础、归侨侨眷权益保护法为主干、地方涉侨立法为补充的侨务法律体系。

（一）宪法

《中华人民共和国宪法》（以下简称《宪法》）第三十三条规定：“凡具有中华人民共和国国籍的人都是中华人民共和国公民。中华人民共和国公民在法律面前一律平等。国家尊重和保障人权。任何公民享有宪法和法律规定的权力，同时必须履行宪法和法律规定的义务”。第五十条专门规定：“中华人民共和国保护华侨的正当的权利和利益，保护归侨和侨眷的合法的权利和利益。”这些宪法条文从根本上规定了国家负有保护华侨、归侨和侨眷权益的法律义务，不仅体现了国家对保护华侨权益的重视，而且为华侨权益保护制度的完善提供了宪法基础。

（二）一般性法律

有关中国公民的所有法律法规原则上均适用于华侨与归侨侨眷。与华侨关系比较密切的一般性法律法规主要包括国籍法、出入境管理法、外商投资法等。其中，《国籍法》对国籍的取得、丧失等基本事项作出规定。《出境入境管理法》明确了华侨出入国境、办理回国定居以及在境内办理具体事务以护照为身份证明文件等内容。《中华人民共和国慈善法》（以下简称《慈善法》）、《中华人民共和国公益事业捐赠法》（以下简称《公益事业捐赠法》）等，则对华侨投资慈善、捐赠公益事业等享有的权利义务作出了具体规定。《中华人民共和国境外非政府组织境内活动管理法》等法律为保护华侨社团活动等权益提供了法律保障。2020 年 1 月 1 日起实施的《中华人民共和国外商投资法》（以下简称《外商投资法》）则主要包括投资促进、投资保护、投资管理以及外商投资的法律责任等，适用于华侨投资企业，为华侨投资权益保护提供法律依据。

适用于外籍华人的法律法规主要包括：《国籍法》、《中华人民共和国外国人入境出境管理条例》（以下简称《外国人入境出境管理条例》）、《中华人民共和国涉外民事法律关系适用法》（以下简称《涉外民事法律关系适用法》）、《外商投资法》等。其中 2013 年公布实施的《外国人入境出境管理条例》，为外籍华人来华入出境及居留提供了制度便利。司法部于 2020 年 2 月发布的《中华人民共和国外国人永久居留管理条例（征求意见稿）》对外国人永久居留资格的申请和审批，以及对永久居留外国人的服务和管理等事项作出具体规定，但目前尚未正式颁行。

（三）保护归侨侨眷、华侨权益的特别法

归侨侨眷权益保护的特别法目前主要有《归侨侨眷权益保护法》及国务院颁布的《归侨侨眷权益保护法实施办法》，部分省市颁行的归侨侨眷权益保护法实施办法等地方性法规。《归侨侨眷权益保护法》是保障归侨侨眷合法权益的专门法律，并通过参照执行的方式对保护华侨权益保护的部分内容作出规范。大部分省市出台了实施《归侨侨眷权益保护法》办法等地方规范性文件，如北京、山东、上海、江苏等省市制订的实施《中华人民共和国归

侨侨眷权益保护法》的办法以及广东等省出台的《归侨侨眷权益保护法》的实施办法等。

归国华侨联合会工作条例也是我国侨务特别法的重要组成部分。侨联组织具有以血缘、地缘、亲缘连接四海侨胞的优势，基层组织是做好群团工作的基础和关键，加强侨联基层组织建设是党中央对包括侨联在内的群团组织改革作出的重要指示，也是加快侨务工作发展的客观需要。为深入贯彻落实党中央关于侨联工作的重要指示精神和《中国侨联改革方案》目标要求，进一步夯实侨联基层工作的基础，增强基层侨联组织活力，切实解决侨联基层组织建设中的问题，2018 年中国侨联印发《基层侨联组织工作条例（试行)》。该条例共 29 条，在明确立法宗旨的基础上，对侨联基层组织的性质、工作指导思想与原则、组织设置、主要工作职责、队伍建设、领导体制、经费和资产等事项作出详细规定。根据该条例，基层侨联组织是党领导的群团组织，是党和政府联系广大归侨侨眷和海外侨胞的桥梁和纽带，与工会、共青团、妇联等群团组织享有同等待遇。基层侨联组织高举爱国主义和中国特色社会主义伟大旗帜，充分发挥凝聚侨心、汇集侨智、发挥侨力、维护侨益的作用，广泛团结广大归侨侨眷和海外侨胞。坚持围绕中心、服务大局，以人为本、为侨服务；坚持老侨新侨工作并重、国内海外工作并重，积极拓展海外工作、积极拓展新侨工作。基层侨联组织在同级党组织的领导下开展工作，实行民主集中制原则，履行服务经济发展、依法维护侨益、拓展海外联谊、参政议政、弘扬中华文化、参与社会建设等职能。基层侨联组织按照“有组织、有队伍、有经费、有阵地、有活动”的标准，增强组织活力，成为侨胞之家。条例明确规定了基层侨联组织的领导机构、选举方式与主要职权，强调基层侨联的任务主要包括广泛团结联系海外侨胞和归侨侨眷，共同致力于中华民族伟大复兴；广泛联络、团结和动员归侨、侨眷和海外侨胞服务改革开放和现代化建设；贯彻新发展理念，积极引进海外资金、先进技术和管理经验，服务区域经济发展和供给侧结构性改革；加强新侨和留学归国人员工作，引导侨资侨智在服务创新创业、“一带一路”建设和国内企业走出去等方面发挥积极作用；广泛联系、引导、服务海外侨胞，切实做好归国留学人员和留学人员国内眷属的工作，积极拓展民间交流，引导和支持海外侨胞融入和回馈住在国，在当地树立良好形象；宣传贯彻党和国家关于侨务工作的方针政策和法律法规，依法维护归侨侨眷合法权益和海外侨胞在国内的正当权益；在归侨侨眷和海外侨胞中培育和践行社会主义核心价值观，协助归侨侨眷和海外侨胞在国内兴办科教文卫体和其他社会公益事业，弘扬中华优秀传统文化，推进海外华文教育；加强中外人文交流，提高国家文化软实力。

我国目前尚未出台国家层面保护华侨权益的专门性法律。但部分省市先行先试，在华侨权益保护立法方面开展初步的探索与实践，目前已有广东、福建、上海、湖北、浙江、海南、四川、贵州以及南京、大连等省市出台了华侨权益保护条例等综合性华侨权益保护的地方性法规与规章。其中南京市 2012 年制定了地方政府规章《南京市华侨归侨侨眷权益保护办法》，通过华侨与归侨侨眷混合立法的模式，正式将华侨权益保护纳入立法范围。在该办法正式实施的过程中，南京市积累了一定的法律实践经验。2013 年，江苏省扬州市、苏州市相继出台《扬州市华侨归侨侨眷权益保护办法》《苏州市华侨归侨侨眷权益保护办法》，对华侨、归侨及侨眷的身份进行界定，明确规定华侨所持护照的效力范围，华侨持护照可在本市从事投资活动，可以办理金融、教育、医疗、交通、电信、社会保险、财产登记等事务；还对华侨、归侨、侨眷的各项基本权利和优惠待遇作出明确规定，主要包括在政治、就业、保险、子女教育、住房保障、生育、困难补助、旅游、出入境等方面享有的基本权利和优惠待遇。江苏省南京市人大常委会2015年5月颁布了《南京市华侨权益保护条例》，此为我国首部以华侨权益保护为主题的地方性法规，其颁布实施填补了我国华侨权益保护专门性立法的空白。该条例共24条，主要内容包括华侨身份证明、选举权与被选举权、就业与社会保障、子女教育、购买房屋和产权登记、缴存与使用公积金、住房与祖墓保护、鼓励投资创业、捐赠权益保护等方面。条例明确规定，华侨在南京市办理金融、社会保险、投资创业、医疗、税收、电信、机动车驾驶以及机动车驾驶证件申领等事务，其所持有的中国护照为其有效身份证明，有关部门应当认可。条例还对华侨子女入学、医疗保险等权益保障作出规定，明确华侨子女在接受学前教育或义务教育方面，享受与南京市监护人户口所在地居民同等待遇，教育行政主管部门应当按照规定为华侨子女办理入园、入学手续。华侨子女监护人不在本市的，参照南京市外地人员随迁子女入园、入学的相关规定执行。华侨子女被高中阶段学校录取后，教育行政主管部门和高中阶段学校应当按照规定为其建立学籍。条例明确规定，华侨在本市就业的，其就业登记以及社会保险登记、缴费、待遇支付等手续，按照国家和省市规定办理。其未成年子女可以按照规定参加南京市居民医疗保险。条例还规定了华侨其他权利，包括华侨投资企业在政府采购领域享有与其他企业同等待遇，符合条件的华侨投资企业和华侨社会组织可以承接政府购买的服务项目；华侨购买房产享受与南京市民同等待遇；原籍南京市或出国前居住地在南京市的华侨，区镇人大代表选举期间在国内的，可以依法参加选举。

广东省人大在 2015 年颁行了《广东省华侨权益保护条例》(2021 年 9 月进行了修订)。此为国内第一部省级华侨权益保护专门立法，该条例对立法的适用对象作出创新性探索，明确规定除法律、法规规定不可享有的特定权利外，外籍华人在本省的有关权益保护，可以参照本条例执行。此后，福建、湖北、上海、浙江、北京、大连等省市相继出台了华侨权益保护条例。江苏省于 2016 年月通过《江苏省保护和促进华侨投资条例》，安徽、江西、北京等省市人大也已启动或准备启动华侨权益保护、华侨投资保护和促进等方面的立法项目。2016 年颁行的《湖北省华侨权益保护条例》第三条规定："华侨权益保护应当遵循平等保护的原则。华侨享有宪法和法律规定的权利，履行宪法和法律规定的义务。没有法律法规的依据，不得减损华侨的权利或者增加华侨的义务。"地方在华侨权益保护立法方面的实践与探索，为国家华侨权益保护法的制定奠定了重要基础。

此外，国务院出台了一系列关于鼓励华侨投资、保护华侨各项专门权益的行政法规，各省市也制定了许多有关华侨投资、回国定居、捐赠、房产、社会保障、教育等方面的专门性地方规范，如《江苏省华侨保护和促进华侨投资条例》《福建省保护华侨投资权益若干规定》等。

第三节　侨胞权益保护立法的主要内容

综观我国现有侨务政策与法律法规，对侨胞权益的保护主要集中在促进侨胞自由流动、投资创业、身份认定、回国居留、慈善捐赠、社会保障、文化教育等方面。

一、促进侨胞自由流动

中华人民共和国成立初期，由于东西方两大阵营处于冷战状态，海外侨胞在祖国与住在国之间的流动受到严格限制，回国长期居留人数十分有限。改革开放后，中外交往趋于频繁，侨胞出入中国国境频次大幅提高，来华居留外籍人士不断增多。近年来，随着经济全球一体化发展，各国之间的联系更加紧密，侨胞的跨国流动性进一步强化，对入境出境制度的便利化需求日益突出。在现代经济发展过程中，受过高等教育或具有技术专长的人才逐渐占据主导地位，高层次技术人才成为各国竞争的核心力量。为了吸引社会经济发展急需的人才，各国不断制定和完善人才引进政策，中国也努力顺应世界潮流，不断改革人才引进制度，促进海外侨胞自由流动，提高自身国际化水平。

（一）侨胞入出境政策由严趋宽

中华人民共和国成立以来，我国有关华侨入出境的制度规定经历了宽松、严格、放宽三个不同历史阶段。第一个阶段是从中华人民共和国成立至20世纪60年代初，侨胞出入境政策总体上较为宽松。1951年公安部公布《华侨出入国境暂行办法》和《往来香港、澳门旅客管理规定》，对于归侨、侨眷实行相对宽松的出入境管理模式。[1] 但暂行办法的规定比较简略，主要内容包括：出入国境的华侨，只要持有中华人民共和国外交部或国内各地外事机关及我驻外使领馆签发的护照签证等证件，即准出入国境；来自尚未与我国建立邦交国家的归国华侨，如未持上述护照签证等证

---

[1] 陶驷驹："关于《中华人民共和国公民出入境管理法（草案）》的说明"，中国人大网，http：//www.npc.gov.cn/wxzl/gongbao/2000－12/26/content_5001709.htm，访问日期：2018年6月7日。

件，须在入境时向当地人民政府边防公安检查机关申请办理《归国华侨证明书》，以证明其华侨身份，以便于人民政府对其进行必要照顾；华侨出国，如其前往地为尚未与我国建立邦交的国家，须持有区乡人民政府或人民政府各级侨务机关出具的证明，向原籍或现居地人民政府县（市）公安机关办理华侨出境通行证，从政府指定地点出境。[1] 总体来看，当时实行的是宽松型的出入境管理模式，有利于吸引华侨回国参加社会主义建设。第二个阶段是从 20 世纪 60 年代至 80 年代初期，属于严格的出入境管理阶段。由于“文化大革命”期间阶级斗争理论盛行，大量法律被废止，特别是出于冷战背景下对华侨与国外敌对势力勾结的忧虑，华侨出入境政策趋于严格，华侨大规模出入境基本遭到禁止，华侨回国一般需要绕道港澳台地区。在极“左”思潮的影响下，华侨在国内处境艰难，回国参加建设的华侨人数锐减。第三个阶段是改革开放至今，该时期出入境政策渐趋宽松。公安部于 1984 年下发了《关于放宽因私出国审批条件的请示》，首次承认公民出境权，除被禁止出境的中国公民外，在目的地国可能批准签证的情况下，公民自费出境永久定居、探亲、访友、结婚、继承财产、就医、工作、旅行等申请基本可以得到批准，华侨出境不再需要办理出境签证。1986 年《出境入境管理法》颁行后，我国进一步放宽华侨出入境管理政策，基本实现华侨来去自由，大大激发了华侨回国投资创业的积极性，华侨出入境人数激增，有力地推动了我国社会主义建设事业的发展。从出入境政策的发展历程可以看出，华侨出入境政策是国际形势以及我国对外政策的直接反映，华侨出入境政策的宽与严，直接影响华侨出入境人数的升降，进而决

---

[1] 新华社：“中央公安部公布华侨出入国境暂行办法”，载《人民日报》1951 年 8 月 3 日，第 1 版。

定华侨对我国建设事业贡献程度的高低。根据华侨特点，结合我国政治、经济、文化发展水平，制定既能体现国家利益又能维护华侨合法权益的华侨出入境政策，保障华侨的出入境权益，有利于我国经济社会的发展，实现国家利益与华侨权益的双赢。

目前我国华侨出入境政策兼有限制和鼓励的双重取向，但总体上对华侨入境权的限制多于对出境权的限制。华侨短期回国，可凭有效的中华人民共和国护照或有效的中华人民共和国旅行证件或其他有效入境出境证件入境，无须办理签证或其他入境手续。公安部规定自 2007 年 1 月 1 日起，华侨入境时可以免填入境登记卡，在通关机场设立中国公民专门通道，这些规定和举措进一步简化了华侨入境手续。与此同时，对华侨入境也规定了一些限制性条件，如华侨回国所持护照需要有外国居留签证，否则需要出示外国的居留证或其他能证实其已在国外定居的证明方可入境。华侨在国内居住时间不超过一年的，属于短期回国，需要办理暂住登记或填写临时住宿登记表。如果华侨回国定居，则需要向主管机关提出申请，获得定居许可证明后方可入境，入境后需要办理常住户口登记等手续。

（二）建立留学人才回国绿色通道

2003 年，我国正式建立留学人员回国服务工作部际联席会议制度，联席会议成员由人事部、教育部等 12 个相关政府部门组成，主要职责是学习贯彻中共中央、国务院关于留学人员回国工作和为国服务的方针、政策；了解掌握全国留学人员回国服务情况；就留学人员回国工作和为国服务的相关政策性问题提出建议；加强相关部委之间的沟通协作；指导各地区、各部门留学人员回国和为国服务工作。联席会议原则上每半年召开一次，会议议题主要是传达贯彻中共中央、国务院领导关于留学人员回国工作或为国服务的指示精神，研究留学回国工作的新情况、新问题，讨论需要沟通的政策规定及有关重点工作，交流通报留学回国工作情况，就有关工作进行协商并提出落实办法。[1] 联席会议相继制定《关于鼓励海外高层次留学人才回国工作的意见》《关于鼓励海外留学人员以多种形式为国服务的若干意见》《关于在留学人才引进工作中界定海外高层次留学人才的指导意见》等一系列服务留学归国人员的政策性文件。2007 年，国家人事部、国务院侨办等 16 个部门联合发布《关于建立海外高层次留学人才回国工作绿色通道的意见》，正式施行高层次留学回国人才“绿色通道”制度，对海外高层次留学人才回国工作的报酬、申报项目、职称和职业资格评定、知识产权保护、配偶就业、子女入学、入出境和居留便利等作出规定。已加入外国籍回国工作的高层次留学人才及其随任家属在我驻外使领馆办妥“Z”字签证来华后，需长期居留的，可申请办理 2 年至 5 年的《外国人居留许可证》；需多次临时入境的，可申请办理 2 年至 5 年长期多次“F”字签证。这些人员须提交人事部专业技术人员管理司、教育部国际合作与交流司或各省级政府人事部门等一类授权单位公函以及《回国（来华）定居专家证》等证明文件。已加入外国籍回国工作的高层次留学人才，符合《外国人在中国永久居留审批管理办法》要求的，可凭人事部出具的推荐函或身份确认函以及《回国（来华）定居专家证》，按有关规定办理《外国人永久居留证》。这些人员的外国籍配偶及未满 18 周岁的子女可享受同等条件的入出境便利。回国工作的高

[1] “关于转发人事部教育部科技部财政部等部门留学人员回国服务工作部际联席会议制度的通知”，中华人民共和国人力资源和社会保障部网，http：//www.mohrss.gov.cn/gkml/zcfg/gfxwj/201407/t20140717_136314.html，访问日期：2017 年 10 月 10 日。

层次留学人才申请再出国（出境）进修、考察、参加学术会议的，有关部门、单位应当积极提供支持。[1]

（三）建立外国人签证制度

2013 年实施的《外国人入境出境管理条例》，对外国人入境出境管理作了比较全面的规范，重点对普通签证的类别和签发作出明确规定，进一步细化外国人停留、居留管理制度。根据该条例第七条的规定，我国签证共分为 16 类，分别是 C 签证、D 签证、F 签证、G 签证、J1 签证、J2 签证、L 签证、M 签证、Q1 签证、Q2 签证、R 签证、S1 签证、S2 签证、X1 签证、X2 签证、Z 签证，现有签证制度的重点是人才签证与永久居留签证。

首先，我国已初步建立外国人才签证制度。2013 年《外国人入境出境管理条例》在普通签证类别中增加 R 字（人才）签证，发给国家需要的外国高层次人才和急需紧缺专门人才。凡符合中国政府有关主管部门确定的外国高层次人才和急需紧缺专门人才的引进条件和要求的外国人，可以申请 R 字（人才）签证，并按照规定享受相应的入境出境便利。为了明确外国人申请人才签证标准条件，规范办理程序，加强外国人才签证和工作许可、工作居留的有机衔接，为外国人才来华创新创业提供便利，2017 年国家外国专家局、外交部、公安部联合发布实施《外国人才签证制度实施办法》，明确规定由国家外国专家局、外交部、公安部按照职责分工，制定 R 字签证申请条件，指导做好 R 字签证签发、延期、换发、补发工作。国家外国专家局、外交部、公安部应当加强统筹协调，在确认外国人才资质、签发 R 字签证、工作许可、

[1] “关于建立海外高层次留学人才回国工作绿色通道的意见”，中国政府网，http://www.gov.cn/ztzl/kjfzgh/content_883681.htm，访问日期：2019 年 1 月 3 日。

工作类居留证件等服务管理工作中完善协作机制，实现信息资源共享。其中第四条规定，R 字签证发放对象为国家经济社会发展需要的外国高层次人才和急需紧缺人才，符合“高精尖缺”和市场需求导向的科学家、科技领军人才、国际企业家、专门人才和高技能人才等。申请 R 字签证的外国人，应当符合《外国人来华工作分类标准（试行）》中外国高端人才（A 类）标准条件。国家外国专家局会同外交部、公安部，根据经济社会发展需要和人才资源供求状况适时调整外国高端人才认定标准。第五条规定，外国人在境外申请 R 字签证，由邀请单位向省、自治区、直辖市人民政府外国人工作管理部门（以下简称省级人民政府外国人工作管理部门）提出申请，在线提交申请表、国内单位邀请函件以及符合 R 字签证人才认定标准的相关证明材料。对符合外国高端人才标准条件的，由省级人民政府外国人工作管理部门在 5 个工作日内在线向国内邀请单位出具《外国高端人才确认函》，并将《外国高端人才确认函》等信息交换至我国驻申请人所在国（地区）使馆、领馆或者外交部委托的其他驻外机构，国家外国专家局将前述信息交换至外交部、公安部。国家外国专家局应当对省级人民政府外国人工作管理部门开展外国人才资质受理、审核、工作管理和服务保障等加强监督检查。第六条明确规定了外国人向驻外使馆、领馆或者外交部委托的其他驻外机构申请办理 R 字签证，应提交以下材料：签证申请表，本人护照（有效期为 6 个月以上）以及符合规定的照片，《外国高端人才确认函》以及驻外使馆、领馆或者外交部委托的其他驻外机构要求的其他材料。第七条规定，驻外使馆、领馆或者外交部委托的其他驻外机构为符合条件的 R 字签证申请人签发有效期 5 年至 10 年、多次入境签证；为上述人员的配偶及未成年子女签发有效期相同、多次入境的相应种类签证。

第十条规定，持R字签证在华工作的外国人，应当向用人单位所在地的地方人民政府外国人工作管理部门或其委托机构申请办理外国人来华工作许可。

部分省区随后制定了外国人才签证制度实施细则，如山东省2018年3月26日公布实施《〈外国人才签证制度〉实施细则》，规定由山东省人力资源和社会保障厅（省外国专家局）会同省外事侨务办、省公安厅建立工作协调机制，负责山东省R字签证相关办理及配套服务管理，确保外国高端人才资质确认、R字签证审发和工作许可、工作类居留证件办理等各环节衔接畅通。其中第三条明确规定，申请《确认函》的对象为符合《外国人来华工作分类标准（试行）》中A类标准条件的外国高层次人才和山东省急需紧缺人才。第四条明确了《确认函》的申请及签发程序。外国人才持R字签证入境后，可在山东及国内其他地区每次停留期限不超过180天。持R字签证的外国人才在山东工作并取得工资性收入的，其聘请单位须为其办理工作许可及居留许可。持R字签证入境后，外国人需要向聘请单位所在设区的市人力资源和社会保障局申办工作许可。邀（聘）请单位是外国人才在山东期间管理和服务的责任部门，对被邀请人申请材料的真实性、准确性和相关行为负全面责任，承担外国人才入境后的管理服务工作。同时规定将邀（聘）请单位、外国人的认定申请及相关行为的诚信记录纳入单位、外国人的信用监管体系，实施随机抽查管理手段，与外国人来华工作许可诚信建设形成联动，加大单位和个人守信激励与失信惩戒力度。该细则还列举了《申请人符合A类标准条件的相关证明材料要求》。2019年，贵州省政府也出台措施，为外籍人员出入境提供更多便利。根据《贵州省人民政府关于加大利用外资力度推动经济高质量发展的实施意见》，贵州省对持有《外国高端人才确认函》的外国人签发入境有效期5年、停留期不超过180日的多次入境R字签证。持R字签证的外国人因入境事由尚未终止，需要在签证停留期限届满后继续停留的，可延长签证停留期限，单次入境累计不超过1年；持R字签证入境并具有《外国高端人才确认函》《外国人工作许可证》（A类）的外国人，可签发居留期不超过5年的工作类居留许可。对来华探望亲属、洽谈商务、开展科教文卫交流活动及处理私人事务的外籍华人，可按规定签发有效期5年以内的居留许可。为符合条件的外籍高层次人才办理外国人永久居留身份证提供便利，创办科技型企业的，给予中国籍公民同等待遇。同时还建立外国人才签证绿色通道制度，对符合条件的外国高端人才及其配偶、未成年子女实行即报即办、当日办结。[1]

其次，建立外国人永久居留制度。外国人永久居留制度是指一国审核申请在其国内永久居留的外国人的资格条件，向通过核查的人颁发永久居留证件，准许其在该国有条件地无限期居住停留并享有一定权利和待遇的综合性法律制度。外国人永久居留制度以国家利益为核心，兼顾保护人权原则，具体内容包含与外国人永久居留相关的法律体系、管理体制、签证制度等。外国人永久居留制度是国际移民发展的产物，由各国根据自身政治经济及社会文化条件、结合国际形势自主决定具体制度内容，以达到吸引外国高层次人才、吸引外商投资等目的。从法治化的角度看，外国人永久居留权的取得或丧失，均必须按照严格的程序办理，申请人的申请、主管机关的受理、审批、签发证件以及权利剥夺等均需按照法律规定进行。永久居留权的取得与延续一般需要满

---

[1] 贵州省人民政府："贵州省人民政府关于加大利用外资力度推动经济高质量发展的实施意见"，北大法宝V6官网，https：//www.pkulaw.com/lar/4a2e214ba4fbbbf4b85dbd866a3052c4bdfb.html，访问日期：2020年7月1日。

足一定的条件，如果这些条件丧失，主权国家就有权剥夺外国人的永久居留权利。我国 2004 年 8 月 15 日开始实施“外国人永久居留证”制度，外籍华人申请在华居留条件随之放宽。外国人在中国永久居留是指外国人在中国居留期限不受限制，并享有我国法律规定的外国人权利与待遇。2013 年实施的《外国人入境出境管理条例》对外国人入境出境管理作了比较全面的规范，特别是第七条等相关条款进一步细化外国人停留、居留管理制度。但签证种类不够丰富，只有 D 字签证签发给永久居留人员，而且缺乏其他签证向 D 字签证的转化机制。2016 年中共中央办公厅、国务院办公厅印发《关于加强外国人永久居留服务管理的意见》，以更加积极主动、开放自信、灵活务实的态度，创造更为良好的对外开放环境，优化申请条件，简化工作流程，落实资格待遇，加强日常管理。建立由外国人永久居留审批管理部门牵头、有关部门参与的永久居留服务管理工作协调机制，加强政策衔接。强调为外国高层次人才申请永久居留开辟绿色通道。建立人才签证与永久居留衔接机制，纳入国家“千人计划”等重点引才计划项目的人选申请永久居留的，予以优先办理。推动建立以市场为导向的人才永久居留申请标准，探索计点积分制等评价机制，建立服务国家发展战略、反映市场需求、条件简明量化的人才申请永久居留指标评价体系。完善外国人从工作居留向永久居留的转换机制，对在国家重点支持的行业和领域工作的外国人，畅通从工作居留向永久居留的转换机制。实施积极的投资移民政策，调整来华投资外国人申请永久居留条件。为外籍突出贡献人员申请永久居留提供便利，拓宽突出贡献人员范围、丰富推荐方式、简化申请手续、缩短审批时限，并积极回应家庭团聚人员永久居留的合理需求。同时加强对外国人居留服务，促进其社会融入。

2019 年 7 月，国家移民管理局在全国范围内推广复制促进服务自贸区建设 12 条移民与出入境便利政策，具体内容包括：（1）进一步明确外国人申请在华永久居留的条件。一是外籍高层次人才、有重大突出贡献以及国家特别需要的外国人，经国家有关主管部门、省级人民政府或国家重点发展区域管理部门推荐。二是在中国境内工作的外国人，连续工作满 4 年、每年实际居住不少于 6 个月，工资性年收入不低于上一年度所在地区城镇在岗职工平均工资的 6 倍，年缴纳个人所得税不低于工资性年收入标准的 20%。三是在中国境内工作的外籍华人，具有博士研究生学历或在国家重点发展区域连续工作满 4 年、每年实际居住不少于 6 个月。符合上述三种条件之一的外国人可向公安机关出入境管理部门申请在华永久居留，其外籍配偶和未成年子女也可随同申请。（2）实施便利外国专业人才出入境签证与居留政策。一是国内重点高等院校、科研院所和知名企业邀请的外国专家学者，以及设区的市级以上人民政府人才主管部门、科技创新主管部门认定的外籍高层次管理和专业技术人才，可向公安机关口岸签证部门申办口岸签证入境。入境后凭邀请单位的证明函件等材料，可向公安机关出入境管理部门申办有效期 5 年以内的多次签证或居留许可。二是国内重点发展领域、行业引进的外籍人才和创新创业团队成员，可凭工作许可和单位函件等材料，向公安机关出入境管理部门申办有效期 5 年以内的居留许可。创新创业团队外籍成员，也可凭团队负责人担保函件办理有效期 5 年以内的居留许可。三是有重大突出贡献以及国家特别需要的外国人，可推荐其带领的工作团队外籍成员和科研辅助人员，向公安机关出入境管理部门申办有效期 5 年以内的长期签证或居留许可。四是中国境内企事业单位聘雇的外国人，已办妥工作许可、来不及出境办理工作签证的，可凭工作许可等材料向公安机关出入境管理部门申办工作类居留许可；对已连续两次办理1年以上工作类居留许可且无违法违规行为的，第三次申请工作类居留许可，可向公安机关出入境管理部门按规定申办有效期5年的工作类居留许可。五是在国内重点高等院校、科研院所和知名企业工作的外籍高层次人才，经工作单位和兼职单位同意并向公安机关出入境管理部门备案，可兼职创新创业。(3) 放宽外国学生来华创新创业、实习的签证与居留条件。具体包括三种情况：一是在国内重点高等院校获得本科以上学历的外国优秀留学生，毕业后在中国从事创新创业活动的，可凭高校毕业证书和创新创业等证明材料，向公安机关出入境管理部门申办有效期2年至5年的居留许可。二是在国际知名高校毕业的外国学生，毕业后2年内来中国创新创业的，可凭学历（学位）证明等材料，向公安机关出入境管理部门申办有效期2年以内的居留许可。三是国内知名企业和事业单位邀请来中国实习的境外高校的外国学生，凭邀请单位函件和高校就读证明等材料，可向公安机关出入境管理部门申办有效期1年的签证并进行实习活动。根据政府间协议来华实习的境外高的校外国学生，可按规定申办工作类居留许可。[1]

最后，建立外国人过境免签证制度。为了服务我国改革开放大局，展示对外开放形象，2013年以来，国务院陆续批准了18个省23个城市30个口岸对53个国家人员实施72小时、144小时过境免办签证政策，其中，北京、天津、石家庄、秦皇岛、上海、杭州、南京、沈阳、大连、青岛、成都、厦门、昆明、武汉、广州、深圳、揭阳、重庆、西安、宁波20个城市27个口岸实施外国人过

---

[1] “国家移民管理局在全国范围内推广复制促进服务自贸区建设12条移民与出入境便利政策”，中华人民共和国公安部网，http：//www. mps. gov. cn/n6557558/c6613913/content. html，访问日期：2019年7月19日。

境144小时免办签证政策，长沙、桂林、哈尔滨3个城市3个口岸实施外国人过境72小时免办签证政策。过境人员可凭有效国际旅行证件和已确定日期、座位前往第三国（地区）的联程客票免办签证入境，并在规定的区域和时限内停留。根据国家移民局的统计，截至2019年9月，约有45.2万人次外国人享受过境免签政策便利。从过境人员数量看，该政策在航空枢纽城市发挥明显作用，2018年，北京、上海、广州免办签证过境人员共9.7万人次，占当年72小时、144小时免办签证过境总数的96%。从过境人员增量看，2018年共有10.1万人次通过过境免办签证政策进入我国，较2017年增长24%，体现出免办签证政策吸引外国人来华的实际成效。❶

（四）建立外籍华人出入境管理制度

外籍华人是改革开放以来我国海外人才引进的重要来源。为了落实人才强国战略，促进创新驱动发展，我国不断规范人才引进制度，加强对外籍华人权益的保护，2015—2016年，公安部相继在上海科创中心、北京中关村、福建自贸区和广东自贸区等试点实施对外籍华人申请永久居留和长期居留、多次签证的便利政策，推行出入境改革措施，提供便捷的出入境环境、优良的外籍人才居留待遇以及高效的出入境服务。这些改革措施涉及外国人签证、入境出境、停留居留等方面，主要针对外籍高层次人才、留学归国创业外籍华人、外籍青年学生和创业团队外籍成员四大类外籍人才的迫切需求，重点解决制约吸引和聚集各类外籍人才的政策瓶颈，包括为符合认定标准的外籍高层次人才设立申请永

❶ "已有约45.2万人次外国人享受过境免签政策便利"，国务院侨务办公室网，http：//www.gqb.gov.cn/news/2019/1024/47191.shtml，访问日期：2020年4月1日。

久居留“直通车”，公安部在上述地区设立外国人永久居留服务窗口，并缩短审批期限；对外籍人才申请永久居留实施积分评估制度；对创业团队外籍成员和企业选聘的外籍技术人才提供办理口岸签证和长期居留许可的便利；对具有博士研究生以上学历或在这些地区长期创业的外籍华人提供申请永久居留的便捷通道等。这些政策措施为外籍人才特别是在中国创新创业的外籍华人提供了更加优良便捷的出入境软环境。❶ 其中广东对本省籍外籍华人提供5年多次出入境签证，符合广东自贸试验区外籍高层次人才认定标准的外国人及其配偶、未成年子女，经中国（广东）自由贸易试验区工作办公室推荐，可以申请在华永久居留。根据广东自由贸易试验区外籍人才积分评估标准，达到70分的广东自由贸易试验区创新创业团队外籍成员和自由贸易试验区企业选聘的外籍技术人才可以申请在华永久居留。以自然人身份或者通过本人以自然人身份作为控股股东的公司企业，在广东自贸试验区内直接投资、连续3年投资情况稳定、投资数额合计100万美元（国家颁布的《外商投资产业指导目录》鼓励类产业投资合计50万美元）以上且纳税记录良好的外国人及其外籍配偶、未成年子女，可以申请在华永久居留。❷ 从2018年2月1日开始，公安部在全国推广此

---

❶ “公安部：出入境政策措施支持上海科技创新中心建设”，中国政府网，http：//www. gov. cn/xinwen/2015 –06/10/content_2876595. htm，访问日期：2019年10月8日；“公安部推出支持北京创新发展20项出入境政策措施”，中国政府网，http：//www. gov. cn/xinwen/2016 – 01/12/content _ 5032325. htm，访问日期：2019年10月8日；“公安部推出支持广东自贸区建设及创新驱动发展16项出入境政策措施”，中国政府网，http：//www. gov. cn/xinwen/2016 – 07/18/content_5092496. htm，访问日期：2018年1月19日。

❷ 广东省公安厅出入境管理局编写：“支持广东自贸试验区建设和创新驱动发展出入境政策措施”，http：//ftz. gzns. gov. cn/zcfg/zhl/201707/t20170717 _ 349771. html，访问日期：2019年12月28日。

类措施，提高外籍华人签证、居留的便利程度。具体措施包括：对来华探望亲属、洽谈商务、开展科教文卫交流活动及处理私人事务的外籍华人，公安出入境管理机构可按规定签发5年以内多次入境有效签证；对在当地工作、学习、探亲以及办理私人事务需长期居留的外籍华人，可按规定签发有效期5年以内的居留许可。[1] 这些政策措施，有利于促进外国人特别是外籍华人的自由流动提高对海外侨胞权益的保护水平。

二、华侨身份认证制度的发展

护照是华侨在中国境内的身份证明文件。进入21世纪以来，国内一些部门已对华侨在国内凭护照证明身份、办理事务作出政策性规定。在金融方面，2000年中国人民银行《关于〈个人存款账户实名制规定〉施行后有关问题处置意见的通知》规定：居住在境内或境外的中国籍的华侨在有关金融机构开立个人存款账户或在原账户上办理第一笔存款时，其实名身份证件可以是中国护照。公安部2008年修订的《机动车登记规定》和2009年修订的《机动车驾驶证申领和使用规定》，都明确规定了规章适用的机动车所有人和机动车驾驶人包括华侨，华侨的身份证明是护照和公安机关核发的居住、暂住证明。在社会保险方面，据国家人力资源和社会保障部的反映，2009年以前虽然各地已经逐步将在国内就业的华侨纳入社会保险覆盖范围，但在实际操作中，部分华侨和地方社会保险经办部门反映，由于华侨没有居民身份证，无法办理参保登记手续，使得华侨参保成了“一纸

---

[1] “中华人民共和国公安部公告”（2018年01月22日），中华人民共和国公安部网，http：//www. mps. gov. cn/n6557558/c5983468/content. html，访问日期：2018年8月6日。

空文”。为此，2009 年 9 月国家人力资源和社会保障部印发《关于进一步做好在国内就业的华侨参加社会保险有关工作的通知》，明确规定华侨可以以护照作为参加社会保险的身份证件，并规定华侨以护照号码编排社会保障号码。聘雇华侨的用人单位，可持华侨本人的有效护照等证明材料及时到当地社会保险经办机构为其办理参保登记手续，建立社会保险关系。在国内灵活就业的华侨人员，可持本人有效护照等，按照个体身份人员参保办法到所在地社会保险经办机构办理参保缴费手续。华侨参加社会保险的各项业务办理程序与国内其他参保人员一致。2013 年正式实施的《出境入境管理法》第 14 条规定：“定居国外的中国公民在中国境内办理金融、教育、医疗、交通、电信、社会保险、财产登记等事务需要提供身份证明的，可以凭本人的护照证明其身份。”

从法律条文来看，《居民身份证法》与《护照法》的衔接问题似乎已经解决，但实际上华侨身份证明的难题仍然存在，侨务部门不断接到华侨投诉，反映其到金融、保险机构办理相关业务时，相关单位仍要求出示居民身份证、户籍簿或到公安机关开具身份证明文件，导致华侨陷入身份证明的困境。[1] 为了解决华侨身份证明的难题，2019 年国家移民管理局、教育部、公安部等十六个部门联合发布《关于推动出入境证件便利化应用的工作方案》，决定依托信息化手段，深化出入境证件便利化应用，统筹推进出入境证件便利化工作，有效提升出入境证件使用便利性，实现港澳地区居民、华侨可以凭出入境证件办理个人事务、享有政务和公共

[1] 广东省政协华侨权益保护情况调研组：《广东省政协关于华侨权益保护情况的调研报告》，内部材料，2015 年。

服务。[1] 2019 年 9 月国家移民管理局对外发布《出入境证件身份认证管理办法（试行）》，规定要建设出入境证件身份认证平台，为境外人员办事办证提供快捷便利服务，达到与境内居民使用身份证办事相同的便利度。认证平台开通后，境外人员可凭持有的出入境证件办理交通运输、金融、教育、通信、医疗、住宿等 35 项公共服务。为了保护个人隐私，该办法专门对使用单位的信息保护、系统安全、管理制度、检查监督等作出具体规定，明确对违反相关规定的使用单位的惩戒措施。该办法的实施为出入境证件身份认证服务提供了制度保障，有助于吸引更多境外人才回国创新创业，促进国家经济社会发展。2019 年 3 月，为了解决港澳地区居民、华侨、永久居留外国人等非居民在境内办理各类事务无法网上注册、不能自助办理等问题，国家移民管理局建成并启用出入境证件身份认证服务平台，为政府部门、企事业单位、社会服务机构提供港澳地区居民、华侨、永久居留外国人的实名、实人、实证认证服务，进一步方便港澳居民、华侨、永久居留外国人持回乡证、中国普通护照、永久居留身份证等出入境证件在境内办理各类事务。至 2019 年 10 月，全国 31 个省、自治区、直辖市和新疆生产建设兵团省级政务服务平台全部申请开通了出入境证件身份认证服务，已有 120 家企事业单位在出入境证件身份认证用户管理系统完成注册，出入境证件身份认证服务平台提供认证量总计 236 万条。[2]

---

[1] 国家移民管理局：“关于印发《关于推动出入境证件便利化应用的工作方案》的通知”，国家移民局网，http：//www. mps. gov. cn/n2254996/n2254999/c6504277/content. html，访问日期：2019 年 3 月 17 日。

[2] 国家移民管理局：“全国各省级政务平台全部开通出入境证件身份认证服务”，中国政府网，http：//www. gov. cn/xinwen/2019 - 11/28/content _5456739. htm，访问日期：2020 年 5 月 2 日。

但在现实生活中，华侨所持护照在有些地区还难以得到金融、交通等部门的承认。随着华侨与中国国内的联系更加紧密，越来越多的华侨选择在国内居住、工作、学习、生活。华侨是定居在国外的中国公民，按照现行法律规定，除了办理回国定居外，华侨不符合办理落户申领国内居民身份证的条件。但他们在国内办理事务时往往被国内一些部门和单位要求出示居民身份证。因没有居民身份证在国内办理事务存在诸多不便。《居民身份证法》规定，居住在中国境内的公民可以申领居民身份证，华侨回国定居的才可以申领居民身份证。《护照法》规定，护照是中国公民出入国境和在国外证明国籍和身份的证件。华侨在国内办理相关事务的过程中经常会陷入循环被要求证明自己身份的困境。

三、保护侨胞民商事权益

侨胞的民商事权益主要是指侨胞作为民商事主体，在中国境内、境外受到法律保护的民商事权利和利益，主要包括侨胞的财产权益、人格权、继承权、婚姻家庭权、投资贸易权、捐赠权以及兴办公益事业等权益。因各国法律制度有别，侨胞在境外的民商事权益保护存在明显差别，主要根据侨胞所在国的法律而定。《归侨侨眷权益保护法》及其实施办法是我国对侨胞权益保护的最主要法律依据，专门写入有关归侨侨眷民商权益的特殊保护条款，对归侨侨眷的财产所有权、投资权、兴办公益事业以及捐赠权等给予特别保护；对归侨、侨眷集体和个人所有的财产，以及国家安置归侨的农林场合法使用的土地及其他财产均有明确的保护规定；强调对归侨侨眷专门享有的民事权利进行特别保护，比如国家保护归侨侨眷的侨汇收入，归侨侨眷有权接受境外亲友的遗赠或赠与，继承境外遗产的权益受法律保护，并有权处分其在境外的财产。同时规定了违反《归侨侨眷权益保护法》所应承担的民事责任，强调归侨侨眷作为中国公民与其他公民承担同等的民事责任。

（一）侨胞财产权益的保护

侨胞的财产权益主要包括侨胞的房地产、继承、侨汇收入以及投资等权利与利益。

1. 华侨房产权益的保护

华侨房产权益是侨胞财产权益的重要内容，主要包括侨房政策落实、侨汇购买与建设住宅的权益以及华侨房屋拆迁补偿权益等。华侨房屋（以下简称侨房）是指具有华侨、归侨侨眷等涉侨身份者所有的国内房屋。侨房是侨胞与祖国联系的重要纽带。为了保障国内侨眷安居乐业，也为了自己叶落归根，侨胞多在国内置有房产，其后代也将这些房产视为祖宗基业。中华人民共和国成立后，由于有段时间极“左”思想盛行，许多侨房被侵占征收，对海外华侨的爱国情感造成了严重伤害。侨房问题是历史遗留的产物，其产生原因极为复杂，涉及中华人民共和国成立后的土地改革、私房社会主义改造、历次政治运动以及房屋拆建、改建与新建等一系列问题。

侨房政策的落实直接关乎侨心侨力的凝聚以及我国统一战线建设的成效。改革开放后，国家开始全面落实侨房政策，具体可以分为三个阶段。第一阶段是 1982 年前。该阶段主要是完成对“文化大革命”期间被侵占侨房的退还工作。广东、福建等侨务大省在落实侨房政策方面先走一步，实际上在改革开放前就已开始落实侨房政策，在 20 世纪 50 年代处理“土改”遗留问题以及提早改变华侨、港澳同胞的地主成分问题时，退还了部分因错误改造而没收的华侨房屋；1971 年贯彻中央 28 号文件精神，退还“文化大革命”期间占用的部分华侨房屋；1978年贯彻中央3号文件精神，落实侨务政策，特别是对严重侵犯华侨房产权益问题进行调查并加以解决。党的十一届三中全会后，华侨工作逐步受到重视，国家全面落实侨房政策。1982年，国务院侨办、原国家城市建设总局联合召开北京等20个城市和广东、福建两省落实华侨私房政策座谈会，中共中央办公厅、国务院办公厅发布《关于落实华侨私房政策座谈会纪要》等政策性文件，为解决侨房问题提供政策依据。第二阶段是1983—1990年。该阶段主要是解决“文化大革命”前侨房的历史遗留问题。1982年，国务院侨务办公室、城乡建设环境保护部出台《关于落实“文革”期间被挤占的华侨私房政策的若干规定》，明确规定凡“文革”期间被挤占、没收的华侨私人自住房和改造起点以下的出租房，一律确认房主的所有权，限期腾退。凡部队、机关、企事业单位和街道组织等占用的华侨自住房，也应限期腾退。由占用单位与房主签订退房协议书。如确有必要且征得房主同意可以调换和收购。原侨房因城市建设需要或年久失修被拆除、改建的，可以建筑面积与质量大体相等的公房调换。1984年，国务院侨办提出《关于加快落实华侨私房政策的意见》，中共中央办公厅、国务院办公厅联合转发各省区贯彻执行。该意见明确了土地改革中没收、征收的华侨私房的认定依据，即土地改革时房主或其直系亲属侨居国外满一年以上以及中华人民共和国成立前回国的华侨的私房。强调土地改革中农村和城镇没收、征收的华侨私房应一律退还华侨房主，并明确各类房屋的退还期限。同时规定参照上述办法解决农村历次运动中没收、征用的华侨私房遗留问题。在处理私房社会主义改造遗留问题时，华侨私房房主身份的确定应以1957年《中侨委关于华侨、侨眷、归侨、归国华侨学生身份的解释》为准，凡房主具备四种身份之一者，其房屋应按华侨私房对待。在私房社会主义改造时错改的华侨私房，包括原自住房、改造起点以下的出租房、不属镇建制的集镇出租房、经机关团体动员出租和借用的房屋、所收房租用于公益事业的房屋、中华人民共和国成立后用侨汇购建的房屋被错改的，应一律撤销改造。改造起点以上的出租房屋，一律不再改造。改造时未按照华侨国内国外人口留给自住房的，应按当时人口补留高于一般房主居住水平的自住房。代管华侨私房中的原自住房和改造起点以下的出租房，若产权人要求发还产权，只要交验证件，产权不存在纠纷的，经审查属实，即可发还产权。产权人的原自住房，如确需自住，有关单位和个人应积极腾退。凡对我国建设和祖国统一大业有贡献以及在海外有较大影响的华侨，其本人要求发还已按政策改造的私房、改造起点以上的出租房屋，由省级人民政府决定，可按适当放宽的原则处理。上述落实华侨私房政策的规定适用于处理当时系港澳同胞、外籍华人的私房。腾退华侨私房所需经费，按谁占用、谁退还的原则，根据隶属关系由各单位解决。为了保证侨房政策落实，各地通过多种途径筹措资金，如福建、广东等地区通过省、市多层级财政共同提供资金支持。福建省的具体做法是，凡已摸清需退还侨房的底数和市财政确实已“拿出一点”的，省里先拨款或多拨款，反之则后拨款或不拨款，从而达到集中财力支持积极性高的城市加快落实侨房政策的目的。在建房资金上坚持“中央拨一点，省里拿一点，地市县也出一点”的原则。[1] 第三阶段是1990年以后，主要是有针对性地解决一些高难度问题，特别是“已退未还”问题。所谓“已退未还”是指侨房产权已退但使用权并未退还给华侨。

---

[1] 王盛泽：“福建省侨房问题的由来及政策落实”，载《当代中国史研究》2013年第3期，第103～112页。

这项任务直到2010年前后才基本完成。截至2010年年底，福建省“已退未还”涉及的6 899户侨房住户的侨房使用权清退任务全面完成。[1] 但仍有部分侨房的所有权已经按照政策规定退还侨胞，而使用权清退问题未能得到彻底解决。

侨汇购房与建设住宅权益是华侨房产权益的重要内容。改革开放后，为了贯彻落实侨务政策，吸引华侨人才回国，国家开展侨汇建设住宅工作。1980年3月国家城市建设总局、国务院侨办制定《关于侨汇购买和建设住宅的暂行办法》，鼓励华侨、归侨侨眷用侨汇购买或建设住宅。明确规定将侨汇建设住宅列入各地基本建设计划，下达专项指标，不受自筹资金计划指标的限制。华侨住宅根据华侨的特点和要求进行设计和建设，在住宅面积、装修、设施标准等方面应当尽可能满足华侨的实际需要，切实保障建设材料的供应和施工力量，合理确定侨汇住宅造价，收取土地使用费，并且明确规定侨汇购建的住宅可以在当地出售、交换，也可以继承和赠送。《归侨侨眷权益保护法实施办法》第十四条至第十五条规定，国家依法保护归侨、侨眷在国内私有房屋的所有权。归侨、侨眷对其私有房屋，依法享有占有、使用、收益和处分的权利，任何组织或者个人不得侵犯。租赁归侨、侨眷的私有房屋，须由出租人和承租人签订租赁合同，并到房屋所在地的房产管理部门登记备案。租赁合同终止时，承租人应当将房屋退还出租人。

保障华侨房屋依法依规进行拆迁是华侨房产权益保护的重要方式。因华侨常年不在国内，凡涉及华侨、归侨侨眷的房屋拆迁，除了要符合国家关于房屋拆迁的一般性规定外，还要符合归侨侨

---

[1] 王坤明：“特区建设‘侨’立奇功 厦门特区侨务工作三十年回眸”，东南网 http：//www. fjsen. com/d/2011 - 12/21/content _ 7398558 _ 4. htm，访问日期：2018年8月3日。

眷权益保护法以及地方性法规的相关规定。《归侨侨眷权益保护法实施办法》第十六条规定，依法拆迁归侨、侨眷私有房屋的，拆迁人应当按照国家有关房屋拆迁管理的规定给予货币补偿或者实行房屋产权调换。按照政府规定的租金标准出租的归侨、侨眷的私有房屋被拆迁的，补偿安置的办法由国务院建设主管部门会同有关部门规定。我国一些省市也颁行了有关华侨房屋拆迁的地方性规定。其中广东省人大常委会1995年颁行、2004年修订的《广东省拆迁城镇华侨房屋规定》具有一定的代表性。该规定首先明确其适用范围，即在广东省的城市规划区内国有土地上实施华侨房屋拆迁并需要对华侨房屋所有人进行补偿、安置的，适用本规定。其次，对“华侨房屋”进行界定，华侨房屋是指以下三种房屋：一是华侨、归侨的私有房屋；二是中华人民共和国成立后用侨汇购建的私有房屋；三是依法继承华侨、归侨的私有房屋。最后，对华侨房屋拆迁的条件和程序等作出明确规定，即拆迁人必须依照有关法律、法规和该规定，对被拆迁人给予补偿安置，被拆迁人要在双方协议期限内完成搬迁，由县级以上人民政府负责管理房屋拆迁工作的部门对华侨房屋拆迁工作实施监督管理。强调华侨房屋所有人的合法权益受法律保护，任何单位和个人不得非法拆迁华侨房屋。被拆迁的房屋需要确认属于华侨房屋或者属于落实侨房政策发还产权的华侨房屋的，由被拆迁人提出申请，经房屋所在地县级以上人民政府侨务部门审核确认。拆迁华侨房屋应当依法予以公告，拆迁人还应当同时书面通知被拆迁人。被拆迁人居住在境外的，应当自收到通知之日起六个月内，与拆迁人签订补偿安置协议。因特殊情况不能按照规定期限办理的，被拆迁人应当与拆迁人协商延期，由拆迁人在拆迁期限届满十五日前，向房屋拆迁管理部门提出延期拆迁申请。拆迁人应当与被拆迁人共同协商，签订补偿安置协议。拆迁属于落实侨房政策而未发还产权的华侨房屋，由房屋行政主管部门会同所在地同级侨务部门与拆迁人签订补偿安置协议，补偿金额按照本规定进行确定。该规定还明确了拆迁补偿安置等争议的解决途径与方式，拆迁人与被拆迁人无法达成共同拆迁补偿安置协议的，经当事人申请，由房屋拆迁管理部门裁决。拆迁补偿安置争议经裁决后，当事人不服裁决的，可依法向人民法院提起诉讼。被拆迁人可以选择货币补偿或房屋产权调换两种补偿方式。被拆迁人选择房屋产权调换的，拆迁人与被拆迁人应当依照被拆迁房屋的补偿金额和所调换房屋的价格，结清差价。被拆迁房屋的补偿金额和所调换房屋的价格，可以由拆迁人与被拆迁人协商确定。拆迁人与被拆迁人协商不能达成协议的，可以共同委托具备房屋拆迁评估资格的房地产评估机构进行评估。对委托房地产评估机构不能达成一致意见的，可以采取被拆迁人投票或者拆迁当事人抽签等方式确定房地产评估机构进行评估。拆迁属落实侨房政策发还产权的华侨房屋和中华人民共和国成立之日起至 1994 年 12 月 31 日止用侨汇购建的华侨房屋，补偿金额按照房地产市场评估价格增加 5% ~10% 确定，具体增加比例由各地市级以上人民政府规定。拆迁华侨房屋附属设施（天井、庭院、花园等）不作产权调换，但应当予以货币补偿，具体补偿金额按照房地产市场评估价格确定。规定还明确了房屋拆迁管理部门不依法履行职责的责任，“房屋拆迁管理部门未依照本规定履行职责的，对直接负责的主管人员和其他直接责任人员依法给予行政处分。拆迁外籍华人在广东省的私有房屋，参照上述华侨房屋的规定执行”。[1] 2015 年颁行的《广东省华

---

[1] 广东省人大常委会：“广东省拆迁华侨房屋规定”，载《人民之声》2005 年第 6 期，第 55 ~56 页。

侨权益保护条例》延续上述规定的基本精神，进一步完善对华侨房屋的保护措施。其中第 26 条专门对华侨房屋保护问题作出规定，华侨在城镇国有土地上的私有房屋、华侨投资企业和华侨投资开发用地因公共利益需要被征收的，应当依法给予补偿。征收华侨在农村的私有房屋，应当按照当地县级人民政府规定的农村集体村民同等待遇进行补偿和安置。征收华侨房屋应当依法公告，并书面通知居住在国外的华侨，与华侨共同协商签订补偿安置协议。未签订补偿安置协议或者未经法定程序的，不得非法侵占、拆除。

上述政策性文件和立法对华侨房屋拆迁的基本原则、拆迁具体程序、产权调换与安置、补偿方式与标准以及拆迁纠纷解决途径等作出系统规定，充分体现了从中央到地方各级政府对华侨财产权保护的高度重视。

2. 华侨投资权益保护

华侨投资者是指具有华侨身份的自然人，华侨投资是指华侨以其本人名义进行的投资。华侨在住在国或第三国设立的法律实体不属于华侨投资者，这些法律实体在中国的投资也不属于华侨投资。1990 年发布的《国务院关于鼓励华侨和香港澳门同胞投资的规定》第五条将华侨、港澳投资者在境内投资举办拥有全部资本的企业、合资经营企业和合作经营企业统称为华侨、港澳同胞投资企业，该规定第七条规定：“华侨、港澳投资者在境内的投资、购置的资产、工业产权、投资所得利润和其他合法权益受国家法律保护，并可以依法转让和继承。”第十七条规定：“华侨、港澳投资者在境内投资可以委托境内的亲友为其代理人。代理人应当持有具有法律效力的委托书。”

华侨投资是我国经济发展的重要动力。为了鼓励华侨回国投资，我国颁布了一系列法律法规，保护华侨投资权益。华侨是中国公民，华侨投资在法律上属于中国投资，华侨投资企业属于中国企业，而不是外国企业。但华侨是具有双重角色的特殊群体，因其长期定居国外，我国政府难以对其实行全方位管理，而且其回国投资的资本来自境外，投资所得的利润一般也需汇出境外。基于上述现实背景，长期以来我国对华侨投资采取特殊管理方式，华侨投资在法律上介于中国境内投资与外国投资之间，对其采用的具体管理方式既不同于外国投资，也有别于中国境内投资。

我国制定了一系列吸引华侨回国投资的政策法规。1983 年财政部发布《关于对华侨回国投资举办合营企业适当延长减、免所得税期限的通知》，对华侨回国投资举办合营企业，按财政部（81）财税字第 69 号对新办中外合资经营企业延长减征、免征所得税期限的规定，对华侨回国投资举办合营企业减征、免征所得税期限各一年。1985 年国务院发布《关于华侨投资优惠的暂行规定》，首次对华侨回国投资的出资方式、投资形式、优惠待遇等作出明确规定。1990 年发布的《国务院关于鼓励华侨和香港澳门同胞投资的规定》，对华侨在中国境内的可投资区域、投资形式、行业、主要权益、纠纷解决途径等作出规定，并明确规定华侨投资企业除适用本规定外，“参照执行国家有关涉外经济法律、法规的规定，享受相应的外商投资企业待遇”。2002 年，国务院侨办发布《涉侨经济案件协调处理工作暂行办法》，对涉侨经济案件的协调处理机构以及受理、处理和结案程序与方法等作出规定。根据有关法律法规，华侨回国投资享受如下待遇：（1）对华侨投资者、香港澳门投资者及其投资，分别给予不同待遇。华侨和港澳同胞均属于不在大陆定居的中国公民，我国对这些特殊的中国公民及其投资采用了特殊的管理方式。2003 年以前，内地和港澳尚未签署《关于建立更紧密经贸关系的安排（简称 CEPA）》，内地对华侨和港澳同胞投资均适用《国务院关于鼓励华侨和香港澳门同胞投资的规定》，对华侨和港澳同胞投资给予同等待遇。2003 年 CEPA 签署后，内地对港澳同胞的投资在执行《国务院关于鼓励华侨和香港澳门同胞投资的规定》的同时，还要执行 CEPA 的相关规定。2011 年修订的《对外投资产业指导目录》注释 1 明确规定，《内地与香港关于建立更紧密经贸关系的安排》及其补充协议，《内地与澳门关于建立更紧密经贸关系的安排》及其补充协议，我国与有关国家签订的自由贸易区协议另有规定的，从其规定，华侨与港澳同胞的投资待遇由此产生了差异。（2）特别法对华侨回国投资有规定的，适用特别法的规定。特别法未做规定的，参照适用与外商投资有关的法律以及其他涉外法律。根据《国务院关于鼓励华侨和香港澳门同胞投资的规定》第五条的规定，“华侨、港澳投资者在境内投资举办拥有全部资本的企业、合资经营企业和合作经营企业（以下简称华侨、港澳同胞投资企业），除适用本规定外，参照执行国家有关涉外经济法律、法规的规定，享受相应的外商投资企业待遇。华侨、港澳投资者在境内进行其他形式的投资，以及在境内没有设立经营机构而有来源于境内的股息、利息、租金、特许权使用费和其他所得，除适用本规定外，也可以参照执行国家有关涉外经济法律、法规的规定”。也就是说，虽然华侨投资不属于严格意义上的外国投资者的投资，但我国将其视为具有涉外性质的投资，参照具有涉外性质的投资进行管理。[1]

2020 年 1 月 1 日，《外商投资法》《外商投资法实施条例》颁布实施，按照《外商投资法实施条例》第四十八条第三款的规定，“定居在国外的中国公民在中国境内投资，参照外商投资法和本条

---

[1] 史晓丽：“新形势下完善华侨回国投资法律制度的思考”，见潮龙起主编：《侨务理论研究成果集萃》，暨南大学出版社 2014 年版，第 205 ~ 207 页。

例执行；法律、行政法规或者国务院另有规定的，从其规定。”换言之，华侨在中国境内的投资权益保护，适用外商投资法及其实施条例的有关规定。按照《外商投资法》第四条，我国对外商投资实行“准入前国民待遇加负面清单管理制度”。所谓“准入前国民待遇”，是指在投资准入阶段给予外国投资者及其投资不低于本国投资者及其投资的待遇；所谓“负面清单”，是指国家规定在特定领域对外商投资实施的准入特别管理措施。国家对负面清单之外的外商投资，给予国民待遇。国家鼓励华侨投资，保护华侨投资的合法权益，同时也不断规范对华侨投资的管理，优化华侨投资环境。政府及有关部门在政府资金安排、土地供应、税费减免、资质许可、标准制定、项目申报、人力资源政策以及对企业申办事项审核等方面，应依法平等对待华侨投资企业和内资企业。凡制定与华侨投资有关的行政法规、规章、地方性法规以及规范性文件，应当采取书面征求意见以及召开座谈会、论证会、听证会等多种形式，听取华侨投资企业和有关商会、协会的意见和建议。为了加强对外商投资企业的保护，《外商投资法》第二十条第一款明确规定：“国家对外国投资者的投资不实行征收。”同时进一步明确了外商投资企业的权利救济途径。按照规定，在特殊情况下，国家为了公共利益需要依照法律规定对外国投资者的投资实行征收的，应当依照法定程序、以非歧视性的方式进行，并按照被征收投资的市场价值及时给予补偿。如外国投资者对征收决定不服，可以依法申请行政复议或者提起行政诉讼。《外商投资法》第二十二条至第二十五条规定，国家加大对知识产权侵权行为的惩处力度，强化知识产权执法，推动建立知识产权快速协同保护机制，健全知识产权纠纷多元化解决机制，平等保护外国投资者和外商投资企业的知识产权；严禁行政机关及其工作人员利用实施行政许可、行政检查、行政处罚、行政强制以及其他行政手段，强制或者变相强制外国投资者、外商投资企业转让技术；地方各级人民政府及其有关部门应当履行向外国投资者、外商投资企业依法作出的政策承诺以及依法订立的各类合同。如因国家利益、社会公共利益需要改变政策承诺、合同约定，应依照法定权限和程序进行，并依法对外国投资者、外商投资企业因此受到的损失予以补偿。为了及时处理外商投资企业或者其投资者反映的问题，协调完善相关政策措施，《外商投资法》第二十六条对外商投资企业投诉工作机制的建立作出明确规定，外商投资企业或者其投资者认为行政机关及其工作人员的行政行为侵犯其合法权益的，可以通过外商投资企业投诉工作机制申请协调解决。外商投资企业或者其投资者认为行政机关及其工作人员的行政行为侵犯其合法权益的，除通过外商投资企业投诉工作机制申请协调解决外，还可以依法申请行政复议、提起行政诉讼。

除国家出台的相关政策与法律法规外，部分省市也制定了保护华侨投资的地方性规范。《福建省保护华侨投资权益若干规定》（1998 年颁布、2002 年修订）列举华侨投资享有的权益并明确具体保护措施。该规定明确指出，其所称华侨投资是指华侨以其个人或其公司、企业及其他经济组织的名义在福建省的投资，并将华侨投资者用投资中国境内获得的收益在本省的投资视为华侨投资。华侨投资者的主体资格，由投资所在地的县（市、区）以上人民政府的侨务行政主管部门确认，华侨投资者凭确认证书享受规定待遇。该规定基本上将华侨投资企业视同外商投资企业，规定华侨投资享受本省鼓励外商投资的一切优惠待遇；明确华侨投资者及其工作人员享有的教育权等权利，华侨投资者及其聘用的境外人员和具有中级以上职称的技术、管理人员，其携带的子女需要在本省接受九年制义务教育的，享受当地学生同等待遇；华侨投资企业用于公益、救济性的捐赠，经税务部门批准，可依照规定比例给予税前扣除；华侨投资者依法获得的税后收益和清算后的资金，可依法汇往境外；华侨投资者投资的财产、工业产权、投资收益和其他合法权益，可依法转让和继承；因国家建设需要拆迁华侨投资企业和征用华侨投资开发农业用地的，应根据国家和本省的有关规定，给予相应的经济补偿。为了保护华侨的自主经营权，还明确规定任何职能部门不得擅自决定华侨投资企业停产停业；按照法律、法规规定的权限和程序作出停产停业处理的，应报企业所在地的县以上人民政府备案；对华侨投资企业进行行政执法检查，应由法律、法规明确规定有权检查的部门进行；凡进入华侨投资企业的检查人员，必须向被检查企业出具检查许可证明，并于每次检查完毕后向被检查企业出具检查登记证；对于未出具检查许可证明的，华侨投资企业有权拒绝检查；对华侨投资企业的收费项目和标准，应符合法律、法规和规章的规定，任何部门和单位不得另立名目和标准，向华侨投资企业收费；华侨投资企业有权拒付法律、法规和规章规定以外的收费。规定明确了保障华侨投资者生命财产安全的责任机构，以及华侨寻求权利救济的途径与方式，公安部门要及时处理华侨投资者反映的治安问题，对侵犯华侨投资者人身、财产安全的违法犯罪行为应依法及时立案，抓紧侦破。华侨投资者的合法权益受到侵害时，可以向所在地外商投诉协调中心、侨务行政主管部门投诉，或向有关部门提出控告，受理部门应依照法定的时限作出答复，未规定时限的，应于三十日内作出答复。各级人民法院对华侨投资企业提起的诉讼案件应依法及时办理。公务员侵犯华侨投资者权益的，侨务行政主管部门经核实，有权按人事管理权限提请主管部门追究行政责任。各级人民政府侨务行政主管部门对上述规定负有组织实施和行政监督的职责，有权对华侨投资权益的保护事宜要求有关部门作出答复。[1]《广东省华侨权益保护条例》对保护侨胞的投资经营权益作出专门规定。华侨出国定居后可以保留持有的农村集体经济组织股份，享有相应权利并依法履行相应义务；华侨出国定居前提出交回承包的山地、耕地、果园、鱼塘的，在按照承包合同付清所约定的费用后可依法解除承包合同，农村集体经济组织应当为其办理交回承包手续。华侨出国定居后，原以家庭为单位承包的山地、耕地、果园、鱼塘等承包合同未到期的，可以根据承包合同约定，经农村集体经济组织同意，通过转包、出租等方式流转土地承包经营权。任何组织和个人不得非法截留、扣缴或者以其他方式侵占华侨的土地流转收益；侨汇的所有权受法律保护，任何组织和个人不得截留、侵占、延迟支付、强行借贷或者非法冻结、没收；华侨、华侨投资企业和华侨社会团体的知识产权受法律保护，任何组织和个人不得侵犯。条例明确规定鼓励和支持华侨投资兴办产业，华侨投资者可以用可自由兑换货币、机器设备或者其他实物以及知识产权、专有技术、土地使用权等作为投资；华侨投资兴办的高新技术企业，可以按照国家和本省有关规定，享受优惠待遇；任何组织和个人不得干预和侵犯华侨投资企业的经营管理自主权。未经法定程序，不得擅自查封、扣押华侨投资企业的财产或者责令其停产停业；华侨依法取得用于生产经营的土地，有关部门应当给予确权并发放土地使用权证；华侨投资企业可以依法参加政府采购，具备有关法律、法规规定条件的，任何组织和个人不得以不合理的条件对其实行差

---

[1] 福建省人民政府：“福建省保护华侨投资权益若干规定”，中国侨网，http：//www. chinaqw. com/jjkj/2014/04 -24/1882. shtml，访问日期：2017 年 3 月 5 日。

别待遇或者歧视待遇；华侨投资企业依法投资、经营获得的利润、股息、红利、租金、清算后的个人资金及其他合法收益，可以依法汇往境外；华侨投资者的财产、知识产权、投资收益及其他合法收益可以依法转让或者继承；条例明确禁止对华侨企业乱摊派、乱收费等行为，“华侨投资企业按照有关法律、法规和规章规定的行政事业性收费项目和标准进行缴费，任何单位不得擅自增设收费项目、提高收费标准或者重复收费。任何组织和个人不得违反法律、法规的规定，强制或者变相强制华侨投资企业参加各类培训、评比、鉴定、考核、赞助、捐赠等活动”。[1] 上海、浙江等其他省区的华侨权益保护条例也有类似条款。这些华侨权益保护地方立法对华侨投资权益作出了明确规定，并通过禁止性条款制止干预企业自主经营的行为，为保护华侨投资权益奠定了法律基础。

（二）侨胞婚姻继承及收养权保护

1. 侨胞继承权益保护

关于华侨、外籍人继承在华遗产问题，我国外交部 1980 年发布的《外交部领事司复华侨及外籍人办理在华遗产继承手续事》已有明确说明。第一，凡申请继承在华遗产的华侨和外籍人，均须向居住国的公证机关申请公证书，证明申请人的职业、住址及其与在华关系人的亲属关系。该公证书须经居住国外交部或外交部指定的办理认证的其他官方机构和我驻该国使领馆认证。第二，申请人可持上述经过我驻外使领馆认证的公证书、被继承人的死亡证书等亲自来华向遗产所在地的公证机关申请办理继承手续。

---

[1] 广东省人大：“广东省华侨权益保护条例”，广东省人民政府侨务办公室网，http：//www. qb. gd. gov. cn/zcfg/content/post_65995. html，访问日期：2017 年 1 月 17 日。

公证部门对有关证件审核后，如认为符合我国关于遗产继承的规定，将发给继承权证明书。申请人可凭证明书到房管局、银行等遗产管理部门办理继承事项。第三，如果需要公证的主要事实发生在国内，继承人也可向我国有关地方公证机关申请公证，由公证机关核发继承权证明书。第四，申请人如不能亲自来华，可委托其在华亲友代为办理；在华无亲友的，可委托财产所在地的法律顾问处推荐律师代为办理。此种情况下，申请人须加办委托书并办理公证认证手续。第五，遗产继承发生纠纷，申请人须向遗产所在地人民法院提出诉讼，由法院进行裁决。

针对印尼华侨华人继承在我国国内遗产存在的困难，《司法部公证律师司、外交部领事司关于印尼华侨、华人为继承在我国内遗产申办继承权公证事的复函》（1988 年）对上述规定稍作变通，主要包括三个方面：首先，印尼华侨、华人继承遗留在我国国内的不动产，以及印尼华侨继承住所在印尼的华侨遗留在我国内的动产，均应适用我国法律，由公证机关出具继承权公证书。继承人向我国公证机关申办继承权公证书时，应提供印尼公证机关出具的被继承人的死亡证明、继承人与被继承人的亲属关系证明、婚姻状况证明、出生证明等。如果办理印尼外交部和第三国认证确有困难，可直接拿到国内使用，我国公证机关在能够辨认确属印尼公证机关出具的情况下，予以接受。其次，印尼华人继承印尼华侨、华人在我国国内的动产，以及印尼华侨继承印尼华人在我国国内的动产，被继承人住所地在印尼，均应适用印尼法律，由印尼公证机关出具继承权证明后，直接交我国国内银行等有关部门使用，我国公证机关不宜为继承人出具继承权证明书。最后，对于继承人在印尼办理有关公证证明确有困难的，如果省有关侨办、侨联能够确认当事人所提供的印尼侨团及侨团负责人出具的有关证明确无伪造情况，我国公证机关可以接受。

此外，部分省市的地方立法也对华侨继承权益保护作出明确规定。如《广东省华侨权益保护条例》第二十条第三款规定，华侨对依法继承或者接受的遗产、遗赠及赠与财产享有占有、使用、收益和处分的权利，任何组织和个人不得侵犯。湖北、上海等省市华侨权益保护条例也有类似规定。

2. 侨胞婚姻权益的保护

华侨婚姻具有涉外因素，结婚、离婚等问题均较国内婚姻更为复杂。我国注重通过法律对涉侨婚姻关系进行调整，涉侨婚姻的法律法规与规范性文件主要包括《民法典》、《中华人民共和国民事诉讼法》（以下简称《民事诉讼法》）、《涉外民事关系法律适用法》及其司法解释、《婚姻登记条例》、《最高人民法院关于适用〈中华人民共和国民事诉讼法〉的解释》以及最高人民法院有关涉侨案件的批复与回复等。1980 年《中华人民共和国婚姻法》（以下简称《婚姻法》）及《婚姻登记办法》颁行后，司法与相关行政部门结合侨胞特点，以实施细则、司法解释等形式发布了一系列涉侨婚姻规范。在涉侨婚姻成立的实质与程序要件方面，主要是按照婚姻法的基本精神、结合华侨定居国外的现实加以保护。其中，国务院《婚姻登记条例》（2003 年）根据华侨自身特点规定了华侨与国内公民结婚的特殊程序，并对华侨在居住国结婚作出详细规定。内地居民办理婚姻登记的机关是县级人民政府民政部门或者乡（镇）人民政府。中国公民同外国人以及内地居民同香港特别行政区居民、澳门特别行政区居民、台湾地区居民、华侨办理婚姻登记的机关是省级人民政府民政部门或者省级人民政府民政部门确定的机关。中国公民同外国人在中国内地结婚的，内地居民同香港特别行政区居民、澳门特别行政区居民、台湾地区居民、华侨在中国内地结婚的，男女双方应当共同到内地居民常住户口所在地的婚姻登记机关办理结婚登记。办理结婚登记的华侨应当出具本人的有效护照、居住国公证机构或者有权机关出具的、经我国驻该国使领馆认证的本人无配偶以及与对方当事人没有直系血亲和三代以内旁系血亲关系的证明，或者由我国驻该国使领馆出具的本人无配偶以及与对方当事人没有直系血亲和三代以内旁系血亲关系的证明。内地居民自愿离婚的，男女双方应当共同到一方当事人常住户口所在地的婚姻登记机关办理离婚登记。中国公民同外国人在中国内地自愿离婚的，内地居民同香港特别行政区居民、澳门特别行政区居民、台湾地区居民、华侨在中国内地自愿离婚的，男女双方应当共同到内地居民常住户口所在地的婚姻登记机关办理离婚登记。民政部 2004 年发布的《关于贯彻执行〈婚姻登记条例〉若干问题的意见》进一步明确了华侨办理婚姻登记提交材料等具体问题。根据该意见第七条、第八条的规定，出国人员办理结婚登记应根据其出具的证件分情况处理。当事人出具身份证、户口簿作为身份证件的，按内地居民婚姻登记规定办理；当事人出具中国护照作为身份证件的，按华侨婚姻登记规定办理。当事人以中国护照作为身份证件，在内地居住满一年、无法取得有关国家或我驻外使领馆出具的婚姻状况证明的，婚姻登记机关可根据当事人本人的相关情况声明及两个近亲属出具的有关当事人婚姻状况的证明办理结婚登记。一方为外国人、另一方为港澳台居民或华侨，或者双方均为港澳台居民或华侨，要求在内地办理结婚登记的，如果当事人能够出具《婚姻登记条例》规定的相应证件和证明材料，当事人工作或生活所在地具有相应办理婚姻登记权限的登记机关应予受理。

《民事诉讼法》则对涉外婚姻案件的管辖作出基本规定。根据

2021 年修订的《民事诉讼法》第二百六十六条，在中华人民共和国领域内进行涉外民事诉讼，适用该法第四编“涉外民事诉讼程序的特别规定”的规定；第四编没有规定的，适用其他有关规定。第二十二条规定，对不在中华人民共和国领域内居住的人提起的有关身份关系的诉讼，由原告住所地管辖；原告住所地与经常居住地不一致的，由原告经常居住地人民法院管辖。2022 年最高人民法院《关于适用〈中华人民共和国民事诉讼法〉的解释》第十三条至第十七条进一步明确了涉侨离婚案件管辖权，规定在国内结婚并定居国外的华侨，如定居国法院以离婚诉讼须由婚姻缔结地法院管辖为由不予受理，当事人向人民法院提出离婚诉讼的，由婚姻缔结地或者一方在国内的最后居住地人民法院管辖；在国外结婚并定居国外的华侨，如定居国法院以离婚诉讼须由国籍所属国法院管辖为由不予受理，当事人向人民法院提出离婚诉讼的，由一方原住所地或者在国内的最后居住地人民法院管辖；中国公民一方居住在国外，一方居住在国内，不论哪一方向人民法院提起离婚诉讼，国内一方住所地人民法院都有权管辖。国外一方在居住国法院起诉，国内一方向人民法院起诉的，受诉人民法院有权管辖。中国公民双方在国外但未定居，一方向人民法院起诉离婚的，应由原告或者被告原住所地人民法院管辖。已经离婚的中国公民，双方均定居国外，仅就国内财产分割提起诉讼的，由主要财产所在地人民法院管辖。

为了妥善处理涉侨婚姻问题，外交部、最高人民法院等机构曾作出一系列有关华侨婚姻的解释性规定与批复。1957 年最高人民法院向外交部领事司发出《关于波兰法院对双方都居住在波兰的中国侨民的离婚判决在中国是否有法律效力问题的复函》（法行字第 8490 号），指出波兰法院对双方都居住在波兰的中国公民间的离婚案件所做的判决，如果在实体和程序上均与《中华人民共和国婚姻法》没有抵触，我国承认判决对双方当事人的法律拘束力。1981 年，应我国驻荷兰大使馆询问，最高人民法院发出《关于旅荷华侨离婚问题的复函》（［81］法研字第 11 号），再次明确国外法院涉侨离婚判决的效力以及国内管辖等问题，强调旅荷华侨夫妇经荷兰法院判决离婚的，如不违反我国婚姻法的基本原则，可承认这种判决对双方当事人的法律拘束力。离婚后，当事人要求我驻荷使领馆加以认证的，可予认证。夫妻一方侨居荷兰，一方仍在国内，如双方同意离婚，对子女、财产也无争议的，可按我国婚姻法的规定，在国内一方户籍所在地或居住地负责婚姻登记的机关办理离婚手续。提起诉讼的，如系国内一方提出离婚，应向本人所在地或居住地人民法院起诉；侨居荷兰一方要求离婚，也应向国内一方的户籍所在地或居住地人民法院起诉。侨居荷兰一方提出离婚，荷兰法院予以受理和判决的，如双方并无异议，可不予干涉；如一方对子女抚养或国内财产的处理有不同意见，可根据是否违反我国婚姻法原则的精神决定是否承认这种判决在我国境内具有效力。1983 年，外交部、最高人民法院等联合发布《关于驻外使领馆处理华侨婚姻问题的若干规定》，规定严格按照我国婚姻法基本精神，并照顾到华侨居住在国外的实际情况，妥善处理华侨婚姻案件。为了方便华侨在居住国结婚，我们鼓励华侨按居住国的法律在当地办理结婚登记或举行结婚仪式。凡华侨结婚，如符合我国《婚姻法》的规定，当地有关当局为此征求我驻外使领馆的意见，我国驻外使领馆可应其要求用口头表示或书面证明其婚姻的缔结符合我国婚姻法关于结婚的规定。如该婚姻除年龄和禁止近亲通婚的规定外，其他均符合我国婚姻法的规定，住在国有关当局依照当地法律准许他们结婚，我国则不表示异议。如该婚姻违反我国婚姻法关于禁止干涉婚姻自由和禁止重婚的规定，我国既不能承认该婚姻为有效，也不能为其出具任何证明。如当地有关当局要求我使领馆出具证明时，我使领馆可根据情况用口头表示或书面证明我们不表示异议。凡是遇有下列情况之一的结婚申请，我使领馆不宜受理：（1）驻在国法律不承认外国使领馆办理的结婚登记有效；（2）不符合我国婚姻法关于结婚的规定。申请结婚的男女双方均是华侨且符合我国婚姻法规定的，如驻在国法律允许且双方当事人坚持要我使领馆为其办理结婚登记的，我使领馆可为其办理结婚登记，并颁发结婚证书。如驻在国有关当局要求，我国也可为该证书出具译文，并证明其与原本相符。

由于华侨婚姻的独特性，华侨离婚受到涉外离婚制度的约束。根据《婚姻登记条例》第十一条的规定，办理离婚登记的华侨、外国人除应当出具本人的结婚证、双方当事人共同签署的离婚协议书外，还应出具本人的有效护照或其他有效国际旅行证件。离婚协议书应当载明双方当事人自愿离婚的意思表示以及对子女抚养、财产及债务处理等事项协商一致的意见。按照国务院侨办《关于驻外使领馆处理华侨婚姻问题的若干规定》，华侨在国外办理离婚的程序相对比较复杂，我驻外使领馆原则上不受理华侨申请离婚的案件。第一，夫妻一方居住在国外，另一方居住在国内，如双方自愿要求离婚，对抚养子女、赡养父母和处理财产等均无争议的，可按我国《婚姻法》第二十四条的规定，在国内一方户籍所在地或居所地的婚姻登记机关办理离婚手续。第二，如果一方不能到婚姻登记机关申请离婚或双方对离婚有争议，不论哪一方提起诉讼，均应向国内一方户籍所在地或居所地的人民法院起诉。第三，如居住在国外的一方已向居住国法院起诉，居住在国内一方可根据情况采取必要的法律步骤，我驻外使领馆应给予必要的协助。第四，双方均是居住在国外的华侨夫妻要求离婚，原则上应向居所地有关机关申请办理离婚手续。如他们原在国内办理结婚登记的，现因某种原因，居所地有关机关不受理时，双方可以回国向原结婚登记机关或结婚登记地人民法院申办离婚。如双方因特殊情况不能回国时，当事人可以办理授权委托书，委托国内亲友或律师为代理人代为办理，并向国内原结婚登记机关或结婚登记地人民法院提交书面意见，由该登记机关办理或人民法院审理。委托书和意见书均须经当地公证机关公证、我国驻外使领馆认证。如他们原在我驻外使领馆登记结婚的，申请离婚时双方并无争议的，可向原经办结婚登记的我驻外使领馆办理离婚手续；双方有争议的，则应向出国前最后户籍所在地或居所地的人民法院起诉。如已迁居其他国家仍按以上规定办理，但有关法律文书须经居住国公证机关公证，我国驻该国使领馆认证。如已回国定居，其离婚申请则向户籍所在地或居所地的婚姻登记机关或人民法院提出。如他们原是在外国婚姻登记机关办理结婚登记或举行结婚仪式的，他们的离婚案件国内不受理。如他们已回国定居并要求离婚，应向其户籍所在地的婚姻登记机关或人民法院提出。第五，居住在国外的华侨与其配偶（包括居住在国内的中国公民）经居住国法院判决离婚的，如当事人双方对判决无异议，我国可不干预。如该判决不违反我国婚姻法的基本精神，当事人双方对该判决又无异议，我国也可承认其对双方当事人的法律拘束力。如该判决书要在我国内执行，应根据我国《民事诉讼法》第二百零四条的规定进行审查。第六，夫妻双方现均系外籍华人，或一方系华侨而另一方系外籍华人，要求离婚的，应向居住国有关机关申请办理离婚手续，我国驻外使领馆一般不予受理。如他们原在中国或我驻外使领馆办理结婚登记，现因某种原因居住国有关机关不予受理时，我驻外使领馆可参照处理华侨离婚案件的规定精神予以受理。第七，华侨因离婚受到不公正对待或不应有损失时，为维护华侨的正当权益，我国驻该国使领馆应视具体情况，予以关心并采取适当措施。第八，本规定未涉及的比较复杂的涉侨婚姻案件，逐案报民政部、最高人民法院和外交部审批处理。

对于涉侨离婚案件中子女抚养问题，我国在司法实践中坚持根据婚姻法基本精神处理。如 1987 年杭州市中级人民法院受理了加拿大籍华人姜某明与中国公民陈某离婚一案，其中涉及子女归谁抚养的问题。鉴于姜某明、陈某之子陈某某（12 岁）过去主要由其母姜某明抚养，本人又坚决表示不愿随父陈某生活的实际情况，浙江省高级人民法院按照婚姻法精神，从切实保护子女权益、有利于子女身心健康成长出发，判决陈某某仍由其母姜某明抚养，并征求最高人民法院意见。最高人民法院在批复中表示同意浙江省高级人民法院审判委员会关于陈某某随母姜某明生活的判决意见。[1]

3. 侨胞收养权益的保护

中国血脉是华侨与祖国联系的纽带，海外侨胞重视通过收养保持中国血脉的传承。为了有效保护侨胞的收养权益，我国根据侨胞实际需要，制定了一系列特殊的华侨收养政策。根据《中华人民共和国收养法》（以下简称《收养法》）的规定，收养人收养与送养人送养，需要双方自愿。收养年满 10 周岁以上未成年人，应征得被收养人同意，并履行办理收养登记、进行收养审查、发布收养公告、签订收养协议、办理收养公证以及提供收养证明等

---

[1] “最高人民法院关于涉外离婚诉讼中子女抚养问题如何处理的批复”（1987 年 8 月 3 日，民他字〔1987〕第 36 号），北大法宝 V6 官网，https：//www. pkulaw. com/chl/23c8988fb3eaf041bdfb. html，访问时间：2018 年 10 月 16 日。

手续。收养人应同时具备无子女、有抚养教育被收养人的能力以及年满 35 周岁等三项条件，同时对亲生父母也设定了有特殊困难确实无力抚养子女等限制性条件。但华侨在国内过继或收养三代以内的同辈旁系血亲的子女，如果是为了使其继承产业和照顾生活，可以不受亲生父母有特殊困难无力抚养子女，无配偶的男性收养女性的、收养人与被收养人的年龄应当相差 40 周岁以上，被收养人不满 14 周岁，以及收养人无子女等条件限制。华侨继父母收养继子女的条件可以适当放宽。华侨收养孤儿、残疾儿童或社会福利机构抚养的查找不到亲生父母的弃婴和儿童，可以不受收养人无子女和只能收养一名的限制。有抚养教育被收养人的能力，主要包括经济条件、健康条件和教育子女的能力。经济条件主要看是否有固定职业，有可靠的经济来源，在居住国是否有永久居住权。如果已出国多年但未取得居住国的永久居住权，一般不能收养。

根据民政部 1999 年《华侨以及居住在港澳台地区的中国公民办理收养登记的管辖以及所需出具证明材料的规定》，华侨在内地收养子女的，应当到被收养人常住户口所在地的直辖市、设区的市、自治州人民政府民政部门或地区民政部门申请办理收养登记。居住在已与中国建立外交关系国家的华侨申请办理收养关系成立登记时，应当提交收养申请书和护照，以及收养人居住国有权机构出具的收养人的年龄、婚姻、有无子女、职业、财产、健康、有无受过刑事处罚等证明材料，证明材料应当经其居住国外交机关（或外交机关授权的机构）以及中国驻该国使领馆认证。居住在未与中国建立外交关系国家的华侨申请办理收养关系成立登记时，应提交收养申请书、护照以及收养人居住国有权机构出具的收养人的年龄、婚姻、有无子女、职业、财产、健康、有无受过刑事处罚等证明材料，证明材料应经其居住国外交机关（或外交机关授权的机构）以及已与中国建立外交关系的国家驻该国使领馆认证。❶

四、侨胞社会权益保护

社会权是华侨的基本权利，是指保障华侨能够有尊严而又健康的生存所需要的一系列权利。华侨的社会权益主要包括社会保障权、劳动权、教育权、捐赠权等相关权益。

（一）社会保障权益保护

为了切实保障归侨侨眷的合法权益，2001 年劳动和社会保障部、国务院侨办按照中共中央、国务院“一视同仁，不得歧视，根据特点，适当照顾”的国内侨务工作原则，发布《关于获准出境定居的归侨侨眷职工医疗保险有关政策问题的通知》，要求各地在进行医疗保险制度改革时，将获准出境定居的归侨侨眷职工及退休人员纳入基本医疗保险范围，为其办理相关手续。已参加当地基本医疗保险、获准出境定居的归侨侨眷退休人员入境就医，按当地有关医疗保险规定，享受基本医疗保险待遇。已参加基本医疗保险但尚未达到退休年龄的归侨侨眷职工，在获准出境定居后，个人账户可一次结清，退还本人，今后不再享受基本医疗保险待遇。获准出境定居的归侨侨眷离休人员回国内就医，按规定享受医疗保险待遇。

地方立法则对华侨社会权益保障作出具体规定。其中《上海

---

❶ 中华人民共和国民政部：“华侨以及居住在香港、澳门、台湾地区的中国公民办理收养登记的管辖以及所需要出具的证件和证明材料的规定”，北大法宝 V6 官网，https：//www.pkulaw.com/chl/28560b13fd79539abdfb.html，访问时间：2018 年 10 月 16 日。

市华侨权益保护条例》第十二条至第十三条规定了华侨参加社会保险的条件、办理程序以及享有的权利等。在上海就业的华侨，可持本人有效护照等证明材料，办理参加社会保险各项手续，按照国家和上海市有关规定参保、缴费；经与用人单位协商一致，可持本人有效护照、就业证件等证明材料，按照国家和上海市有关规定缴存、提取和使用住房公积金。华侨在出国定居前已经参加上海市职工养老保险但未达到法定的领取基本养老金条件的，其个人养老保险账户事项按照国家有关规定办理；达到法定领取条件时，可以按照国家和上海市规定享受相应的养老保险待遇。在上海市办理离休、退休手续后出国定居且已享受上海市职工基本养老保险待遇的华侨，应当每年按规定向社会保险经办机构提供由我国驻外使领馆或者相关机构出具的“在境外居住人员领取养老金资格审核表”或领事认证。在出国定居前已经参加上海市职工基本医疗保险且在上海市办理离休、退休手续后出国定居的华侨，回国期间可以按照上海市有关规定享受相应的基本医疗保险待遇。广东、湖北等其他省的华侨权益保护条例也有类似条款。

（二）华侨教育权益保护

21 世纪初，随着回国接受教育的华侨子女人数不断增多，一些省市开始制定规范文件，明确华侨子女回国接受义务教育的条件与程序。2005 年，上海市教育委员会、上海市人民政府侨务办公室发布《关于华侨子女回国接受义务教育有关事项的通知》，对华侨子女回国就读上海市义务教育学校作相应规定。通知将“华侨子女”界定为“定居国外的中国公民的适龄子女”；华侨子女回国就读上海市义务教育学校，由各区、县教育部门按规定办理就学手续，并享受上海市户籍居民适龄子女同等入学待遇。该通知还对华侨子女回国就读上海市义务教育学校的具体办理程序以及必须提供的材料等作出明确规定。

为了提高为侨服务水平，支持和帮助海外华侨子女学习汉语，传承中华文化，涵养侨务资源，增强我国文化软实力，国家在地方先行先试的基础上，通过出台规范性文件，加强对华侨子女国内教育权的保护。2009 年国务院侨办、教育部发布《关于华侨子女回国接受义务教育相关问题的规定》。根据该规定，华侨子女在其国内监护人户口所在地就读义务教育学校的，应当视同当地居民子女办理入学手续，依法享受免缴学杂费的权利；华侨子女的国内监护人原则上按照以下顺序确定：父母，祖父母、外祖父母，兄、姐，关系密切的其他亲属、朋友。接收华侨子女的学校应当制订措施，积极做好华侨子女教育培养工作，关心照顾其学习和生活；禁止以任何名义和形式设立针对华侨子女的收费项目或提高收费标准。华侨子女回国就读外籍人员子女学校或民办学校，不适用上述规定。对于外籍华人子女来华就读义务教育学校，各省（区、市）可根据上述规定精神，结合本地区实际研究决定。

此后，广东、河南等省市相继制定具体实施办法。同年，广东省侨办、教育厅联合印发《关于华侨子女回国在我省接受义务教育的实施办法》，规定华侨子女在其监护人户籍所在地或其父母在广东工作所在地就读实施义务教育学校的，享受当地户籍适龄子女入学同等待遇，依法享受免缴学杂费的权利。明确了华侨子女在其监护人户籍所在地就读实施义务教育学校的具体办理程序，包括监护人提出申请，同时提交以下资料：（1）我国驻外使领馆出具的报名学生父母具备华侨身份的证明，以及相应的亲属关系证明或报名学生出生证。（2）就读学校所在市或县（区）公证部门出具的同辖区常住户籍居民承担华侨子女在当地就读期间监护义务的监护公证。（3）监护人本地居民户口簿和与监护人户籍一致的房产证或购房协议。监护人无房产需租住房屋的，须提供当地房管部门认可而且符合有关规定的房屋租赁合同，同时提交公安机关颁发的暂住证，所租房屋应为监护人的唯一居住地。（4）报名学生半年内在就读学校所在地县（区）以上医院的体检证明。（5）报名学生原就读学校的学籍证明。凡外文资料，须附中文翻译。同时规定外籍华人子女来华就读广东省义务教育学校，可参照该办法执行。《广东省华侨权益保护条例》将上述规定转化为地方立法，其中第十四条规定华侨子女在其监护人户籍所在地或者其父母在本省工作所在地就读实施义务教育学校的，享受当地户籍居民适龄子女入学同等待遇，有关部门应当按照规定为其办理入学手续。有广东省户籍的华侨子女参加高考的，教育、招生等部门应当按照国家和广东省有关规定执行。华侨学生可以在其父母出国前或者其祖父母、外祖父母户籍所在地参加高中阶段的考试招生，与当地户籍学生享受同等待遇。从法律上明确“华侨子女”是指定居国外的中国公民的适龄子女，华侨学生是指回国学习未在国内定居的华侨。安徽、上海等省市也对华侨子女回国接受义务教育作出专门规定。[1] 目前多数省市已经出台相关文件，明确华侨子女回国接受义务教育的条件和办理程序，华侨子女在国内的教育权利已经得到有效保障。

（三）华侨祖坟的保护

海外侨胞对祖（籍）国感情深厚，许多侨胞漂洋过海回国寻

---

[1] 具体参见安徽省人民政府侨务办公室、安徽省教育厅：《关于华侨子女回国接受义务教育有关事项的通知》（侨务〔2009〕42号），上海市教育委员会、上海市人民政府侨务办公室《关于华侨子女回国接受义务教育有关事项的通知》（沪教委港澳台〔2016〕2号），上海市人民代表大会：《上海市华侨权益保护条例》等。

根问祖，祭扫祖先坟墓。改革开放初期，在福建、广东等省的一些侨乡，盗掘华侨祖墓等违法犯罪活动频发，盗墓分子流窜作案，挖掘华侨坟墓，盗取金银财宝等陪葬物品，甚至将盗取的棺木重新油漆、高价出售。盗掘华侨祖墓的行为严重伤害华侨爱国爱乡的情感，在国内外造成了极其恶劣的影响。为了打击盗掘华侨坟墓的犯罪，1984 年国务院侨办、公安部、最高人民检察院、最高人民法院、民政部联合发布了《关于制止和惩处盗掘华侨祖墓违法犯罪活动的联合通知》，规定："一、对华侨祖墓应予保护，任何单位或个人不得私自挖掘、拆毁，非经县以上人民政府批准不得迁移。二、盗掘坟墓是违法行为，各地公安机关应及时制止和查处。对盗掘华侨祖墓的，应严肃处理。三、对盗掘坟墓窃获少量财物或犯罪情节显著轻微的，由公安机关根据《治安管理处罚条例》[1] 以盗窃行为加重处罚；对盗掘坟墓窃获财物数额较大的，依照刑法有关规定以盗窃罪论处；对二人以上共同进行盗墓犯罪活动的，对首要分子及教唆者应依法从重惩处。四、各地侨务、民政、公安、司法部门应进行保护华侨祖墓的宣传教育，并可根据当地实际情况公布打击盗墓活动的典型案例，加强法制宣传。五、对盗掘港澳同胞、台湾同胞和外籍华人祖墓的违法犯罪行为，均按本通知规定的精神进行惩处。"同年，国务院侨办、民政部发布《关于华侨修复祖墓问题的通知》，强调对华侨提出修复祖墓的要求，原则上应予同意。华侨要求修复祖墓，应向当地侨务或民政部门申请，报同级人民政府批准。原墓址已成为耕地的，如华侨要求修复，应将坟墓迁移到公墓或当地政府指定的荒山、荒地。华侨修复祖墓一般应在原规模和范围内进行。对华侨要求修复祖

---

[1] 现为《治安管理处罚法》。

墓所需建筑材料按照国家牌价供应，不准趁机勒索提价。外籍华人、港澳台湾同胞要求修复祖墓，亦适用上述规定。

为了推进城市化进程和实施可持续发展战略，1997 年国务院颁行《殡葬管理条例》，在巩固和提高火化率的基础上，大力推进清理旧坟工作。根据条例第十条的规定，禁止在耕地、林地、城市公园、风景名胜区和文物保护区、水库及河流堤坝附近和水源保护区、铁路、公路主干线两侧等区域内建造坟墓。上述区域内现有的坟墓，除受国家保护的具有历史、艺术、科学价值的墓地予以保留外，应当限期迁移或深埋，不留坟头。考虑到海外侨胞的特殊情况，2000 年国家民政部、国务院侨办等部门联合发布《关于特殊坟墓处理问题的通知》，对华侨坟墓保护作出专门规定，国务院《殡葬管理条例》第十条规定区域内现有的华侨和港澳台同胞墓地，原则上迁入当地的公墓。对一些重要的知名爱国人士、台湾重要上层人士的坟墓以及重点侨务工作对象的祖墓，原则上予以保留，从严把握具体对象，必须由省侨办和主管港澳事务的部门、省台办和统战部门提出名单，报省级人民政府批准。1985 年 2 月 8 日国务院《关于殡葬管理的暂行规定》发布后建造修复并被保留的坟墓，超出面积、扩大规模的部分予以清理。华侨以及外籍华人、港澳台同胞的配偶、父母、祖父母等直系亲属可参照华侨、外籍华人、港澳台同胞的政策处理。广东省在制定《广东省殡葬管理工作“十五”计划》的过程中，由于未充分考虑省内华侨、港澳台同胞众多以及各地发展水平不平衡等现实问题，提出“无坟化”改革目标，清坟工作中政策宣传不到位，未妥善解决迁坟等问题，导致华侨祖坟受到严重破坏，在海外产生不良影响。为实现殡葬改革管理法制化，同时保护广大海外侨胞的爱国爱乡热情，2003 年广东省政府发布《关于处理涉及华侨祖坟和保护重点侨务对象祖墓工作有关问题的意见》，强调清坟工作的指导思想是“有利于推进精神文明建设和实施可持续发展战略，有利于凝聚侨心民心，有利于保持社会稳定，有利于树立良好对外形象”，同时按照“服从国家经济建设需要和新旧坟区别对待”的原则，调整清坟范围。国务院《殡葬管理条例》颁布前的坟墓视为旧坟，《殡葬管理条例》颁布后的坟墓视为新坟。新坟无论在什么地方一律予以清理。旧坟清理重点是“三道两区”（铁道、国道、省道公路两侧及城市周边区域、风景名胜区）内有碍观瞻和基本建设、工业、教育、科技经济开发区、交通、水利建设等需要征用土地的坟墓。殡葬改革和管理要从实际出发，分类指导。经济发达地区的清坟工作可先走一步，欠发达地区可根据实际情况适当延迟。意见中特别强调要切实做好重点侨务工作对象祖墓的保留工作，各地级以上市侨务部门、台湾事务办公室要根据民政部、国务院侨办等六部委办联合下发的《关于特殊坟墓处理问题的通知》要求，抓紧做好本市符合条件保留祖墓的摸底、确认与公布工作，建立和完善需保留对象的祖墓保留的审批制度，进一步规范审批程序。同时要求各级政府积极做好宣传解释工作，充分利用各种宣传工具，加大国家殡葬改革政策的宣传力度，特别是各级侨务部门要做好对外宣传解释工作，争取广大海外侨胞和港澳台同胞的理解和支持。《广东省华侨权益保护条例》第十九条规定，因公共利益需要迁移华侨祖墓的，华侨应依法获得合理补偿；符合另行安置条件的，按照国家和广东省有关规定办理。

其他省市也出台了与广东省类似的地方性规定。如 1996 年《海南省殡葬管理办法》第十条规定：“对革命烈士墓和知名人士墓以及具有历史、科学、艺术价值的古墓、祖墓（以下统称受保护坟墓）依法给予保护，任何单位和个人不得擅自挖掘、损毁。因开发建设确需迁移受保护坟墓的，应当经县级以上人民政府批准。属迁移祖墓的，应当通知有关亲属共同商定迁葬地点及殡葬事宜。有关亲属下落不明的，迁坟通知采用公告送达。自公告之日起满6个月无亲属前来处理的，按无主坟处理。属迁移革命烈士墓、知名人士墓的，除通知有关亲属共同商定迁葬地点及殡葬事宜外，还应当按照国家有关规定妥善处理。属迁移古墓的，按照国家有关规定处理。受保护坟墓由县级以上人民政府确认。"第十一条规定："境外人士要求在本省境内修复、迁移祖墓的，应当向所在地市、县、自治县民政主管部门申请。民政主管部门同意后，报同级人民政府批准。"2009年颁行的《海南省归侨侨眷权益保护若干规定》第七条规定"对华侨祖墓予以保护。确因建设需要必须迁移的，应当经县级以上人民政府批准，告知华侨或者侨眷，并给予合理的迁移费用。"《福建省华侨权益保护条例》第十四条规定，为公共利益的需要，依法迁移华侨祖墓的，建设单位应当告知华侨在国内的眷属，并按照有关规定提供相关便利。

（四）华侨捐赠权益保护

1999年《中华人民共和国公益事业捐赠法》（以下简称《公益事业捐赠法》）规定，华侨华人捐赠的财产属于社会公共财产，任何单位和个人不得私自对捐赠物进行处置，县级政府只有在遭遇灾害等情况下才可作为受捐单位接受涉侨捐赠，否则只有市级以上政府才可接受涉侨捐赠。根据2016年《慈善法》第八十条至第八十五条等规定，华侨等自然人、法人和其他组织捐赠财产用于慈善活动的，依法享受税收优惠。企业慈善捐赠支出超过法律规定的，准予在计算企业所得税应纳税所得额时当年扣除的部分，允许结转以后三年内在计算应纳税所得额时扣除。境外捐赠用于慈善活动的物资，依法减征或者免征进口关税和进口环节增值税。捐赠人向慈善组织捐赠实物、有价证券、股权和知识产权的，依法免征权利转让的相关行政事业性费用。国家对开展扶贫济困的慈善活动，实行特殊的优惠政策。华侨慈善组织开展扶贫、济困、扶老、救孤、恤病、助残、优抚等慈善活动需要慈善服务设施用地的，可以依法申请使用国有划拨土地或者农村集体建设用地。但慈善服务设施用地非经法定程序不得改变用途。

部分省市的地方立法对华侨捐赠权益保护作出更为明确、具体的规定。2002 年福建省修订《福建省华侨捐赠兴办公益事业管理条例》，明确规定侨务部门对侨捐资产的监管职责。广东省出台了《广东省华侨捐赠兴办公益事业管理条例》《广东省华侨捐赠兴办公益事业项目监督管理办法》以及《关于在全省建立侨捐项目监管制度的意见》等一系列地方法规与规范性文件，针对华侨捐赠项目管理的实际需要，明确了华侨捐赠权益保护的具体途径与方式，进一步规范华侨捐赠项目改变用途报批、受赠单位问责、受赠单位与捐赠者联系、审核备案、信息化管理、年度检查以及公示等制度，有效堵塞了华侨捐赠管理存在的漏洞。2015 年《广东省华侨权益保护条例》第二十八条至第三十条也对华侨捐赠作出专门规定，强调鼓励和支持华侨个人、华侨投资企业和华侨社会团体依法捐赠兴办公益事业，其公益性捐赠支出按照有关税收法律、法规的规定予以税前扣除。华侨境外捐赠物资用于公益事业的，依照法律、法规的规定减征或者免征关税和进口环节的增值税。县级以上人民政府负责侨务工作的部门应当协助办理有关入境手续，为捐赠人实施捐赠项目提供帮助。华侨捐赠应当是自愿和无偿的，禁止强行摊派或者变相摊派。华侨捐赠人有权决定捐赠财产的种类、数量、用途和捐赠方式。华侨捐赠人有权要求受赠人出具合法、有效的收据，查询了解捐赠资金、物资、项目的使用和管理情况；有权对捐赠公益项目的设计、施工、使用提出意见。受赠人应当及时告知捐赠人有关使用和管理情况，尊重和采纳其合理意见。由华侨单独捐资或者主要由华侨捐资兴建的公益事业工程项目，经项目所在地县级以上人民政府批准，可以使用捐赠人姓名或者其他名字对该工程项目进行命名或者立碑纪念。任何组织和个人不得挪用、侵占、贪污华侨捐赠人捐赠款物，或者损毁华侨捐赠人捐赠项目。华侨捐赠人捐赠项目形成的资产，任何组织和个人不得擅自进行产权转让或设定担保，不得擅自改变捐赠项目的非营利性质和公益事业用途；确需进行产权转让、设定担保或者改变原用途的，应当征得捐赠人同意。《贵州省华侨捐赠公益事业条例》《四川省华侨捐赠条例》《安徽省华侨捐赠条例》《海南省华侨捐赠公益事业若干规定》《浙江省华侨捐赠条例》以及部分省市的华侨权益保护条例等，也对华侨捐赠权益保护作出具体规定。

五、华侨文化权益保护

文化权利是人权的基本内容。文化权利与政治、经济等权利同等重要，是公民参与社会生活的最基本权利。文化权利既是一项独立的人权，具有自身不可替代的价值，同时又与其他人权相互依存、相互补充、相互促进，保障公民文化权利是保障人权的应有之意。文化权益是文化权利与文化利益的合称。有学者认为，文化权益具体包括文化生活参与权、文化成果拥有权、文化方式选择权以及文化利益分配权。[1] 也有学者将文化权利分为共享文化

[1] 王列生："论公民基本文化权益的意义内置"，载《学习与探索》2006 年第 6 期，第 54～61 页。

成果的权利、参与文化活动与开展文化创作的权利、获取和传播文化信息的权利、文化认同和文化发展的权利。[1] 其中文化认同的权利是指每一个文化群体都有权保留并且发展自己特有的文化，不论在更广的语境中，自己的文化与其他文化是如何整合或如何相关联的。[2] 文化认同是发展的前提，有认同的基础，才会有文化的发展与传承。

（一）国际法有关文化权益保护的规定

从国际法层面看，有关文化权利保护的法律主要有《世界人权宣言》《经济、社会及文化权利国际公约》以及《文化多样性宣言》等。1948 年联合国通过的《世界人权宣言》第二十七条规定："（一）人人有权自由参加社会的文化生活，享受艺术，并分享科学进步及其产生的福利。（二）人人对由于他所创作的任何科学、文学或美术作品而产生的精神的和物质的利益，有享受保护的权利。"[3] 1966 年联合国通过《经济、社会及文化权利国际公约》，第一次在世界范围内以具有法律约束力的条约形式确认人的政治、经济和文化权利，强调文化权利与政治、经济权利的同等重要性，文化权利开始得到全世界的承认。该公约第十五条明确文化权利的内涵："一、本公约缔约各国承认人人有权：（甲）参加文化生活；（乙）享受科学进步及其应用所产生的利益；（丙）对其本人的任何科学、文学或艺术作品所产生的精神上和物质上的利益，享受被保护之利。二、本公约缔约各国为充分实现这一权利而采取的

---

[1] 许军珂、李红勃主编：《文化权利的法律保障机制研究》，世界知识出版社 2015 年版，第 119～120 页。

[2] ［挪］A. 艾德等编：《经济、社会和文化的权利》，黄列译，中国社会科学出版社 2003 年版，第 103 页。

[3] 联合国："世界人权宣言"，见胡志强主编：《中国国际人权公约集》，中国对外翻译出版公司 2004 年版，第 255 页。

步骤应包括为保存、发展和传播科学文化所必需的步骤。三、本公约缔约各国承担尊重进行科学研究和创造性活动所不可或缺少的自由。四、本公约缔约各国认识到鼓励和发展科学与文化方面的国际接触和合作的好处。"❶ 我国在1997年签署该公约，2001年第九届全国人大常委会正式批准实施。联合国《公民权利及政治权利国际公约》第十九条第二款规定："人人有自由发表意见的权利，此项权利包括寻求、接受和传播各种信息和思想的自由，而不论国界，也不论口头的、书写的、印刷的、采取艺术形式的或通过他所选择的任何其他媒介。"第二十七条规定："在那些存在着人种的、宗教的或语言的少数人的国家中，不得否认这种少数人同他们的集团中的其他成员共同享有自己的文化、信奉和实行自己的宗教或使用自己的语言的权利。"❷ 这是国际公约首次将文化权利作为集体性权利作出专门规定。

此外，还有一些国际性文件也涉及华侨文化权利的保护。如《文化多样性宣言》《取缔教育歧视公约》《国际文化权利合作原则宣言》《保护非物质文化遗产公约》《在民族或族裔、宗教和语言上属于少数群体的人的权利宣言》等。其中，《在民族或族裔、宗教和语言上属于少数群体的人的权利宣言》第四条规定："1. 各国应采取必要的措施确保属于少数群体的人可在不受任何歧视并在法律面前完全平等的情况下充分而切实地行使其所有人权和基本自由。2. 各国应采取措施，创造有利条件，使属于少数群体的人得以表达其特征和发扬其文化、语言、宗教、传统和风俗，但

---

❶ 联合国："经济、社会及文化权利国际公约"，见胡志强主编：《中国国际人权公约集》，中国对外翻译出版公司2004年版，第7~8页。

❷ 联合国：《公民权利及政治权利国际公约》，见白桂梅主编：《人权法教学参考资料选编》，北京大学出版社2012年版，第34~35页。

违反国家法律和不符国际标准的特殊习俗除外。3. 各国应采取适当措施，在可能的情况下，使属于少数群体的人有充分的机会学习其母语或在教学中使用母语。4. 各国应酌情在教育领域采取措施，以期鼓励对其领土内的少数群体的历史、传统、语言和文化的了解。属于少数群体的人应有充分机会获得对整个社会的了解。5. 各国应考虑采取适当措施，使属于少数群体的人可充分参与其本国的经济进步和发展。”❶

（二）华侨文化权益的国内法保护

文化权利的内涵极为广泛，主要包括文化参与权、文化成果拥有权、文化方式选择权等。其中文化参与权是指个人通过不断地融入性文化参与实现其社会价值目标，完成人与社会的现实统一。人在体验性文化参与中充满热情地向社会表达，为自己娱乐，在丰富多元的文化诉求中追求精神幸福和心灵快乐。文化成果拥有权是指个体原创意义的文化成果，不管其成果的社会价值状况如何，个体都对其具有主体身份并获得完全拥有相关权利，其他公民乃至社会在使用其成果并涉及原创性、独创性、名誉性、利益性和成果完整性等一系列相关权利时，应充分尊重其成果拥有权并通过卓有成效的法律和道德约束对这种拥有加以保护。文化方式选择权是人类自由权利的文化延伸，至少包括个人的文化活动自愿参与原则、文化意识自律主体性、文化风格与文化多样性、自我价值指向等。❷

---

❶ 联合国：《在民族或族裔、宗教和语言上属于少数群体的人的权利宣言》（1993），https：//www. un. org/zh/documents/treaty/files/A – RES – 47 – 135. shtml，访问日期：2019 年 5 月 3 日。

❷ 王列生：“论公民基本文化权益的意义内置”，载《学习与探索》2006 年第 6 期，第 54 ~ 61 页。

我国《宪法》确认了公民的文化权利，但并无专门涉及华侨文化权益保护的条款。《宪法》第四十七条规定："中华人民共和国公民有进行科学研究、文学艺术创作和其他文化活动的自由，国家对于从事教育、科学、技术、文学、艺术和其他文化事业的公民的有益于人民的创造性工作，给以鼓励和帮助。"明确了公民的受教育权以及科研、文艺创作、文化活动的自由权。第十九条至第二十四条规定国家采取措施发展文化教育事业，加强社会主义精神文明建设。第四条规定保护少数民族文化权利，"国家根据各少数民族的特点和需要，帮助各少数民族地区加速经济和文化的发展"。

此外，我国在《中华人民共和国老年人权益保障法》（以下简称《老年人权益保障法》）、《中华人民共和国妇女权益保障法》（以下简称《妇女权益保障法》）、《中华人民共和国未成年人保护法》（以下简称《未成年人保护法》）以及《中华人民共和国残疾人保障法》（以下简称《残疾人保障法》）等法律中专门规定了对特殊群体的文化权益进行保护。由于我国有关华侨权益保护的国家立法目前只有《归侨侨眷权益保护法》及其实施办法，尚未出台专门的华侨权益保护法，有关华侨文化权益的保护主要参照归侨侨眷保护法的有关规定。其中，《归侨侨眷权益保护法》第十四条、实施办法第十七条主要是对归侨学生、归侨子女和华侨在国内的子女的受教育权作出保护性规定。

综上所述，我国文化权益保护立法起步较晚，基础极为薄弱，关于华侨文化权益保护的法律法规更是基本处于空白状态，《归侨侨眷权益保护法》及其实施办法均未对华侨的文化生活参与权、文化成果拥有权、文化方式选择权、文化利益分配权、文化认同权等权利作出明确规定。

六、华侨回国定居权益的保护

我国相关法律确立了保障华侨回国定居权的基本原则。《归侨侨眷权益保护法》第五条规定："国家对回国定居的华侨给予安置。"《归侨侨眷权益保护法实施办法》第五条规定："华侨要求回国定居的，按照国家有关出入境管理的规定核发回国定居证明。"《出境入境管理法》第十三条规定："定居国外的中国公民要求回国定居的，应当在入境前向中华人民共和国驻外使馆、领馆或者外交部委托的其他驻外机构提出申请，也可以由本人或者经由国内亲属向拟定居地的县级以上地方人民政府侨务部门提出申请。"2013年国务院侨办等联合公布《华侨回国定居办理工作规定》，全国有29个省市相继出台了实施办法[1]，进一步规范了华侨回国定居审批工作，为保障和行使华侨回国定居权提供具体指引，目前已经取得一定成效。广东省于2013年年底发布《广东省人民政府侨务办公室、广东省公安厅关于华侨回国定居办理工作的实施办法（试行）》。江门等著名侨乡安置了一定数量回国定居的华侨。据统计，至2014年12月，向恩平市外事侨务局递交申请回国定居资料的华侨超过100人，成功办理回国定居71人，恢复国内身份；开平市外事侨务局也接到100多人申请，其中20人成功恢复国内身份；台山外事侨务局接到300多人申请，100多人成功申请；江门市外事侨务局也曾接到200多人申请。[2] 另据国务院侨办统计，自2013年7月《出境入境管理法》实施至2017年年底，地方政府侨务部门

---

[1] 该统计数据系作者根据北大法宝、中国法律法规库等数据库查询到的相关规范性法律文件整理而来，统计资料截止时间为2015年12月30日。

[2] 甘雁娜："五类华侨身份问题最尴尬，全国人大代表呼吁解决"，中国侨网，http://www.chinaqw.com/gqqj/2015/03-11/40881.shtml，访问日期：2016年2月20日。

共办理华侨回国定居68 772人。[1] 近年来，部分省市根据侨情和国情发展变化，进一步完善华侨回国定居审批管理制度。2020年，广东省对上述实施办法进行修订，发布《广东省人民政府侨务办公室、广东省公安厅关于华侨回国定居办理工作的实施办法》，进一步放宽华侨申请到非原户籍地定居的条件，提高华侨回国定居办理工作的规范性。随着华侨回国定居审批制度的不断完善，华侨回国定居权得到有效保障，尤其是当今世界局势动荡的影响，回国定居人数明显上升。2020年，广东省审批华侨回国定居997人[2]。

（一）华侨回国定居申请主体

根据《华侨回国定居办理工作规定》及各地实施细则[3]，凡通过法定程序被确认华侨身份的海外华侨都可成为回国定居的申请主体，具体可以分为三类：一是原户籍注销地为申请地的华侨。有些省市规定户籍被注销必须满两年，如《江苏省〈华侨回国定居办理工作规定〉实施办法（试行）》规定，“对于在国内有户籍或者被注销不满两年的，不能申请办理回国定居”。二是出生在国外并没有取得他国国籍的第一类华侨的配偶、未成年子女、60周岁以上的父母。三是申请在非原户籍注销地定居的华侨。向非原户籍注销地提出定居申请的华侨，除符合第一、第二类主体的申请条件外，还必须具备特殊条件要求，包括满足申请地的落户条

---

[1] 许又声：“国务院关于华侨权益保护工作情况的报告”，载《全国人民代表大会常务委员会公报》2018年第3期，第462～467页。

[2] 2021年2月中国侨胞海外权益保护重大法律问题研究课题组开展广东省侨务法治调研活动中从广东省侨务管理部门获悉的数据。

[3]《国务院侨办、公安部、外交部关于印发〈华侨回国定居办理工作规定〉的通知》，国务院侨务办公室政策法规司编印：《2013—2014年侨务法规文件汇编》，内部印行2015年版；相关地方实施细则见北大法宝pkulaw.cn、中国法律法规库（http：//www.infobank.cn）等数据库。

件、配偶的户籍在申请地、父母之一的户籍在申请地且无其他子女，或者受聘、创业于申请地且符合当地落户条件。也就是说必须是为解决夫妻团聚、父母与子女团聚，或因监护、抚养或赡养需要，或是服务于人才、资金引进政策。北京、上海的实施办法规定，原户籍注销地非本市的华侨，拟投靠具有北京市户籍的直系亲属（配偶、父母、子女），应先在原籍恢复户籍后，再到北京市公安局户籍主管部门申请办理投靠，对其中符合本市落户政策的，经审核同意后可办理落户手续，间接排除了第三类申请主体。其他省市的实施细则规定第三类申请主体除需要符合上述“特殊条件”外，还要满足一些地方性特殊要求（见表1）。

表1　各省（区、市）有关第三类申请主体需要符合“特殊条件”的规定

类别	省（区）市	具体内容	资料来源
投靠配偶户籍所在地	广东省广州市	与配偶结婚满2年	《广州市人民政府侨务办公室、广州市公安局关于华侨回国定居办理工作的实施细则》
	湖南省	与拟定居地配偶结婚3年以上	《湖南省华侨回国定居办理工作规定》
符合人才引进政策	深圳市、重庆市、天津市、湖北省、宁夏回族自治区、安徽省	符合有关人才引进政策的，可以申请回国定居	《深圳市华侨回国定居办理工作实施细则》《重庆市华侨回国定居实施办法》《天津市华侨回国定居办理工作暂行办法》《宁夏回族自治区华侨来宁定居办理工作暂行办法》《安徽省实施〈华侨回国定居办理工作规定〉办法（试行）》

续表

类别	省（区）市	具体内容	资料来源
符合投资落户政策	天津市	在天津市直接投资300万元人民币以上、连续三年投资情况稳定	《天津市华侨回国定居办理工作暂行办法》
	四川省	在四川省直接投资100万元人民币以上、连续三年投资情况稳定	《四川省华侨回国定居实施办法》
人才、资金双引进	湖南省、河北省、黑龙江省、内蒙古自治区	符合申请地人才引进计划、投资落户政策的华侨	《河北省华侨回国定居办理实施办法》《黑龙江省华侨回国定居管理办法》《内蒙古自治区华侨回国定居办理工作实施办法》
有重大突出贡献	四川省	对四川省有重大、突出贡献，或省、市（州）级有关部门特别需要	《四川省华侨回国定居实施办法》
难侨	四川省	在国外受到迫害，我驻外国使（领）馆认为其必须回国，并服从分配、接受安置	《四川省华侨回国定居实施办法》
	陕西省	在国外受到迫害，失去谋生条件，我驻外使（领）馆认为其必须回国，本人或接受地能解决其回国定居后生活问题	《陕西省华侨回国定居办事规程（试行）》

注：该表系根据北大法宝、中国法律法规库等数据库查询到的相关地方性规范性法律文件整理制作。

由表 1 可以看出，各地有关第三类华侨申请定居需符合的“特殊条件”主要着眼于人才引进和吸引投资。有些地区还赋予海外华侨高层次人才申请回国定居优先权。如 2014 年《宁夏回族自治区华侨来宁定居办理工作暂行办法》规定，属于国家科技奖获得者等国家认可的高级人才、国家和自治区项目引进的海外高层次人才、拥有属于自主知识产权的专利等专有技术人才、为自治区作出其他特殊贡献的人员享有优先办理回宁定居的特权。

（二）华侨回国定居的具体条件

根据《华侨回国定居办理工作规定》，华侨申请回国定居应同时符合以下三个条件：一是已在国内连续居住一定时间；二是要有稳定的生活保障和合法固定住所；三是自愿放弃国外居留资格。各地的实施细则进一步细化上述条件的判定标准，具体规定则各有不同。

关于“在国内连续居住一定时间”，各地对“国内”的理解存在差异，有的规定在我国境内任何地方居住均可，有的则要求必须是在拟定居地居住（如湖南省）。对于“居住一定时间”，有的要求 2 个月，有的要求 3 个月，有的要求 180 天，有的要求一年以上；时间计算方式也有差异，或申请之日前连续居住，或前一年内累计居住，或前两年内累计居住。

关于“稳定的生活保障”，是指有固定收入，或有生活来源，具体体现为：申请人受聘于国内企事业单位或者自主创业，有稳定收入；申请人在境外的退休金、养老金可转回国内领取；申请人有足以保障稳定生活来源的积蓄，其具体数额根据各地的生活水平而定，如山西省、广东省东莞市规定须有存款人民币 10 万元以上，黑龙江省则规定须有 15 万元以上人民币存款；申请人国内亲属承诺愿意承担抚养或赡养义务。为了吸引华侨定居，有的省区明显降低生活保障的条件要求，如新疆维吾尔自治区规定为有当地最低生活保障线以上的收入。“合法固定住所”具体是指申请人或配偶在申请地有房产，或申请地的近亲属名下有房产且同意申请人入户居住，或工作单位提供集体宿舍或公寓设有集体户口。各地对“自愿放弃国外居留资格”的认定标准比较统一，皆为提交一份自愿放弃国外居留资格的声明书。

（三）华侨回国定居的基本程序

（1）申请程序。华侨向主管部门提出回国定居申请的方式有两种：一是华侨在境外时，应当在入境前向中华人民共和国驻外使领馆或外交部委托的其他驻外机构提出申请，也可经国内亲属向拟定居地的县级以上地方政府侨务部门提出申请；二是华侨在境内时，可由本人向拟定居地的县级以上地方政府侨务部门提出申请，但华侨因临时回国探亲、治病、旅游而入境，向侨务部门提出回国定居申请的，一般不予受理。第一种情况下，须由驻外机构将申请转交拟定居地侨务部门处理，驻外机构并非受理和审批主体，其承担的只是接受、传递申请的中转作用。

华侨申请回国定居需提交的材料包括：申请表，自愿放弃国外居留资格声明书，有效护照或旅行证件，本人证件照，出入境记录，原常住户口的注销地派出所近期开具的户口注销证明，证明华侨在国外居留事实的材料，有稳定生活保障和合法固定住所的证明材料，第三类申请主体还须提供符合申请定居地特殊条件的证明材料，申请回农村落户者另需提供村民委员会出具的同意接受为村民的书面材料。

根据2015年《广州市人民政府侨务办公室、广州市公安局关于华侨回国定居办理工作的实施细则》的规定，华侨申请回国定居，原则上应在原户籍注销地申请。确有特殊情况的，也可在非原户籍注销地申请定居。原注销户口为普通高等院校、普通中等专业学校学生集体户口的，在入学前常住户口所在地申请。华侨申请回广州定居，根据原户籍地等情况的不同，需要具备不同的条件。原户籍注销地为广州市的华侨，申请到广州市定居，需要同时具备下列条件：申请之日起前两年内，在境内连续居住满3个月，或连续6个月内累计居住满90天；在拟定居地有稳定的住所，即本人或配偶在拟定居地有自有房产，或者在拟定居地的亲属有自有房产，自愿提供其长期居住；有稳定的生活保障，即具有以下生活来源之一：本人受聘境内企事业单位，有稳定的收入；本人在境内有退休金、养老金领取；本人有足以保障稳定生活来源的积蓄；本人具有广州市户籍的亲属承诺愿意承担抚养或赡养义务。原户籍注销地非广州市或者在国外出生的华侨，申请到广州市定居，除符合上述条件外，还需要具备系列条件之一：夫妻出国前户籍地不同，或一方在国外出生，申请随已具有广州市户籍的配偶到广州市定居的，申请人与配偶的结婚年限应满2年；在国外出生的18周岁以下（不含18周岁）的华侨子女，持中国护照或其他有效中国旅行证件入境，申请到父母或父母户口已注销，其他具备抚养、监护能力的祖父母、外祖父母、成年同胞兄姐户籍地定居；国外出生的60周岁以上华侨，申请随具有广州市户籍的子女到广州市定居；在国外出生的华侨，申请随具有广州市户籍的父母或一方定居的，必须是父母或一方在境内无其他子女。

申请回国定居应当提供的材料，根据原来户籍的不同，也有不同要求。原户籍地在广州的华侨，申请回原户籍注销地定居的，需要提供如下九种材料：填写完整的《广州市华侨回国定居申请表》；本人自愿放弃国外居留资格声明书；二寸正面免冠白底彩色近照；有效的中华人民共和国护照或其他有效中国旅行证件原件及复印件；国外长期或永久居留证明及中国驻外使领馆认证或公证文书原件，或者其他可以证明其符合国家对华侨身份认定的证明材料；在广州市有合法稳定住所的房产证明及复印件。持亲属自有房产证明的，还应同时提供公证部门出具的亲属关系公证书或所在居（村）委会、派出所出具的家庭关系证明，亲属《居民户口簿》原件及复印件，以及亲属为其提供住所的同意书；有稳定生活保障的证明材料及复印件。本人具有广州市户籍的亲属承诺愿意承担抚养或赡养义务的，还应提供经公证部门公证的承诺书；原户籍注销地派出所出具的户籍注销证明；拟申请到农村定居的，须原注销户籍为我市农业户口并提交村委会出具的同意接收为村民的书面材料。原注销户籍地非广州的华侨申请到广州市定居，则需要提供更多的证明材料，申请程序也更为复杂。

近年来，各地进一步简化华侨回国定居手续。安徽省统战部于2019年对华侨回国定居办理工作作出调整，简化申请材料要求，申请人在安徽省原户籍注销地申请回国定居的，无需提供原户籍注销证明材料；在非原户籍注销地申请回国定居的，提交个人户籍注销书面承诺。华侨申请回国定居无需提交出入境记录的证明材料❶。

（2）审批机构与程序。《出境入境管理法》规定，华侨回国定居办理工作由县级以上地方人民政府侨务部门负责。多数省区有关华侨回国定居工作规定的实施细则规定由县或市级人民政府侨务部门受理华侨回国定居申请，仅黑龙江等少数地区规定只能由市级人民政府侨务部门受理。《出境入境管理法》仅规定由县级以上人民政府侨务部门受理申请，并未明确享有审批权侨务部门的

❶ 安徽省委统战部："安徽省简化华侨回国定居办理工作"，安徽统一战线网，http：//www.ahtz.gov.cn/gsgg/202103/t20210305_5157437.html，访问日期：2021年4月12日。

层级。根据《华侨回国定居办理工作规定》，华侨回国定居以省级侨务部门审批为常规、市级审批为例外，亦即省级侨务部门是审批主体。县级侨务部门受理的回国定居申请，一般需报市级政府侨务部门复核，然后报省级政府侨务部门最终审批。华侨回国定居申请数量较多的省区，可由市级侨务部门负责审批。

随着行政审批制度改革的不断深入，许多省将华侨回国定居审批权下放至市级政府侨务部门。2014 年《黑龙江省人民政府关于取消、调整和保留行政审批事项的决定》《湖南省人民政府关于公布取消下放和保留的省级行政许可事项目录的决定》，2015 年《江西省人民政府关于取消和调整一批行政审批项目的决定》等，将"华侨回国定居审批"的行政许可权下放至市侨办。江苏省徐州市、湖南省益阳市等已将"华侨定居审批"列为市侨办承接的省政府下放行政权事项。2020 年《广东省人民政府侨务办公室 广东省公安厅关于华侨回国定居办理工作的实施办法》第十五条规定："华侨在省内申请回国定居的，由拟定居地的地级以上市人民政府侨务部门负责受理和审批。"浙江省、福建省以及宁夏回族自治区等省（区）的市级侨务管理部门也享有华侨回国定居审批权。[1]

（3）审批时限。《华侨回国定居办理工作规定》通过简化申请

[1] "广州市人民政府侨务办公室、公安局关于华侨回国定居办理工作的实施细则"，北大法宝 V6 官网，http://www.pkulaw.cn/fulltext_form.aspx? Db = lar&EncodingName = big5&Gid = 17908723&Search_Mode&keyword，访问日期：2016 年 4 月 18 日；"浙江省实施《华侨回国定居办理工作规定》办法"，中国法律法规库，http://www.lawyee.org/Act/Act_Display.asp? ChannelID = 1010100&RID = 1284331，访问日期：2016 年 4 月 18 日；"华侨来闽定居办理工作暂行办法"，中国法律法规库，http://www.lawyee.org/Act/Act_Display.asp? ChannelID = 1010100&RID = 1159446&KeyWord，访问日期：2016 年 4 月 18 日；"宁夏回族自治区华侨来宁定居办理工作暂行办法"，中国侨网，http://www.chinaqw.com/zcyj/2014/04-29/2285.shtml，访问日期：2016 年 4 月 18 日。

审批流程、明确每个流程的具体时限，为有效监督审批工作提供可靠依据。纵观规定及各地实施细则，审批时限最长的是县级侨务部门受理、省级侨务部门审批的申请。由于县级政府侨务部门受理申请后，需要先对申请人所提交的申请材料进行调查核实并书面征求同级公安机关意见，在收到公安机关意见后才能提出初审意见并报地级以上市侨务部门，再由市级侨务部门提出复核意见报省级侨务部门审批，有时还须请同级公安机关协助核查华侨出入境记录、出入境证件签发等信息，程序比较复杂。即使华侨申请回国定居资料齐全、条件符合，回国定居申请的审批需要 40 个至 54 个工作日才能办结。时限居中的是市级人民政府侨务部门受理申请、省级人民政府侨务部门审批的情形，以黑龙江省为例，从受理机关收到申请材料至审批机关签发《华侨回国定居证》，最长办理时限是 45 个工作日。时限最短的是县级政府侨务部门受理、市级政府侨务部门审批的申请。2015 年《广州市人民政府侨务办公室、广州市公安局关于华侨回国定居办理工作的实施细则》规定，华侨回国定居申请的最长审批时限是 27 个工作日。

（四）华侨回国定居权的救济途径

国家法律法规和规范性文件并未专门规定华侨回国定居权的救济途径和方式，只有一些地方性法规对此作出明确规定。根据《苏州市华侨归侨侨眷权益保护办法》第二十九条、《广东省华侨权益保护条例》第三十一条、《南京市华侨权益保护条例》第二十二条，当华侨回国定居权受到侵害时，可以通过以下途径寻求救济：向侨务部门提出意见与建议；向侨务部门或有关部门申诉或控告；向侨务部门或有关部门投诉；依法申请行政复议；向人民法院提起行政诉讼。对于因经济困难而需要法律援助或司法救助的华侨，当地法律援助机构或法院应当依法为其提供法律援助或者司法救助。2015 年《广州市侨办分类处理信访投诉请求清单》规定，“如不符合回国定居条件的，受理单位不予受理。申请人不服，可依法向市侨办上级主管部门省侨办和市政府申请行政复议，或提起行政诉讼”。[1]

---

[1] “广州市侨办分类处理信访投诉请求清单”，广州侨网，http：//www. gzqw. gov. cn/site6/zfxxgk/qwdt/gg/03/77429. shtml，访问日期：2016 年 1 月 5 日。

CHAPTER 03 >> 第三章

侨务法律体系存在的问题及成因

习近平总书记指出："人民群众对立法的期盼，已经不是有没有，而是好不好、管用不管用、能不能解决实际问题。"❶ 总书记的论述对侨务法律体系建设具有重要指导意义。通过系统梳理、全面审视我国侨务立法的历史与现状，我们可以看出，现行侨务法律体系基本体现中国的实际发展水平与现实需要，为海外侨胞权益保护提供基本法治保障，在吸引人才、资金、技术、增强海外侨胞同祖（籍）国的联系以及促进中华优秀文化在海外的传播等方面发挥了积极作用，但同时也存在明显的不足与问题，难以适应国际移民潮流以及我国社会经济发展的长远需要。在国际交流日趋频繁、中国改革开放不断深化、海外侨胞与祖（籍）国互动更加密切的新时代，侨胞对国内外权益保护的诉求显著增强。

---

❶ 王香平："全面推进依法治国 努力建设法治中国——十八大以来习近平同志关于依法治国的重要论述"，载《新湘评论》2014 年第 19 期，第 12～19 页。

随着权利意识的不断提升，让更多的人获得并享有更多的权利已经成为人类的共同理想。这一理想本身，既表示一种关于权利价值的预设，也隐含着一种关于权利发展的信念。[1] 通过国内立法明确海外侨胞在祖（籍）国享有的各种权利、加强对侨胞国外权利的保护已经成为世界上主要侨务大国涉侨法律政策发展的共同趋势。相对而言，目前我国侨务法律体系在这些方面明显滞后，需要在廓清侨务立法理念的基础上，把握国际移民发展的基本趋势，结合我国国情与侨情，加强侨务立法，完善相关配套制度措施，进一步完善侨务法律体系。

第一节 法律体系不完备

从侨务法律体系的构成来看，我国现有法律体系不够完备，不仅缺乏专门性法律的统领，而且现有立法之间缺乏应有的统一性与系统性，立法内容不够均衡，立法水平有待进一步提升。

一、缺乏专门华侨权益保护法的统领

我国《宪法》规定保护海外华侨的正当权益，但相关宪法条款主要是原则性规定，而且我国无违宪审查制度，宪法条款可诉性不足，不利于侨胞权益保护的全面实现。目前已有《归侨侨眷权益保护法》为归侨、侨眷的权益提供专门性法律保障，但我国侨胞群体结构已经发生重大变化，归侨、侨眷所占比重明显下降，绝大多数侨胞长期甚至永久居留在住在国，成为华侨或者外籍华

[1] 夏勇：《走向权利的时代：中国公民权利发展研究》，社会科学文献出版社 2007 年版，第 1 页。

人。华侨华人是我国侨务工作的重要对象，由于目前国家层面并未出台有关华侨华人的专门性法律，华侨华人权益保护主要参照《归侨侨眷权益保护法》的相关规定。但归侨侨眷权益保护法及其实施办法所保护的主体是归侨和侨眷，华侨权益保护只能参照归侨侨眷法的相关规定，极大地限制了华侨权益保护的实际成效。

在 2020 年 1 月《外商投资法》实施之前，涉及海外侨胞经济权益的全国性法律规范只有国务院 1990 年制定的《关于鼓励华侨和香港澳门同胞投资的规定》，侨胞从事其他经济活动特别是涉外经济活动，主要比照《中华人民共和国中外合资企业法》《中华人民共和国中外合作企业法》《中华人民共和国外国企业法》（以下简称"三资法"）等涉外法律执行。由于《关于鼓励华侨和香港澳门同胞投资的规定》属于行政法规，法律位阶不高，权威性受限。《外商投资法》实施后，侨胞在国内的经济投资管理与保护按照外资执行，难以体现侨胞的特点。对于侨胞在国内其他权益保护的相关规定还散见于部分法律、行政法规、地方性法规或部门规章中。由于缺乏专门的全国性侨胞权益保护基础法，不仅侨胞对自身权益认识深受困扰，相关部门在执行过程中也缺乏统一、明确的法律指引，不利于侨胞权益保护目标的全面实现。

有鉴于此，国务院侨办等相关机构对华侨专门立法等进行了积极探索，但目前尚未取得系统性成果。2013 年，国务院侨办委托有关单位草拟了《中华人民共和国华侨国内权益保护法（模拟稿）》。2016 年，暨南大学法学院受国务院侨办委托，在总结华侨权益保护的法律政策和实践经验、对比分析和借鉴海外侨民保护的法律制度的基础上，完成了《中华人民共和国华侨权益保护法草案（代拟稿）》。相对于原来的模拟稿，暨南大学法学院的代拟稿更加注重他国侨务立法经验的借鉴，实现了更多创新，在立法内容上实现了更多的突破。比如模拟稿的立法内容局限于华侨国内权益的保护，而代拟稿则在华侨国内权益保护的基础上，进一步加强对华侨海外权益的保护；模拟稿并未涉及华侨政治权利保护问题，而代拟稿则就华侨政治权利保护问题作出突破性规定。但这些探索目前仍未得到侨务研究者以及实务部门的普遍认同，部分问题尚需从理论上进行更为系统、深入的论证，并从法治实践层面进行可行性预测与探究。

二、涉侨单行法规不统一

按照法律体系化的基本要求，“不仅通过划分法律部门和运用部门法特有规则调整社会关系，而且要通过法律体系的关联性、整体性调节社会关系”。[1] 从我国涉侨法律法规的整体情况来看，目前尚处于体系化建设的起步阶段，主要表现为有关侨胞权益保护的各种单行法规尚未形成有机统一的整体，存在明显的各自为政、互不协调的现象，难以形成护侨合力。一方面，同一效力等级的涉侨法律之间彼此不相协调，相关规则的设置各有偏异。如2020年修订的《中华人民共和国全国人民代表大会和地方各级人民代表大会选举法》（以下简称《选举法》）第七条第三款规定：“旅居国外的中华人民共和国公民在县级以下人民代表大会代表选举期间在国内的，可以参加原籍地或者出国前居住地的选举。”但《中华人民共和国村民委员会组织法》（以下简称《村民委员会组织法》）却设置了更为复杂的条件限制。该法第十八条明确规定，户籍不在本村的公民，需在本村居住一年以上，本人申请参加选举，并且经村民会议或者村民代表会议同意才能参加村委会的选

[1] 于安：“法律体系化趋向判断”，载《瞭望》2010年第10期，第17~20页。

举。所造成的实际结果就是华侨即使在选举期间回到原户籍地也无法参加村委会选举，因为临时性回国很难满足法律对居住期限的要求。另一方面，侨胞权益保护涉及外交、公安、民政、教育、财政、人力资源与社会保障等多个领域，是一个综合性的法律问题，涉侨事务分别归属于诸多不同政府部门管理。相关政府部门多从自身职责履行便利和方便管理的角度制订相关制度，导致不同部门规章各行其是，难以实现有效协调与统一。此外，地方政府与立法机关在缺乏国家层面涉侨法律法规指引的情况下，为了规范侨务工作、加强侨胞权益保护，不得不先行先试，相继出台一系列效力不等的地方性法规和规范性文件。这些地方涉侨法规的颁行有利于填补涉侨立法的空白，但由于不同地区的立法理念与技术水平等存在差异，在一定程度上导致侨务法律体系庞杂、零乱的局面，海外侨胞全面了解各地涉侨法规存在实际困难。

三、立法水平有待提高

首先，现有涉侨立法以原则性规定居多，具体条款偏少。以《归侨侨眷权益保护法》为例，条文中多处使用“扶助”“扶持”“扶养”“照顾”等词语，但并未严格界定这些词语的具体含义，实际内涵过于原则、模糊。虽然行政法、民法、诉讼法、出境入境管理法等主要法律均写入了侨胞权益保护的相关条款，但对于侨胞的选举权、参政权、财产权、经营权、投资权、社会保障权等具体问题，缺乏具有可操作性的规定。如关于华侨以知识产权在国内投资的权益，国家层面的法律并未作出明文规定，部分省市的地方立法虽有涉及，但缺乏内在统一性；华侨在国内的医疗、失业保险等社会保障权益缺少具体可行的保障性措施。此外，一些早期颁行的涉侨法规已经明显滞后，难以适应国内外侨情、国情的变化。如国务院侨办1984年发布的《关于加快落实华侨私房政策的意见》至今已经实行三十余年。三十多年来，国内外社会经济均已发生重大变化，原有规定已经明显滞后，不仅无法适应当代人权保障的价值理念，更难以满足华侨财产权益保护的实际需要，亟须及时予以修订。

其次，涉侨政策法规过于分散，相互之间缺少有机衔接。侨务立法内容广泛，既包括对华侨政治、经济、社会等基本权利与义务的规定，又包括相关权利救济的途径与方式，同时还与国际规则存在密切联系，与绝大部分部门法规范存在交叉，具有显著的分散性。一方面，由于我国尚未颁行侨胞权益保护的基本法，长期以来侨胞具体权利行使与保障的依据主要是分散于各个不同法律部门的单行法律法规，包括大量涉侨政策以及其他规范性文件中的相关规定。这些涉侨法规与政策性文件过度分散，不仅不利于海外侨胞了解涉侨立法的具体内容，也给司法、行政等相关部门办理涉侨事务造成诸多困扰。另一方面，涉侨法律法规之间的有效衔接是保障侨胞有效行权的重要基础。由于缺乏侨胞权益保护专门立法的统领，侨务法律体系化水平偏低，相关法律法规之间缺乏应有的衔接，法律虽有明文规定而实际上却无法操作的情况屡有发生，最终导致有些法律宣示的权利只能停留在纸面上。如《选举法》第三十七条规定，选民直接选举人民代表大会代表时，需要凭身份证或选民证领取选票。根据《居民身份证法》第二条规定，居住在中华人民共和国境内的年满十六周岁的中国公民，应当依照本法的规定申请领取居民身份证。也就是说符合申领居民身份证的对象是居住在中国境内的中国公民。华侨是定居在国外的中国公民，长期在国外居住生活，不符合现行法律规定申领居民身份证、办理常住户口登记的条件，只有其依照法律规定申请办理并被批准回国定居后才能办理居民身份证。华侨取得选民证的情况比较少见。我国目前城市基层选举的选区划分是以工作单位和居住地社区作为基本单元，只有退休人员、个体经营者等少数群体明确规定在户口所在地参加选举，选民小组通常根据户口通知辖区内的居民参选。由于早期出国的华侨大多数在国内已经没有户口，工作单位和居住地社区均无法将华侨统计在内，进一步加大了华侨选举权和被选举权实现的难度。再如《出境入境管理法》规定华侨可以凭护照在中国境内办理金融、教育、医疗、保险等业务，但相关业务领域目前仍然缺乏完善的配套衔接措施，导致华侨在国内办理相关事务存在诸多实际困难。中央组织部、国家发展和改革委员会等部门2008年联合发布的《关于为海外高层次人才提供相应工作条件的若干规定》明确规定，外籍引进人才申请加入或恢复中国国籍，由公安部优先办理，但至今仍未出台"优先"的具体办法，"优先办理"的规定实际上难以真正执行。我国《民事诉讼法》《最高人民法院关于适用〈中华人民共和国民事诉讼法〉的解释》等一般法律法规未能充分考虑华侨身份与生活环境的复杂性，有关涉侨条款的规定与《归侨侨眷权益保护法》衔接不够密切，导致华侨权益保护存在漏洞。如在有关华侨离婚诉讼管辖权的规定方面，《最高人民法院关于适用〈中华人民共和国民事诉讼法〉的解释》第十三条、第十四条简单地将当事人双方的国籍限定在均为中国国籍，并未考虑华侨婚姻中除一方为华侨外，另一方身份可能为港澳台同胞、外国人、无国籍人等多种复杂情形。按照国际上通行的属人管辖权原则，国家对所有在本国国内和在国外的、具有本国国籍的人都具有管辖权，但我国却将"华侨定居国法院以离婚诉讼由国籍所属国法院管辖为由不予受理，当事人向人民法院提出离婚诉讼"设定为法院受理涉侨婚姻诉讼的前提，导致我国对华侨婚姻诉讼的管辖权实际上屈居于华侨定居国管辖权之下，不仅与共同国籍国行使离婚诉讼管辖权的国际通行做法相抵触，而且不利于我国法院对华侨权益实行有效保护。当华侨定居国法院既不受理案件又不出具不予受理的证明文件时，我国法院难以对华侨离婚诉讼案件行使管辖权，造成部分华侨离婚诉讼无门的客观后果。此外，涉侨立法与《公益事业捐赠法》等相关法律之间也存在衔接不畅的问题，比如《归侨侨眷权益保护法实施办法》第十三条规定，归侨侨眷境外亲友向境内捐赠财产的，县级以上人民政府负责侨务工作的机构“可以协助办理有关入境手续，为捐赠人实施捐赠项目提供帮助，并依法对捐赠财产的使用与管理进行监督”，但《公益事业捐赠法》仅在该法第十五条规定了相似条款，并未对如何帮助、监督等具体衔接问题作出具体规定。涉侨法律法规之间有机衔接机制存在明显缺失，不仅导致涉侨法律难以得到有效实施，侨胞权利行使渠道不畅，而且严重损害法律的权威性。

第二节　立法创新性不足

华侨权益保护立法肩负促进国家统一战线建设、实现中华民族伟大复兴的特殊历史使命，在我国立法史上实属首创，需要立法者创造性地开展工作。不仅要深入了解我国华侨保护的现状与问题，还要学习借鉴其他国家侨胞保护法律制度构建的实践经验，把握国际关系发展最新趋势，结合中国国情特别是新时期中国特色社会主义法治建设的现实需要，对执法主体、法律责任、华侨华人的法律地位等问题进行探索，实现创新立法。同时也要注重借鉴中国传统法律文化精华，吸收当代归侨侨眷权益保护法及其实施办法的精髓，总结广东、福建等省市侨务立法的成果与经验。

虽然我国《宪法》和《归侨侨眷权益保护法》均有部分条款涉及华侨权益保护问题，但总体来看我国现有专门性华侨权益保护立法主要是地方立法。地方权力机关制定的地方性法规也是我国社会主义法律体系的重要构成部分。目前部分省市专门制定了针对华侨、归侨、侨眷权益保护的地方性法规，如《广东省华侨权益保护条例》《福建省华侨权益保护条例》《湖北省华侨权益保护条例》《浙江省华侨权益保护条例》《上海市华侨权益保护条例》《大连市华侨权益保护条例》《广东归侨侨眷权益保护法实施办法》《浙江省华侨捐赠条例》《福建省华侨捐赠兴办公益事业管理条例》《四川省华侨投资权益保护条例》。此类有关华侨权益保护的地方性法规无疑是我国侨务法律体系的重要组成部分。这些法律法规从吸引华侨华人参与中国经济建设、保护归侨侨眷和华侨华人在国内的合法权益、加强对困难归侨侨眷政策性扶持以及华侨农场改革发展等不同方面对侨务工作和侨胞权益保护等进行阐述和规范，构成中国特色社会主义法律体系不可或缺的内容，为切实维护华侨权益提供法律依据。地方侨务立法在华侨权益保护方面的探索与实践，开创了华侨专门立法的先河，具有重要创新意义，不仅填补了华侨保护专门立法的空白，为侨务法律体系的发展完善奠定了重要基础，而且成为这些地区华侨权益保护的坚实后盾，产生了良好的社会影响，激发了华侨回国创业服务的热情。但总体来看，上述立法仍然存在明显不足，有待进一步丰富与完善。

一、原则性规定居多

相当一部分涉侨法规中，原则性、鼓励性、强调性条款过多，缺乏应有特色和可操作性。其中最为突出的问题包括地方侨务立法的内容以原则性规定居多，不利于法律的贯彻实施，应该进一步制定相关配套立法，完善侨务法律体系，制定具体措施。《宪法》第五十条写入了对归侨侨眷权益保护的条款，“中华人民共和国保护华侨的正当的权利和利益，保护归侨和侨眷的合法的权利和利益”，但这属于典型的基础性和原则性规定。《归侨侨眷权益保护法》共三十条，其中大部分都是原则性规定。如第三条规定，“国家根据实际情况和归侨、侨眷的特点，给予适当照顾”。第六条规定：“全国人民代表大会和归侨人数较多地区的地方人民代表大会应当有适当名额的归侨代表。”但何为“适当”？既无基本原则与标准，又缺乏具体规定；第九条规定：“国家对安置归侨的农场、林场等企业给予扶持，任何组织或者个人不得侵占其合法使用的土地，不得侵犯其合法权益。在安置归侨的农场、林场等企业所在的地方，可以根据需要合理设置学校和医疗保健机构，国家在人员、设备、经费等方面给予扶助。”“扶助”“扶持”等均属于原则性规定，其具体内容非常模糊。第十四条规定：“各级人民政府应当对归侨、侨眷就业给予照顾，提供必要的指导和服务。归侨学生、归侨子女和华侨在国内的子女升学，按照国家有关规定给予照顾。”其中的“必要”属于典型的模糊性规定，“按照国家有关规定”涉及与有关政策法规的衔接，对于长期定居国外的华侨归侨而言，要了解这些分散的法规和政策文件的具体规定，存在诸多实际困难。再如《归侨侨眷保护法实施办法》第二十六条第二款规定：“归侨、侨眷在境外有养老金、抚恤金等需要领取的，我国驻外国的外交（领事）机构可以根据其请求提供必要的协助。”其中的“可以”“必要”也属于模糊性规定。其他国家层面涉侨法规也存在类似问题，如《中华人民共和国刑法》（以下简称《刑法》）的涉外规定主要集中在第八条，“外国人在中华人民共和国领域外对中华人民共和国国家或者公民犯罪，而按本法规定的最低刑为三年以上有期徒刑的，可以适用本法，但是按照犯罪地的法律不受处罚的除外”。虽然该条明确了我国在刑法方面保护华侨权益的基本立场，但在实践当中难以真正贯彻落实。《公益事业捐赠法》第十五条第二款规定：“华侨向境内捐赠的，县级以上人民政府侨务部门可以协助办理有关入境手续，为捐赠人实施捐赠项目提供帮助。”“可以”“协助”等词汇的含义均非常模糊，“依法”则属于非常宽泛的原则性规定。

地方侨务法规也存在原则性条款过多的问题。如广东、福建等部分省市出台的华侨权益保护条例中有若干关于鼓励华侨投资、创新创业、就业的条款，具有一定的创新性。但总体上这些内容强调以鼓励为主，规定也比较原则。如《上海市华侨权益保护条例》第十条第一款规定：“鼓励华侨在战略性新兴产业和现代服务业、先进制造业等领域创新创业。”但这些规定只能起到投资引导的作用，并未明确规定华侨投资可享受的具体权益[1]。要实现法律真正落地，需要制定配套政策进一步对上述条款加以细化，增强其可操作性。近年来，海外人才受到社会各界重视。但回国创新创业生活成本过高，尤其是住房和教育资源的有限性，成为华侨回国发展的主要制约瓶颈；其他如创业平台、软环境和金融支持不足，也给华侨创业者造成较大压力。华侨权益保护条例中现有简单的鼓励性规定，已经难以真正满足我国社会经济发展对于引进侨智的现实需要，不利于吸引华侨回国创新创业。

---

[1] “上海政协常委建议落实《上海市华侨权益保护条例》”，中国侨网，https://www.chinaqw.com/sqfg/2019/01-27/214074.shtml，访问日期：2019年3月5日。

二、重复空泛现象突出

全国人大提出的“不抵触、有特色、可操作”三个原则是我国各层级立法应当坚持和遵循的基本原则。[1] 但在侨务立法工作实践中，却普遍存在与上述原则不一致的地方，重复立法和内容空泛等现象比较突出，导致了侨务法规缺乏可操作性和实用性。

所谓重复立法，就是指照抄其他相关法律法规。侨务立法重复其他法律的现象比较明显。在我国法制统一的前提下，侨务立法应当针对华侨的特点和保护华侨权益的实际需要，制定具有侨务特色、针对性强的专门性法规，这是侨务立法的本质所在，也是侨务立法的题中应有之义。重复立法就是违反有特色原则的典型表现。长期以来，侨务立法长期存在追求大而全的倾向，一味追求体例的完美、结构的完整，在地方侨务立法中表现得最为典型。为了追求体例完美、内容全面，地方涉侨立法不惜大量抄袭国家法律，制定一些宽泛、原则性的条款，所立之法缺乏地方特色，针对性不足。因为过于抽象，一些法规只能停留在宣告的层面，而难以得到真正的贯彻落实，从而成为休眠中的法律。

在具体立法实践中，重复立法主要表现为以下几种形式：一是整体重复。把上位法的有关条款，整条、整段原封不动地移植、照抄到所立法规之中。二是部分重复。对上位法某些条款中的部分内容、语句重复引用。三是改造重复。对上位法的某一条款，采取断章取义的方式进行改造，或改变原条款的表述方式，或改换原条款的词句，但是所指内容并无不同。四是组合重复。把上位法的某几个条款，按照自己的需要改头换面，重新拆解、组合，

---

[1] 王子林：“地方立法重复空泛现象的分析与对策”，载《人大研究》2018 年第 11 期，第 29～32 页。

形成新的条款等。习惯于追求结构的完美与体例的完整，特别在有相同的上位法的情况下，倾向于追求与上位法的一致，不惜大量重复、抄袭上位法的条款。如《福建省实施〈中华人民共和国归侨侨眷权益保护法〉办法》等省市实施办法与《中华人民共和国归侨侨眷权益保护法实施办法》有多个条款高度相似甚至完全雷同。如“归侨、侨眷的身份，由其常住户口所在地的县级以上地方人民政府负责侨务工作的机构根据本人申请审核认定”；“侨眷是指华侨、归侨在国内的眷属，本法所称侨眷包括：华侨、归侨的配偶，父母，子女及其配偶，兄弟姐妹，祖父母、外祖父母、孙子女、外孙子女，以及同华侨、归侨有长期扶养关系的其他亲属”。“归侨、侨眷的合法权益受到侵害的，有权要求有关主管部门依法处理，或者向人民法院起诉”，等等。特别是不同省市的实施办法更是具有极高的相似性。

立法空泛是指法律设定的条款过于空洞，缺少实质性内容，条款规定的多是一些号召性、鼓励性、原则性、强调性的内容。法规内容的空泛是影响侨务立法质量的关键因素之一。侨务法规内容的空泛性主要表现在以下几个方面：一是放之四海而皆准的原则性规定偏多。特别是在法规的总则中，往往要写一条本条例应当遵循的原则，而内容却与本条例规范的事项并不完全相符。二是大量模仿国家法律的形式。把一些适用于全国性的、宏观性的内容引入地方性法规。三是号召、鼓励性的内容偏多。往往是将国家发布的相关文件中的口号式、鼓励性语句转换为法条，直接写入法规。四是强调性、提倡性内容偏多。如通常会用到加强、改进、推动、支持等词语。这些空泛的条款在执法中很难得到具体落实，实际上形同虚设。此类问题在现有地方性华侨权益保护条例中普遍存在，此处仅以《上海市华侨权益保护条例》

为例进行分析。该条例第四条规定，“本市各级人民政府应当重视和加强华侨权益保护工作，切实维护华侨的合法权益”，“市、区人民政府侨务部门应当鼓励华侨参与本市经济社会建设”。第八条规定：“鼓励华侨发挥海内外联系广泛的资源优势，参与和服务国家发展战略，在本市对外开展的经济、科技、文化、教育、卫生、体育等领域的合作交流和民间友好往来中发挥桥梁纽带作用。鼓励和支持华侨发挥人才、技术、资金的优势，参与本市的国际经济、金融、贸易、航运中心和具有全球影响力的科技创新中心建设。鼓励和支持华侨在中国（上海）自由贸易试验区的金融服务、航运服务、商贸服务、专业服务、文化服务、社会服务等领域，以及本市其他重点发展领域投资。鼓励和支持华侨参与本市的国际文化大都市建设，在弘扬中华优秀文化等方面发挥作用。”第九条第一款规定：“鼓励华侨以本人、其设立的企业或者其他经济组织的名义在本市投资。”第十条规定，“鼓励华侨在战略性新兴产业和现代服务业、先进制造业等领域创新创业”，“市、区人民政府有关部门应当加强对华侨的知识产权保护”。第十一条第一款规定：“鼓励华侨参与国家和本市的人才创新创业类计划或者项目”。

地方性法规中大量出现空泛内容的原因较为复杂，既与现行立法体制有关，也受立法理念和技术水平的限制。一是在我国现行立法体制下，地方立法权比较有限，重复使用国家政策法律中的条款，符合安全、方便立法的要求。二是立法者对法的本质含义不理解，对法律与政策的区别把握不准。因此，地方性法规中经常出现一些政策性的条款。三是过度追求法规体例的完整和内容的全面，把一些号召性、强调性的条款写入法规之中。四是为立法而立法，由于没有实质性的行为规范，只能写入一些空泛内容[1]。法是由国家立法机关制定和颁布，并由国家强制力保证其实施的具有普遍约束力的规范性文件的总和，法律最根本的特征就是国家强制力的保证。这一特征是法与道德规范以及规章制度的本质区别。我们所立之法是人们必须遵守的行为规范，更是由国家强制力保障的行为规范，而强制力保障就是要确保每一条法律规定都能得到有效执行。因此，法规中所制定的每一条行为规范都应当明确、具体，人们在社会活动中也必须遵守，如果有人违反法律规定，就要受到相应的法律制裁。反之，如果大量地制定空泛、缺少可操作性的法规，不仅相关规定难以得到有效实施，而且损害法治尊严，破坏人们对法律的信仰，实际上不利于海外侨胞权益保护目标的真正实现。

三、地方创新立法存在困难

由于地方立法权力的有限性，在一些涉侨关键问题上很难实现创新与突破。《中华人民共和国立法法》（以下简称《立法法》）第八条确立了法律保留原则，规定涉及国家主权，各级人民代表大会的产生、组织和职权，税种的设立、税率的确定和税收征收管理等税收基本制度，民事基本制度，基本经济制度以及财政、海关、金融和外贸的基本制度，以及诉讼和仲裁制度等事项，只能由全国人大及其常委会通过制定法律加以规定。侨胞权益保护法不仅涉及华侨各种基本权力的保护，而且兼及外籍华人的法律地位与权利配置，大多属于宪法保留给全国人大及其常委会的专属立法权，只有全国性的法律才可对这一领域加以规定。换言之，侨胞权益保护立法的核心内容，实际上已经超出地方人大的立法

---

[1] 王子林："地方立法重复空泛现象的分析与对策"，载《人大研究》2018 年第 11 期，第 29～32 页。

权限。无论是地方立法还是国务院各部委，都无权突破现有法律规范，作出新的规定。其中，最具代表性的是华侨选举权、外籍华人权益保护等问题。首先是华侨选举权问题。选举权属于公民的基本权利，只有国家立法才能作出规定。地方立法中虽然笼统地规定保护华侨的选举权利，但由于现有国家选举法规对华侨选举权的规定存在缺失，华侨的选举权只限于县级以下；在实际行权过程中，即使县级以下的选举权行使也面临诸多现实障碍，因此，地方立法只能用宣示性条款对华侨选举权作出原则性规定，但实际上很难得到有效适用。如广东、福建、湖北等省的华侨权益保护条例规定县级以下人大代表选举期间在国内的华侨可以参加选举原籍地或居住地的选举，福建、浙江条例还规定县级以上人大开会时可以邀请华侨列席会议，但对华侨行使选举权的具体条件、程序并未作出明确规定。从现有规范来看，华侨享有的并非完全意义上的选举权，只能投票选举县级以下人大代表，或者应邀列席人大、政协会议，并不享有被选举的权利。此外，虽然有一些地方性华侨权益保护条例规定华侨可以参加居住地村（居）民委员会的选举，但同时也对参加选举作出了严格的限制性规定。比如根据浙江等省的条例规定，华侨参加村委会选举需要满足居住 1 年以上、本人申请以及经村（居）民会议或者村（居）民代表会议同意等条件要求。

其次是外籍华人权益保护问题。现有地方华侨权益保护条例中大部分写入了外籍华人权益保护参照华侨执行的相关条款，但如何认定外籍华人？外籍华人的范围如何？其具体认定标准是什么？这些内容至关重要，是法律适用过程中不可回避的问题。但由于上述问题已经超出地方立法的权限范围，现有地方性华侨权益保护条例所采用的基本方式是笼统地规定外籍华人权益保护

“参照本条例”相关规定，但并未明确外籍华人的具体范围，以及外籍华人、华侨权利义务范围的具体异同。这些地方性规定的真正实施，需要得到国家法律的具体支持，特别是通过国家层面立法对外籍华人的范围与具体认定标准等作出明确规定，为相关规定的实施提供基本依据。

第三节　立法内容存在缺失

侨务立法内容的缺失主要表现在华侨身份界定标准不明确、国籍立法滞后、永久居留制度不完善以及华侨权益保护立法不足等方面。

一、华侨身份界定标准模糊不清

在不同的历史时期，我国对“华侨”的认定标准存在较大差异。1949 年以前，中国政府实行血统主义的国籍政策，主要根据一个人的血统来决定其国籍，将所有移居国外的中国人或者在侨居国出生的中国人及其后裔均视为华侨。当时的“华侨”泛指在海外定居的有中国血统并在某种程度上保存中国文化的群体和个人，无论是否正式持有中国国籍。中华人民共和国成立后，对华侨的认定标准随国籍政策的变化而发生转变。1952 年党中央发布的《关于海外侨民工作的指示》中，明确了与以往历届中国政府完全不同的侨务思想，不再将具有中国血统的人一概认定为华侨，而是开始对华侨与外籍华人进行严格区分，将国籍作为界定华侨的基本标准，即“华侨是我国居留在国外的保留中华人民共和国国籍的侨民”，同时强调“已经加入当地国籍的不能算作华侨。”[1] 1955 年以后，中国政府正式放弃双重国籍政策，“华侨”仅指那些保留中国国籍者。“华人”在法律意义上通常指一定程度上保持中国文化传统、具有中国人血缘的非中国公民。当不强调法律身份时，经常将华侨华人合称为“侨胞”或“海外侨胞”。此后，因侨务工作实际需要，我国曾在 1984 年、2005 年、2009 年多次对华侨、归侨、侨眷的身份进行解释。1984 年国务院侨办印发的《关于华侨、归侨、华侨学生、归侨学生、侨眷等身份解释（试行）》第二条规定，“定居”是指“已取得在所在国的居留权，或虽未取得所在国的居留权而事实上已在当地居住谋生。”其中的“居住谋生”是一个十分模糊的说法，缺乏具体界定标准。1990 年颁行的《归侨侨眷权益保护法》是中国历史上第一部专门针对华侨、归侨、侨眷的法律。该部法律虽然对华侨、归侨、侨眷的身份进行了界定，将“华侨”界定为“定居在国外的中国公民”，将归侨界定为“回国定居的华侨”，侨眷则是指“华侨、归侨在国内的眷属”，但由于未对其中的核心概念“定居”作出明确解释，华侨、归侨、侨眷的身份界定仍然存在明显的不确定性。2005，国务院侨办发布的《关于对华侨定义中“定居”的解释（试行）》第一条、第二条规定，定居是指中国公民已经取得住在国长期或者永久居留权。中国公民虽未取得住在国长期或者永久居留权，但已取得住在国连续 5 年（含 5 年）以上合法居留资格，并在国外居住，视同定居。也就是说，在定居资格和定居事实两项条件中，只要具备其中一项，即可认定为华侨。虽然明确了视同条件中的连续在住在国的合法居留资格的具体年限，但居留资格与居住事实属于两个不同的概念，解释中并未对“在国

---

[1] 《中共中央关于海外侨民工作的指示》，国防大学党史党建政工教研室编印：《中共党史教学参考资料》（第 19 册），内部印行 1986 年版，第 429 页。

外居住”提出明确要求。2009年国务院侨办发布的《关于界定华侨外籍华人归侨侨眷身份的规定》，再次对华侨身份进行界定，其中规定“定居”是指中国公民已经取得住在国长期或永久居留权，并已在住在国连续居留两年，两年内累计居留不少于18个月。中国公民虽未取得住在国长期或永久居留权，但已取得住在国连续5年以上（含5年）合法居留资格，5年内在住在国累计居留不少于30个月，视为华侨。从中华人民共和国成立后华侨身份制度的变革过程可以看出，不同时期相关政策和法律的变化缺乏应有的稳定性，加大了华侨身份的模糊性。虽经多次解释，但并未完全解决华侨身份认定的关键问题，比如对居留、定居等核心概念缺乏具体、具有可操作性的说明与界定。华侨身份的模糊不清，直接影响侨务立法保护主体的确定性，导致华侨权益保护立法的基础不够坚实，制约侨务法治化进程。

二、国籍立法有待完善

在国籍立法方面，虽然占据主导地位的是各国的国内法，但一国公民也会受到其他国家相关立法的影响。一方面，各国国籍立法所依据的原则因文化、历史以及立法政策的不同而存在差异。另一方面，随着全球化的不断发展，国际移民数量大量增加，越来越多的公民跨越国界，其国籍受到两个甚至更多国家国籍法的影响，其国籍问题不再由单一国家的国籍法独立决定。从现实层面看，双重国籍现象不但日趋增多，而且也将长期存在，并对国家的国籍政策与相关立法产生影响。[1]

20世纪50年代中国表态不承认双重国籍。1980年，中国政府

---

[1] 李安山等：《双重国籍问题与海外侨胞权益保护》，江苏人民出版社2015年版，第70~72页。

颁行《国籍法》，正式从法律上确认单一国籍原则。近半个世纪以来，国际国内形势发生重大变化，中国现有国籍制度不断遇到新的挑战。随着全球化的不断发展，各国对资本、人才、技术和劳动力的争夺愈加激烈。皮尤中心 2013 年发布的资料表明，1990 年中国海外移民数量为 410 万，在全球移民中排在第 7 位，2013 年中国海外移民数量已经达到 930 万，在全球移民中升至第 4 位。[1]截至 2019 年，全球的国际移民已经达到 2.72 亿人，占全球人口的 3.5% 。中国大陆以约 1 073.23 万的输出移民成为世界第三大移民输出地[2]。随着交通条件的便利化，公民生活水平不断提高，社会开放程度明显提升，中国海外移民的数量还将进一步增加，海外侨胞的规模必将不断扩大。海外侨胞具有良好的教育背景、开阔的国际化视野、较高的技术水平以及强烈的创新精神，蕴含着强大的国际活动能量和发展潜力，对国内、国际的影响也在不断增强，是复兴中华民族不可或缺的重要力量。同时，海外侨胞的上述特点也决定了他们有着与一般中国公民不同的现实需要与利益诉求。一方面，大多数移民能够履行自己对中国的义务，长期保持与国内亲属的密切联系，促进了中国与外国的友好交往，发挥着促进中外文化交流的作用。另一方面，有相当一部分人为了生活的方便，或者出于其他方面的原因，申请了居住国的国籍。由于一些国家并不要求申请入籍者放弃祖籍国国籍，相当一部分加入外国国籍的华人并未打算放弃中国国籍。他们仍然认同中华文化，保留中国传统，使用中国语言文字，并通过各种方式保持与

---

[1] 李安山等：《双重国籍问题与海外侨胞权益保护》，江苏人民出版社 2015 年版，第 70 ~ 72 页。

[2] "中国国际移民报告 2020 发布"，人民网，http://world.people.com.cn/gb/n1/2020/1223/c1002-31975927.html，访问日期：2021 年 3 月 7 日。

中国的密切联系。但根据1980年《国籍法》的规定，我国并不承认他们的中国公民身份。我国《国籍法》第三条明确规定，中华人民共和国不承认中国公民具有双重国籍。第九条规定定居在国外的中国公民，自愿加入或取得外国国籍，即自动丧失中国国籍。面对中国海外移民数量急剧增多、越来越多的国家承认或默认双重国籍与中国不承认双重国籍之间的矛盾与冲突，我国外交与侨务工作压力明显增加，相关部门在解决国内法与国际法的冲突方面深感无力，使领馆人员只能习惯性地“睁只眼闭只眼”，对中国国籍法的规定视而不见，对身兼双重国籍的华人熟视无睹。[1] 虽然有人用法律的灵活性解释这种现象存在的合理性，认为是灵活适用法律的具体表现。但从法理上而言，法律的灵活性所针对的主要是某些特殊情况，灵活适用法律只能是个别现象而不应成为常态。

三、外国人永久居留制度发展滞后

为了缓解单一国籍产生的矛盾与问题，我国积极寻求替代性制度，其中最为典型的就是试图通过加强外国人永久居留制度（俗称“绿卡”制度），吸引海外人士特别是海外华人中的精英分子回国。我国已经出台了一系列与外国人永久居留相关的法律和规范性文件，形成了法律、行政法规、部门规章、地方性规章四个不同的效力层级，共同构成了永久居留管理的制度体系。其中，公安部、外交部于2004年联合发布《外国人在中国永久居留审批管理办法》（以下简称《永居办法》），对投资移民、职业移民以及亲属团聚移民三类永居移民审批作出规定，明确了每类移民的申

[1] 李安山等:《双重国籍问题与海外侨胞权益保护》，江苏人民出版社2015年版，第69~71页。

请条件与审批程序，标志着绿卡制度在中国正式实施。2012 年全国人大常委会颁行《出境入境管理法》，并在此基础上制定《外国人入境出境管理条例》，在一定程度上细化了《出境入境管理法》的内容。但其中有关外国人永久居留的内容有限，《出境入境管理法》只有第四十七条至第四十九条涉及外国人永久居留的规范，《外国人入境出境管理条例》虽对外国人居留的有关事项作出规定，但并未具体区分短期居留和永久居留，也未对短期居留到永久居留的转化进行规范。此外，部分地方政府也以地方性规章的形式对外国人居留事务作出规定。如广东省政府颁行《广东省外国人管理服务暂行规定》，对外国人在广东省内居住、就业、经商以及执法机关的权力、执法程序、处罚措施等进行规范。但总体来看，我国永久居留制度仍然存在明显不足，存在申请条件不够合理、签发对象较窄、待遇落实不到位等问题，以至于中国永久居留证长期有“最难拿到的绿卡”之称。

首先，相关法律和政策性文件的指导思想明显滞后。我国外国人永久居留制度长期以出入境管理为核心，《出境入境管理法》对外国人在华居留采取严格限制的态度，不仅对在华外国人永久居留时间进行严格限制，而且对其外汇汇付、税费征收等作出了明确限定。在这种严格限制外国人在华居留理念指导下所制定的一系列相关法律制度，虽然对维护国家安全、加强对境内外国人管理有一定的帮助，但已经难以适应我国进一步扩大改革开放的现实需求。

其次，我国有关外国人永久居留的规定分散于多种法律和政策性文件中，以行政法规、部门规章居多，不仅位阶偏低，而且相互之间衔接不够紧密，关注重点集中于审批、就业、医疗等个别问题，未能形成完整制度体系。此外，永久居留身份的社会认同度偏低，权利行使缺乏系统保障，取得永久居留证的外国人在凭证件参与社会活动时明显受限，如在购房贷款、参加医保、社保等方面难以享有国民同等待遇；永久居留证只赋予了外国人合法身份，而社会融入、归化体系尚未完全建立，导致外国人虽有权在中国永久居留，实际上却难以融入中国社会。2018 年国家移民管理局的成立，标志着我国移民管理改革迈出重要一步，但由于执法程序规定并不明晰，其实际作用受到制约。最为关键的问题是，外籍华人是我国引资引智的重要资源，在国内的外籍华人对国内的工作生活均具有较强的适应性，一般情况下，他们在国内留有资产、亲属，与中国民众具有共同的文化传统，与中国联系更为密切，因而也比一般外国人更容易融入中国社会，但目前我国外国人永久居留制度中缺乏有关外籍华人的特别规定。

再次，永久居留制度的适用对象比较单一，关注重点主要集中于投资移民和技术移民，家庭团聚移民制度设计存在明显缺陷。虽然 2004 年颁布的《永居办法》第六条第一款中作出相关规定，但家庭团聚移民的条件过于严格，需要满足在中国有稳定生活保障和住所，并且婚姻关系存续期限满五年，才符合家庭团聚移民签证的要求，与世界上多数国家的家庭团聚移民制度相比，要求期限明显过长。家庭生活权是人类的基本权利，但我国现有法律对亲属团聚移民规定的条件偏于严苛，不利于我国树立良好国际形象。特别是我国现有法律对外籍华人尤其是原来是中国公民的外籍华人在取得永久居留权方面缺少特别性规定，未能为外籍华人申请永久居留权提供应有的便利，难以满足他们的情感需求，不利于调动他们投身中国建设的积极性与主动性。

最后，签证制度存在缺陷。我国签证制度存在缺失，配套机制不完善，主要体现在以下几个方面：一是签证类型划分笼统，种类过于简单，与永久居留相关的签证仅有D类，直接制约了签证的效率与实际效果；二是配额制度缺失。配额制等技术手段的缺失，制约了移民红利的合理开发与利用；三是身份调整机制缺乏应有的灵活性。世界上许多国家均实行移民身份转换制度，持有非移民签证入境的外国人可在需要之时申请签证转换，由非移民身份调整为移民身份，也可以由短期签证转换为永久居留。但我国缺乏相关移民身份转换机制，难以有效提高对海外高层次人才的吸引力。四是对家庭团聚移民等保障程度偏低。我国现有签证制度未能对各种签证类别进行详细划分，也未采用配额制等筛选制度，不利于移民家庭团聚权利的实现，制约对高层次外国人才的吸纳效果。

总之，我国的外国人永久居留管理制度存在明显滞后性，准入条件比较苛刻，评估体系不够完善，导致人才评估标准缺乏合理性。特别是法律体系和管理体制的缺失，使有意来华的外国人无所适从，却为非法居留、非法就业者提供了空间，不利于调动高层次外国人才来华定居的积极性，对我国的招商引资、社会管理以及国际形象造成不利影响。我国现有国籍制度、外国人永久居留制度已经难以适应国际形势变化与国家发展战略的现实需要，给那些已经加入外国国籍但与国内联系密切、需要频繁往返于居住国与中国之间的海外侨胞带来诸多不便，直接影响他们投身中国社会经济建设的积极性。我们不能视而不见、墨守成规，应当根据国内、国际发展趋势，通过立法作出相应变革，增强法律的灵活性与适应性，以建立统一、透明、开放的永久居留资格与待遇规则，为包括外籍华人在内的高层次外国人才投身于中国社会经济建设提供合理、规范、顺畅的途径，充分发挥他们在中国创新创业的积极性。

四、侨胞不同类别权益保护失衡

不同类别权利保护的失衡主要表现为不同种类的权利保护畸重畸轻，同类权利之中的不同具体权利保护存在明显落差。华侨权益主要可以划分为政治、社会、文化、民事、经济等几大类别。华侨的政治权利主要包括选举权与被选举权、参政议政权以及华侨组织社团的权利；华侨的社会权益主要包括基本社会人权、获得劳动和社会保障的权益等；华侨的文化权益主要包括受教育权以及创造和享受文化成果的权利等；华侨的民事权益主要包括财产权、身份权、收养权、继承权；华侨的经济权益则包括投资权益、经营自主权以及捐赠公益事业的权益等。从现有立法内容与法律实践看，我国现有侨务立法对华侨不同类别权益的保护存在失衡现象。相对而言，经济权利保护立法较为成熟，相关国家和地方立法数量较多，华侨政治权利、社会文化权益保障明显不足。较为敏感复杂的政治权利保护立法一直难以取得实质性进展，有待进一步研究与论证。与侨胞社会生活密切相关的社会权利保护也相对滞后。从各类权利内部进行观察，各种具体权利保护力度也不平衡。在经济权利领域，对侨胞的投资权益、慈善捐赠权益已经出台了相关法律或行政法规，但其他财产权益未能受到足够重视。其中，华侨的私有房屋产权保护问题仍未得到彻底解决。现行法律主要对归侨、侨眷的私房财产权保护作出规定，但对华侨的房屋、宅基地权利仍然缺乏明确的规范，使华侨在国内购建私有房屋的权益保护效果不彰，对被国家征用的华侨国内房产补偿权保护存在不足，补偿标准尚未完全达到民法公平有偿原则的要求。

（一）华侨选举权保护立法有待加强

作为中国公民，华侨在理论上享有在国家政治生活中的选举权与被选举权。但在现实层面相关权利的行使缺少明确的法律依据，导致华侨政治权利的真正实现存在困难。目前华侨选举权仅限于县级以下人大代表选举，相关立法对权利的行使设定了诸多限制性规定，而且缺少明确的操作性规范指引。实际执行中既可能出现可选择地均可行使选举权的情况，也可能出现没有任何一个地方可以行使选举权的情况，华侨选举权的实现程度明显偏低。我国现有立法对华侨群体的政治权利和政治地位缺乏应有关注，相关法律法规在华侨选举权与被选举权的保障方面存在明显的缺失，对华侨参加选举以担任人大代表、政协委员等问题，我国缺乏统一、具体的规定。

首先，有关华侨选举权与被选举权的规定过于原则。华侨属于我国公民，其选举权与被选举权乃《宪法》所赋予的基本权利。《宪法》对于该项权利的规定主要体现为第三十四条："中华人民共和国年满十八周岁的公民，不分民族、种族、性别、职业、家庭出身、宗教信仰、教育程度、财产状况、居住期限，都有选举权和被选举权，但是依照法律被剥夺政治权利的除外。"而对该项权利进行具体落实的《选举法》主要在第七条对华侨的选举权与被选举权作出具体规定，即"全国人民代表大会和归侨人数较多地区的地方人民代表大会，应当有适当名额的归侨代表。旅居国外的中华人民共和国公民在县级以下人民代表大会代表选举期间在国内的，可以参加原籍地或者出国前居住地的选举"。依照该法的规定，华侨的选举权只有在"选举期间在国内的"才"可以"行使。而依据宪法的精神，华侨的选举权不应当只是"可以"行使，而应当是"有权"行使。《选举法》的上述规定不仅没有明确肯定定居国外华侨的选举权，而且对华侨选举权造成严重压缩。2018 年修订的《村民委员会组织法》第十三条规定，年满十八周岁的村民，不分民族、种族、性别、职业、家庭出身、宗教信仰、教育程度、财产状况、居住期限，都有选举权和被选举权；但依照法律被剥夺政治权利的人除外。村民委员会选举前，应当对下列人员进行登记，华侨因户籍不在本村，需要满足以下三项条件才可列入参加选举的村民名单：一是在本村居住一年以上，二是本人申请参加选举，三是经村民会议或者村民代表会议同意参加选举，但相关立法不仅未对这些条件的具体界定标准作出明确规定，而且对华侨参加村委会选举设定多种限制性条件，实际上大幅压缩了华侨的村民委员会选举权。

其次，相关选举法规未充分考虑华侨定居国外的特点。由于华侨长期定居国外，要求其回到原籍地或者出国前居住地进行登记、选举，无疑存在实际困难。但我国选举法并未充分考虑和照顾华侨的这一特点，更未设计相应的适应华侨行使选举权与被选举权的具体程序，既未规定华侨代表的名额，亦未规定负责选举工作的部门应当通知在国外的选民回国参加选举，而仅在《选举法》第七条第二款、第三款规定："全国人民代表大会和归侨人数较多地区的地方人民代表大会，应当有适当名额的归侨代表。旅居国外的中华人民共和国公民在县级以下人民代表大会代表选举期间在国内的，可以参加原籍地或者出国前居住地的选举。"短期回国的华侨实际上难以依法参加本地选举，导致华侨的选举权被遗漏、遗忘等实际结果。此外，《选举法》第三十七条规定，选民直接选举人民代表大会代表时需要凭身份证或选民证领取选票。但根据《居民身份证法》第二条的规定，实际上只有居住在中华人民共和国境内的年满十六周岁的中国公民，才有资格申请领取居民身份证，华侨长期在国外居住生活，实际上并不符合现行法律规定申领居民身份证、办理常住户口登记的条件，因此也就难以行使相关选举权利。

再次，现有立法忽视华侨的被选举权，不利于华侨参与家乡公共事务的管理。作为中国公民，华侨不但享有选举权，还应当享有被选举权。虽然我国《选举法》第七条规定全国人民代表大会和归侨人数较多地区的地方人民代表大会应有适当名额的归侨代表，但华侨和归侨毕竟是两个联系密切且明显不同的群体，归侨是指回国定居的华侨，华侨则指在海外定居的中国公民，归侨不能代表华侨，归侨代表更不能取代华侨代表。❶ 只规定归侨的被选举权而未规定华侨的被选举权，无疑构成法律存在的明显缺陷。另外，《选举法》也没有明确华侨是否可以参加县长、副县长，区长、副区长，乡长、副乡长，镇长、副镇长的选举。《选举法》第三十条和《村民委员会组织法》第十五条仅对一般情况下代表候选人的提名产生办法与程序作出规定，《中华人民共和国城市居民委员会组织法》（以下简称《居民委员会组织法》）的相关规定则更为简单。这些法律均未对在华侨人数较多的地方应如何确定华侨代表候选人的提名比例以及华侨代表候选人的产生办法等作出应有规定，更没有规定依据华侨所在地的华侨人数比例的高低确定华侨代表候选人的提名比例。如《村民委员会组织法》规定选举权与被选举权享有的前提是在本村居住一年以上，导致在海外定居的华侨往往因无法满足居住一年以上的条件而难以参加村民委员会选举。

关于华侨是否应当享有选举权利目前仍然存在争议，如《广东省华侨权益保护条例》草案曾写入关于华侨选举权的条文，但经过立法论证和多方考虑，最终并未将华侨选举权纳入立法保护

---

❶ 刘国福："华侨国内权益保护立法模式探析"，载《东南亚研究》2011 年第 1 期，第 67 ~ 71 页。

范畴。有人认为，华侨身在国外，对国内政治事务不甚了解，不能合理行使选举权；有人认为，根据权利义务对等原则，华侨未在国内纳税，不得享有选举权利，否则就是只享有权利而不履行义务；甚至有人认为，华侨已经成为“外人”，将赋予华侨选举权看作是卖国行为。客观而论，适度赋予华侨选举权利不仅具有正当性，而且确有必要。从法理上来看，赋予公民选举权是现代民主国家的基本特征，选举也是民主制度的根基，无选举则无民主。我国《宪法》和《选举法》已经确认了中国公民享有选举权，这是公民政治权利的基本内容。根据《归侨侨眷权益保护法》第二条第一款的定义，华侨是指定居在国外的中国公民，既然华侨属于中国公民，其选举权理应受到宪法和法律的切实保护。从华侨权益保护的现状来看，随着改革开放的深入，华侨要求参政的意愿日趋强烈，为了适应我国扩大改革开放、加强人权保障和法治现代化建设的要求，对华侨选举权与被选举权进行立法保护已经成为大势所趋。华侨虽然长期定居国外，但他们与国内联系密切，大多数人有房产、土地、股权等利益留在国内。即使选举期间华侨不在国内，但他们仍然关心家乡的建设与发展，希望通过参加选举产生应有影响。对于这些定居国外、选举期间不在国内的华侨行使选举权的条件以及如何行使选举权等现实问题，现有法律缺乏应有规定，严重影响华侨参与家乡建设的积极性与主动性。

（二）社会与文化权益保护立法滞后

在社会权益保护方面，对华侨的出入境权益、享有社会保障的权利等缺乏充分保护。随着我国经济水平的不断发展，华侨出入境的特点已经发生重大改变，这些变化主要体现在三个方面：一是华侨出入境人数不断增加；二是出入境的华侨中商业经营者和科技文化界的精英人数明显增多；三是由于受到国际局势复杂多变、恐怖主义活动频发、新冠肺炎疫情以及战争动乱等因素的影响，华侨回国避难现象逐年增多。虽然我国现有华侨出入境政策的开放水平不断提高，国家制订了一系列便利华侨出入境的规定与措施，但仍然难以适应改革开放与社会经济发展的实际需要，存在有待进一步完善的空间。首先，我国侨务管理长期具有重政策、轻法律的价值取向与制度特征，华侨出入境管理政策与法律之间存在不协调的地方。我国《宪法》规定保护华侨的合法权益。作为中国公民，拥有户口是华侨的基本人身权利，自然属于华侨的合法权益，理应得到法律的保护。从法理上看，华侨国内户口消灭的事由只能是公民身份的灭失，即因自然死亡或加入外国国籍而丧失中国公民身份。但1994年修订的《出境入境管理法实施细则》第七条规定，“居住国内的公民办妥前往国家的签证或者入境许可证件后，应当在出境前办理户口手续。出境定居的，须到当地公安派出所或者户籍办公室注销户口”。虽然随着2012年《出境入境管理法》公布，上述实施细则已经失效，2003年公安部发布的《30条便民利民措施》也已经取消出国、出境一年以上的人员必须注销户口的规定，但该便民措施仍然明确规定，“在国外、境外定居的除外”。中国人民银行2004年发布的《个人财产对外转移售付汇管理暂行办法》规定，移居外国的中国公民应提供公安机关出具的中国户籍注销证明和中国驻外使领馆出具或认证的申请人在国外定居的证明。2005年国家外汇管理局、外交部、公安部、监察部、司法部《关于实施〈个人财产对外转移售付汇管理暂行办法〉有关问题的通知》也明确规定加强对申请人身份的识别，要求“各驻外使领馆根据申请人的申请出具或认证申请人在外国的定居证明。对移民财产转移，各级公安机关应认真核查申请人注销国内常住户口的情况，对已注销户口的，应为其出具户口注销证明”。这便意味着移居国外的中国公民如希望将个人财产转移至国外时仍需要注销其在中国的户籍。其次，我国对于华侨入境居留一年以内的短期居留和回国定居均有对其户籍进行管理的规定，但对于华侨入境居留一年以上五年以下的长期居留并没有作出户籍管理的规定，主要依靠在其旅行证件上的签注进行管理。因此，在中国长期居留的华侨必须每年签注一次，不仅增加了华侨的不便，而且加重了行政机关的负担。再次，按照相关政策性文件的规定，华侨回国定居需要经过审批，但具体审批内容、审批标准主要散见于各级政府的政策性文件中，而且有关规定缺乏统一性，导致华侨难以确切了解不同地区回国定居的具体要求，增加了华侨申请回国定居的难度。此外，我国有关华侨其他社会权益保护的规范十分有限，现有依据主要是不同部门发布的政策性文件，相关规定比较散乱，缺乏系统性和可操作性。近年来，华侨对加强国内社会保障权利保护的诉求不断增强，但目前国家尚未制定具有明确针对性的政策法规予以回应。比如关于华侨回国安葬事宜，主要参照民政部和国务院侨办 1984 年发布的《关于华侨去世后回国安葬问题的通知》的有关规定执行，但三十多年前的规定已经难以满足新时期华侨落叶归根、增强民族文化认同等现实需求。

在华侨文化权益保护方面，目前也大多通过相关规范性文件的形式作出规定，缺乏直接法律依据。如关于华侨子女教育权益保护，目前主要根据《关于华侨子女回国接受义务教育相关问题的规定》（侨文发〔2009〕5 号）等政策性文件执行。由于这些规范性文件效力层级低，而且缺乏应有的透明性和权威性，尚未得到社会各界的普遍认同，以各种名义向华侨收取赞助费、提高华侨子女入读收费标准的现象时有发生。此外，华侨在海外的文化权利保护也存在明显不足，主要表现为华侨在海外学习、欣赏以及传播中华文化的途径和方式仍然有限，在一些国家和地区甚至受到歧视和阻挠，需要通过制定相关法律，明确权利保障责任机构及其保障义务，以更加完备的法律形式确保华侨相关文化权利得到切实保障与全面落实。

（三）海外侨胞出入境权益保护有待加强

近年来，我国不断改革出入境管理制度，加强侨胞出入境权利保护，为侨胞出入国境提供便利。但目前仍然存在配套法规缺位、管理职能分散等问题。

首先，出境入境管理法配套法规明显缺位。出境入境管理法对外国人来华签证管理、永久居留、来华工作和留学生勤工助学、出入境边防检查、往来港澳地区管理、难民管理等作出一系列原则性规定，但其具体落实需要具体配套制度的支持，急需制定配套的法规、规章，通过设立具体制度，出台有力措施加以落实。由于国家重点领域立法任务繁重，部分法规草案的内容协调难度大，有关配套法规和具体规章迟迟未能出台，导致出境入境管理法的立法目标难以得到有效实现。

其次，国家统一的出境入境管理信息平台建设亟待推进。目前出境入境有关管理部门主要从履行本部门工作职责出发，设计推动信息化建设的具体方案。由于不同部门之间信息系统建设的基础条件不同，进度未能协调一致，导致相关部门之间信息共享程度偏低，信息不对称、不衔接的问题仍然突出。亟须推进国家统一的出境入境管理信息平台建设工作，提升出境入境管理和服务的整体效能。

再次，出境入境管理职能较为分散。在中央层面，公安部、外交部、教育部、文化部以及外国专家局等多个部门依法承担与出境入境管理相关的职能，大量出入境事务需要不同部门之间的沟通协调。[1] 2018 年组建国家移民管理局，承担外国人停留居留和永久居留管理、难民管理、国籍管理等职能，但仍然面临运行不畅、职责重心不明确、业务发展滞后等问题。2004 年由公安部和外交部共同发布施行的《永居办法》依然是办理永久居留的审批依据，外国人就业、生活面临的审批权能部门交叉，程序复杂等弊病的解决未取得实质性进展，移民局与文化部、人力资源和社会保障部、教育部、外国专家局等多个部门在移民事务方面难以进行有效沟通，工作重心依然停留在单一整合原有出入境管理局和边防管理局相关业务。出入境的多头管理造成各相关部门之间权力分割，协调不畅，制约出入境管理的效率以及侨胞出入境服务水平的提升，不利于侨胞出入境便利度的提高，影响侨胞对祖国的归属感和向心力。

（四）侨胞经济权益保护立法未能体现侨胞特点

我国现有立法最为重视对侨胞经济权益的保护，制定了一系列相关法律法规。但从具体内容来看，对侨胞经济权益的保护规定未能充分体现侨胞特点。

首先，我国现有华侨投资的法律法规和政策普遍将华侨投资行为定性为外商投资，华侨的投资范围、优惠措施等基本参照外商投资。我国长期缺少华侨投资的基本立法，改革开放前期，有关侨胞投资权益保护的全国性法规与规范性文件事实上只有国务

---

[1] 黄明："国务院关于出境入境管理法执行情况的报告——2016 年 11 月 5 日在第十二届全国人民代表大会常务委员会第二十四次会议上"，中国人大网，http://www.npc.gov.cn/zgrdw/npc/zxbg/2016-11/05/content_2001215.htm，访问日期：2018 年 10 月 20 日。

院 1990 年制定的《关于鼓励华侨和香港澳门同胞投资的规定》、2002 年国务院侨办发布的《涉侨经济案件协调处理工作暂行办法》以及《归侨侨眷权益保护法》，且《涉侨经济案件协调处理工作暂行办法》《归侨侨眷权益保护法》并非专门针对华侨而制订，仅有部分规定适用于华侨。因此，2020 年 1 月 1 日《外商投资法》生效之前，对华侨投资的法律保护主要比照《中华人民共和国中外合资企业法》《中华人民共和国中外合作企业法》《中华人民共和国外资企业法》（以下合称三资法）进行调整。随着《外商投资法》的实施，原有的三部外商投资企业法已经被取代，《外商投资法》成为我国促进、保护和管理外商投资的基础性法律。按照《中华人民共和国外商投资法实施条例》第四十八条的规定，定居在国外的中国公民在中国境内投资，参照外商投资法和本条例执行；法律、行政法规或者国务院另有规定的，从其规定。相比较而言，原来的“三资法”具有显著的管理法、组织法特征，而《外商投资法》则体现了促进外商投资和保护外商投资合法权益的立法目标。但在《外商投资法》及其实施条例已经生效的背景下，华侨难以继续享受“三资法”时期在我国投资所享有的税收等优惠待遇。由于《外商投资法》是外商投资领域的基本法，多数条款属于原则性规定，其立法目的真正实现需要更多具体配套措施予以支持。从事实层面看，目前尚未出台系统的配套法规，很多实际问题的解决存在困境。比如亟须完善外商投资企业投诉工作机制的配套措施，改变多个平台多头受理的现行解决机制；由于外商投资企业涉及繁复的外汇管理法规，相关规定散落在数量众多的规范性文件中，而且这些规定随着我国国际业务的发展而不断更新，即使是经验丰富的大型跨国企业财务人员也很难及时、全面掌握[1]，不少华侨投资企业对其理解存在困惑甚至误解，给侨资企业的业务经营带来了不同程度的法律风险，必须尽快对相关配套法规进行修改。

其次，现行涉侨经济立法缺乏可操作性。《归侨侨眷权益保护法》及其实施办法、地方制定的华侨权益保护条例等法律法规，在立法内容上存在明显相似性，即均以原则性、鼓励性规定为主，普遍缺乏明确、详细的条文规定，可操作性偏低。《归侨侨眷权益保护法》及其实施办法均规定保护华侨的正当经济权益，国家经济、侨务等管理部门也发布了多个鼓励华侨回国投资的规范性文件，但有关华侨投资经商权益保护的立法明显滞后，华侨投资环境难以令人满意。

再次，缺乏对侵犯华侨投资权益应承担责任的明确规定，有关华侨投资合法权益保护的规定不够明确具体，立法效力层级偏低，侨务经济政策存在互相冲突的现象。我国改革开放以来，虽然不断完善引进外资的方针政策，而且制定了引进资金、改善投资环境的法律规范，但总体上投资法规仍不健全，而且缺乏可操作性。特别是各地政府对法律的解释、执行不统一，办事程序烦琐，有一部分税收优惠难以落实。[2] 涉侨经济诉讼机制存在缺陷，华侨投资权益诉讼便利性偏低，涉侨纠纷处理过程中存在某些司法不公、执法不严等情形，妨碍华侨投资权益得到切实维护。如有华商评价认为中国人为因素和官员意志过多，各地投资具体政

---

[1] 宋晓燕："中国外商投资制度改革：从外资'三法'到《外商投资法》"，载《上海对外经贸大学学报》2019年第4期，第5~13页。

[2] 郑达："试析马来西亚华商投资的发展问题与对策"，载《南洋问题研究》2009年第3期，第67~76页。

策不一致，政策缺乏稳定性，甚至朝令夕改。❶ 有华侨反映一些地方政府领导人积极主动与华侨洽谈项目，千方百计吸引华侨回国投资，对华侨表现得极为热情，甚至不惜高规格接待；一旦项目落地，在项目运行的过程中却又常常受到政府部门的刁难与限制。正因如此，华侨投资纠纷数量长期居高不下。如 2001 年和 2002 年中国驻马来西亚商务处分别接待马来西亚商人投诉 18 起和 16 起，投诉的内容主要为中方合作伙伴的违约、国有和集体土地的使用权不清、胜诉难以执行和有关税费优惠难以落实等问题。马来西亚华商投诉所涉及的项目多为大中型投资，如发林集团在福建泉州的国有企业一揽子嫁接项目，投资额达 2.4 亿元人民币，因土地使用权问题向省市有关部门反复投诉，一直未能得到有效解决。阳光集团在湖北承接的高速公路项目，投资额达 5.8 亿元人民币，2000 年以来受国家有关文件政策影响，原地方政府承诺的优惠措施中有近千万人民币税费返还未能如约兑现。这些大中项目的投资者多为马来西亚政界和工商界知名人士，如时任阳光集团主席的李三春先生为马来西亚执政党之一的马华公会前总会长，担任过交通部部长等职；而发林集团的主席林玉唐则为马来西亚知名华社领袖，曾任马来西亚中华大会堂总会长，在工商界拥有很高的知名度和影响力。❷ 作为侨领维权尚且如此困难，一般华侨的权利行使就存在更多障碍。有些地区招商引资工作机制不够健全，责任落实制度不完善。西班牙《欧华报》在 2013 年曾报道过的一个案例，典型地反映出华商在我国国内投资中面临的困境与问题。

---

❶ 郑达："试析马来西亚华商投资的发展问题与对策"，载《南洋问题研究》2009 年第 3 期，第 67 ~ 76 页。

❷ 中华人民共和国驻马来西亚大使馆经济商务参赞处："马来西亚在华投资现状及促进投资建议"，http://my.mofcom.gov.cn/article/ddfg/tzzhch/200311/20031100151939.shtml，访问日期：2019 年 5 月 15 日。

据报道，某西班牙华商企业在辽宁抚顺投资时遭到中石油抚顺石化公司的非法强占，纠纷拖延多年未能得到解决。据该华商企业西班牙投资人 Carlos 反映，2005 年辽宁省抚顺市的一个招商引资团访问西班牙并举办招商引资会。会后，有一些西班牙企业相继到抚顺投资，Carlos 和西班牙莱茵拉克公司合股在抚顺投资了这家化工企业。2010 年 5 月，企业的变电所被抚顺石化公司非法强占，导致企业完全瘫痪，难以继续运营。事后，抚顺市东洲区人民法院受理此案，并于 2011 年 2 月下达民事调解书。调解书确认抚顺石化公司违法，并要求其在 2011 年 3 月 1 日前对华商企业作出相应赔偿。但直到 2013 年 3 月，该华商企业一直没有得到任何赔偿，变电所也一直被抚顺石化公司非法占有。[1] 执行难是当前我国法治建设中存在的突出问题，该案例反映出我国侨胞投资权益保护中执行难的问题，同时也反映出招商引资机制存在的缺陷，主要是缺乏基本的责任落实制度，重引进而轻服务，在引资之后，未能及时建立对华商的后续服务支撑体系，缺乏对华商权益系统、有效的保护制度。此类案件的发生，不仅给华商企业造成严重经济损失，而且损害我国司法的权威性，对我国国际形象造成不良影响，削弱华商在中国内地投资的积极性。

第四，华侨捐赠权保护立法存在缺陷。捐赠权是华侨经济权利的重要内容。华侨捐赠资产是我国社会公共财产的重要组成部分，是推动我国社会和经济发展的重要文化和物质基础。华侨捐赠资产能否得到有效管理和监督，不仅关系到华侨捐赠资产作用的发挥，更影响华侨捐赠的积极性以及海外侨胞对祖（籍）国的向心力。目前我国华侨捐赠制度存在的问题主要是重受赠、轻管

---

[1] 杨默如、胡力丹："华商归国投资的贡献、阻碍及未来展望"，见贾益民主编：《华侨华人研究报告（2014）》，社会科学文献出版社 2014 年版，第 250 页。

理，对华侨捐赠项目缺乏有效监管，侵犯华侨捐赠权益的现象时有发生，如华侨捐赠学校被随意拆毁或转租，华侨捐赠大厦被拍卖，华侨捐赠助学金被挪用等，严重侵犯华侨捐赠权益，违背华侨捐赠意愿，不仅伤害捐赠人的感情，而且严重影响政府和受赠机构的形象和公信力，打击侨胞的捐赠热情，不利于我国慈善事业的发展。我国有关华侨捐赠的法律法规大多颁布于2010年以前，其中1999年颁布的《公益事业捐赠法》至今未曾修订过。近年来，海内外侨情以及我国法律环境均已发生明显变化，有关华侨捐赠的法律规定已经难以适应现实需要，亟须进行修订或更新。《公益事业捐赠法》《慈善法》以及地方相关条例虽然对捐赠人和捐赠财产的保护作出基本规定，但《公益事业捐赠法》《慈善法》等所调整的对象是整个公益性事业，涉及各个公益领域，对华侨捐赠缺乏明确针对性。而华侨捐赠具有自身特点，比如因华侨长期定居国外，对所捐项目或财产的管理比国内的法人或公民存在更多困难，需要法律对此作出更为细致的规定。如有关受赠款项或物品的管理制度中缺乏相应的责任和义务规定，在实际操作中往往发生法律没有明确规定的情况，而且对受赠物的使用缺乏有效监管。此外，我国不同省区华侨捐赠差异较大，除广东、福建、北京、上海外，其他省区接受华侨捐赠的情况并不常见，部分省区并未制定相应的地方性规范。部分地区在接受华侨捐赠的情况下，既缺乏全国适用的华侨捐赠专门法律法规的规范指引，又无法适用其他省份的地方性规定。

（五）华侨权利救济程序不完善

从程序法的角度来看，我国有关华侨权益保护的具体程序规定存在困境。此处我们主要以华侨国内身份证件问题为例进行分析。一方面，按照1985年施行的《居民身份证条例》的规定，公民出境按照规定需要注销户口的，在办理注销户口手续时要交回居民身份证。1986 年发布、1994 年修订的《出境入境管理法实施细则》第七条规定，居住国内的公民办妥前往国家的签证或者入境许可证件后，应当在出境前办理户口手续。出境定居的，须到当地公安派出所或者户籍办公室注销户口。换言之，华侨申请出国定居首先要注销在国内的户籍和身份证，然后才能颁发护照作为华侨属于中国国民的身份识别凭证。虽然 2003 年公安部公布的《30 项便民利民措施》取消出国、出境一年以上的人员注销户口的规定，但在国外或境外定居的除外。也就是说，在国外或境外定居者，仍然应当注销户口。在此背景下，2003 年以前在国（境）外定居的华侨大部分按照规定办理了户口注销手续并交回居民身份证。但在对侨胞权益实施法律保护的实践中，大多数案件处理过程中，却要以中国公民身份证或者户籍作为启动司法程序的必要凭证。2018 年虽然官方正式文件明确规定护照与身份证具有同等法律效力，可以等同于身份证和户籍，但护照在金融、社保以及司法领域的证明效力仍然受到限制，在华侨权益保护程序的实践操作中仍然存在事实上的障碍。如根据中国人民银行发布的《个人财产对外转移售付汇管理暂行办法》的规定，中国公民从内地移居外国，申请将其取得移民身份前在中国境内拥有的合法财产变现、通过外汇指定银行购汇和汇出境外的，应当提供公安机关出具的中国户籍注销证明和中国驻外使领馆出具或认证的申请人在国外定居证明。另一方面，《居民身份证条例》早在 2003 年被《居民身份证法》取代，但后者未对“公民出境需要注销户口并交回居民身份证”等情况作出明确规定。2012 年，《中华人民共和国公民出境入境管理法》被《出境入境管理法》取代，《中华人民共和国公民出境入境管理法实施细则》随之失效，但目前还没有出台新的出境入境管理法实施细则。我国公民办理出国定居身份转变为华侨后，是否需要注销户口并上交居民身份证，现有法律并未作出明确规定。正因如此，2018 年年初《上海市户口管理规定》有关出国定居需注销户口的条款引起广大侨胞的争议，[1] 华侨户籍与身份证问题在不同地区处理办法存在差异。2012 年《出境入境管理法》规定："华侨在国内办理金融、教育、医疗、交通、电信、社会保险等事务可以凭护照作为身份证件。"但在一些地区或行业办理相关事务仍然要求提供户口簿或身份证，华侨办事存在的困难并未完全得到解决。另外，即使按照上述规定，华侨凭护照办理金融、医疗等具体事务的过程中，仍然存在不少难题。因为按照我国现有护照颁发与管理制度，护照到期更换后，护照号码也会相应改变，给华侨身份证明、权利行使造成不便。

即使在侨务立法发展水平较高的侨务大省广东，侨胞权益保护依然存在困境。根据广东省政协 2016 年针对《广东省华侨权益保护条例》执行情况所开展的专项调查，广东在贯彻落实条例、维护华侨权益方面仍然存在不足，《广东省华侨权益保护条例》的部分条款落实不到位，如条例规定华侨凭中国护照办理个人事务时，其护照具有与居民身份证同等的身份证明效力，但在一些地方，华侨凭中国护照办理金融、社保、投资和创业等事务时遇到困难。一些地方在破解保护华侨权益难题时缺少新思路。比如，

---

[1] 上海市江宁派出所 2018 年 3 月 9 日下达的一份《已入外籍人员注销户口通知书》中载明："经调查核实，你已加入加拿大国籍，依照《中华人民共和国国籍法》规定，你已自动丧失中国国籍并自动丧失本市户籍，请你在收到本通知之日起 3 日内，持《居民户口簿》来我所注销户口，并上缴你本人的《中华人民共和国居民身份证》。逾期未来处理的我所将直接注销你的户口。"详见"上海人出国定居强制注销户口？来听听官方怎么说"，http://www.wenba.ca/question/24237，访问日期：2020 年 10 月 2 日。

在解决“两证不全”华侨回国定居、落实侨房政策等棘手问题上缺少新举措。另外，对条例规定的部分华侨权益，各地、各有关部门缺乏具体实施细则。如华侨领取基本养老保险、回国创业创新职称评定、成果参评等，缺乏可操作性的政策规定。各地各部门对条例的宣传开展不平衡，存在“圈内热、圈外冷”的情况，即条例在涉侨部门和华侨中宣传工作开展较好，而在配合落实条例的单位和部门宣传力度不够，导致其对条例的规定缺乏了解或是理解不深，执行时出现偏差。[1] 广东汕头是我国著名的侨乡。俗语说：“有潮水的地方就有潮汕人”。中国有六千多万华侨，祖籍潮汕地区者超过千万人，在汕头的外企投资中，华侨投资所占比例超过70%。2017年汕头市第十四届人民代表大会第一次会议首次邀请12位华侨列席。会议期间，华侨代表就如何发挥汕头作为侨乡的独特优势，助力国家“一带一路”倡议和汕头的振兴发展，以及对汕头华侨经济试验区建设、潮汕文化在海外传播等提出意见与建议。其中新西兰华侨康永南反映，很多侨三代、侨四代已经对家乡话、家乡文化逐渐陌生，建议汕头市组团到不同国家宣传潮汕文化，以潮汕美好的文化带动侨胞投身于汕头经济建设。[2]

（六）涉侨纠纷解决机制有待完善

华侨维权渠道仍然不够顺畅，需要进一步加强涉侨纠纷多元化解决的探索与实践，完善涉侨纠纷解决机制，提高侨胞维权实效。随着我国改革开放的不断深入，中国与世界的联系日趋紧密，

---

[1] “省政协视察团就全省贯彻落实《广东省华侨权益保护条例》情况展开视察，呼吁：尽快制定实施细则推动条例全面落地”，载《南方日报》2016年11月15日，第A05版。

[2] 张锦顺、辛瑞玲：“凝侨智侨力 谋汕头发展——汕头市首次邀请华侨列席市人代会”，载《人民之声》2017年第4期，第51～52页。

出国生活、学习、工作不再是少数人的专利，海外置业投资成为常态，涉侨纠纷不断增多。长期以来，涉侨案件处理存在审理难、送达难、证据收集难等困境，各级法院和涉案当事人深受困扰。一方面，涉侨案件当事人虽长期定居海外，却和国内有着千丝万缕的联系，涉侨案件具有“案件在国内，影响在海外”的特点。特别是随着互联网和自媒体的广泛应用，案件呈现明显的“国际化”色彩。国内国外影响互相传导甚至叠加，使司法部门深感棘手。另一方面，受中国传统文化和身居海外诉讼不便等因素影响，相对于耗时耗力地参加诉讼，多数涉案侨胞更倾向通过非诉方式解决纷争。与一般案件相比，涉侨案件的调撤率较高。其中福建全省涉侨案件调撤率为 44.8%，福州市中级人民法院涉侨案件调撤率达 48.38%；浙江文成县人民法院 2016 年涉侨案件调撤率为 62.48%，高于民商事案件 11.53 个百分点[1]。此外，由于侨胞回国参与诉讼成本较高，当事人往往难以当庭表达诉求。涉侨案件诉讼材料公证认证程序烦琐、送达周期较长，案件审理周期普遍较长，个别案件的审理周期甚至长达二三年。有的海外被执行人处于长期失联状态，法院查明海外财产状况难度较大，判决很难得到有效执行。虽然 2018 年最高人民法院与中国侨联联合发布《关于在部分地区开展涉侨纠纷多元化解试点工作的意见》，在广东、福建、海南等 11 个省份开展涉侨纠纷多元化解决的实践，但目前仍处于探索起始阶段，而且局限于部分地区，不仅经验积累有限，各地做法不同，实际效果存在明显差异，未能彻底摆脱涉侨纠纷解决的现实困境。应该大力推进涉侨纠纷多元化解决的探

---

[1] “最高法与中国侨联下发试点意见多元化解涉侨纠纷”，中国侨网，https://www.chinaqw.com/sqfg/2018/03-28/183741.shtml，访问日期：2019 年 9 月 1 日。

索，在积累经验、总结教训的基础上，结合世界社会经济发展的现实需要，查漏补缺，进一步完善相关机制建设，一旦时机成熟，及时在全国推广，切实提高涉侨纠纷解决的实效，提升侨胞权益保护的整体水平。

第四节　侨胞国外权益保护立法薄弱

我国现有涉侨立法主要是对华侨、归侨、侨眷国内权益的保护，对于华侨国外权益保护缺乏足够重视。近年来，社会各界要求完善华侨权益保护立法的呼声不断增强，但关注重点仍然集中于华侨、归侨、侨眷的国内权益。随着我国进一步扩大改革开放，社会经济快速发展，我国已经逐步融入国际社会发展潮流，中外交往日益频繁，出国定居进而成为华侨的人数也呈明显上升之势。一方面，走出国门的中国公民数量日益增加，国际形势急剧变化，海外华侨面临的安全威胁亦呈现多样化趋势，海外华侨权益遭受侵害的事实明显增多，亟须通过立法维护华侨海外权益。另一方面，对海外华侨进行保护既是国家的权力，更是国家的责任。我国越来越重视发挥华侨在个人资源、海外关系等方面的优势，需要通过华侨立法增强对海外同胞对祖国的凝聚力。新的时代背景下，无论是世情、国情还是侨情，均对海外华侨在居住国的合法权益保护提出了更多、更高的要求。在日益复杂的国际形势下如何有效地保护华侨在海外的合法权益，已经成为迫在眉睫的问题。

进入 21 世纪以来，我国先后在 2006 年的所罗门骚乱、东帝汶骚乱、汤加骚乱，2008 年的乍得战乱，2009 年的海地强震，2010 年的吉尔吉斯斯坦骚乱，2011 年的埃及局势紧张和利比亚动荡过程中进行过成规模的撤侨行动，[1] 这些行动在保护华侨人身权利，维护国家声誉，唤起国民的国家荣誉感和民族自豪感等方面起到了重要作用，体现了中国作为世界大国的自信。但此类行动基本以临时性行政命令为主，缺乏稳定的法律依据。此类大规模撤侨行动既需要相应的国家财政预算支持，也离不开国防、外交、公安、海关、民政、侨务等多部门的配合与协作，但因缺少稳定的法律规则进行规范，而主要依靠主政者的临时决策，既不符合我国社会治理现代化和法治化的基本要求，也不利于从根本上解决侨胞权益保护所存在的障碍与问题。如在 2011 年的利比亚撤侨行动中，我国首次由海军和空军远赴海外实施武装撤侨行动，开启了我国武装撤侨的先河。但武装撤侨涉及复杂的法律和政治问题，如果缺少应有的法律依据，极易引发国际争端。一方面，武装撤侨行动需在它国进行，既要接受相关国际法有关武力使用规范的规制，也必须遵守接受国的相关法律法规。另一方面，武装撤侨关乎它国领土安全，一般情况下，没有国家愿意看到它国武装部队在自己的领土出现并展开救援行动。从实际运作过程来看，2011 年利比亚武装撤侨行动的成功更多的是基于我国与希腊、埃及等第三方国家良好的外交关系，而非国际法或国内法的有力支持。因此，在现有法律框架下，在其他国家或地区展开武装撤侨，实际上面临着极大的法律风险。

为了进一步规范和保障领事机构履行职责的行为，我国日益重视领事保护立法，不断促进领事保护法律制度的完善。2009 年 11 月 19 日，国务院法制办公室发布《中华人民共和国领事工作条例（征求意见稿）》，向社会公众征求意见。这是我国首次就海外中国公民

---

[1] “近年来中国的重大撤侨行动”，环球网，https：//world. huanqiu. com/article/9CaKrnJJpD9，访问日期：2017 年 10 月 20 日。

的领事保护进行立法，也是我国对领事保护进行立法的初步尝试。该征求意见稿中对领事工作进行了初步规范，明确了国家依法维护中国公民、法人和其他组织在国外的正当权益；规定驻外领事机构和领事官员的基本原则为遵守中华人民共和国法律和中华人民共和国缔结或者参加的国际条约，尊重国际惯例和驻在国法律。该条例还规定了领事官员的工作职责，国家保障领事工作所需的经费，海外公民应遵守所在国法律、尊重所在国宗教信仰和风俗习惯，自觉维护国家安全、荣誉和利益，遵守驻外领事机构的工作秩序。2015年外交部根据我国的领事实践经验发布《中华人民共和国领事保护和服务指南（2015年版）》，对领事官员可以提供的协助内容、不能提供的协助内容等作出规定，如领事官员可帮助进行诉讼或寻求医疗救助、协助撤离危险地区、协助寻找失踪的亲友，还可以探视被拘留、逮捕或正在服刑的中国公民等。但领事官员不能帮助申办签证，不能干预所在国的司法或行政行为，不能代替中国公民提出法律诉讼，不能为中国公民在当地谋职或申办居留证、工作许可证等。同时还就出国前后的注意事项进行了特别提醒，就寻求领事保护的一些常见问题进行了解答。在国际立法方面，1978年以来我国已与四十余个国家签订了双边领事条约，目前我国加入的国际条约多达300多个，其中《联合国宪章》《世界人权宣言》《经济、社会、文化权利和国际公约》《公民权利和政治权利公约》《本国工人与外国工人关于人身事故赔偿的同等待遇公约》《海员遣返公约》《关于防止和惩处侵害受国际保护人员包括外交代表的罪行的公约》《联合国打击跨国有组织犯罪公约》包含了与海外华侨权益保护有关的条款，《维也纳领事关系公约》则是我国加入的有关领事保护制度的国际条约。但总体而言，相对于世界上其他侨务资源大国，我国有关侨胞海外权益保护立法明显不足，直接制约了侨胞海外权益保护的实际效果。

一、缺少华侨海外权益保护的专门性法律规范

我国目前在领事方面的立法仅有全国人大常委会1990年制定的《中华人民共和国领事特权和豁免条例》，缺少专门针对保护华侨在海外的合法权益的法律规范。我国有关华侨海外权益保护的法律规定散见于《宪法》、《民法典》、《刑法》、《出境入境管理法》、《国籍法》以及《中华人民共和国海商法》（以下简称《海商法》）等法律法规。华侨属于中国公民，享有中国公民所享有的一切权利并承担相应的义务，但因受制于长期定居在国外等客观条件，这些权利和义务的实现变得更为复杂和困难。如中国公民子女依据《宪法》享有接受义务教育的权利，这些权利对在国外定居的华侨子女，特别是仍然拥有中国国籍的华侨子女而言，如何实现却成为现实问题。再如华侨在定居国生活遇到困难，与住在国居民乃至政府发生冲突，或者遇到突发事件，遭到恐怖威胁或者恐怖袭击等极端事件，他们如何获得国籍国的救助、实现作为中国公民的人身权利和自由保证。诸如此类问题的解决，在我国国内法中均缺少明确的法律依据。国际法层面上，目前我国虽然加入了部分国际公约，但对国际条约的适用主要以逐个处理的方式在各相关法律中加以规定，即每次就某一国际条约或某类国际条约的适用问题作出专门规定，不仅增加立法机关的负担，而且极易导致适用同类国际条约的方式不统一，导致国际条约的适用处于不确定状态。[1] 目前仍有相当部分国际条约未在我国生效，

[1] 钟飞燕："浅谈国际条约在我国国内法中的适用问题"，中国法院网，https：//www. chinacourt. org/article/detail/2010/12/id/438917. shtml，访问日期：2018年10月10日。

有的是因为我国尚未签署，有的则因为我国虽已签署，但尚未得到全国人大常委会的批准。随着华侨群体人数的不断增加，我国华侨定居地已由过去的以东南亚国家为主，扩展到全世界大约200个国家。我国目前只与40多个国家签订了双边领事条约，远远不足以覆盖华侨定居的地域范围。有关国际人权保护的国际多边条约适用的前提是被适用国家加入了该条约，由于部分华侨人数较多的国家并未加入相关国际条约，这些华侨定居国实际上缺乏履行相关条约内容的义务。因此，即使我国已经加入了相关国际条约，在这些国家定居的华侨也难以得到相关条约的保护。同时，由于条约内容通常具有高度概括性与抽象性，直接运用于实践往往具有一定难度。再加上我国未将所有与华侨权益保护有关的国际立法转化为国内法律法规，因此许多国际条约的具体内容并不为华侨、律师或者政府所熟知，也造成在运用国际立法保护海外华侨权益的实际困难。由于缺少明确的国内法依据和强制性要求，又缺乏国际条约和双边领事条约的充分保障，外交、领事保护法律支持力度不足，具体保护方式单一，致使部分侨胞的实际困难得不到妥善解决，有的受害侨胞难以讨回公道，限制了华侨合法权益保护的实际成效。[1]

二、领事保护法律缺位

目前关于领事方面的专门立法主要是1990年颁布的《中华人民共和国领事特权和豁免条例》，该条例的核心内容是有关外国领事在中国的特权和豁免权的规定。外交部虽然在2009年发布了《中华人民共和国领事工作条例（征求意见稿）》，但至今并未取得

---

[1] 黎海波：《海外中国公民领事保护问题研究（1978—2011）》，暨南大学出版社2012年版，第103页。

实质性进展。有关对海外公民实施领事保护的规定主要散见于《宪法》、个别专门法律以及部分规范性文件，如《国籍法》《归侨侨眷权益保护法》《海商法》《出境入境管理法》《外国人出境入境管理条例》《民法典》《国家涉外突发事件应急预案》《中国公民出境旅游突发事件应急预案》《外交部重大突发事件应急预案》《国家涉外突发公共事件总体应急预案》《国家涉外突发事件应急预案》《旅游突发公共事件应急预案》等。由此可见，我国缺乏关于海外公民领事保护的统一、具体的法律规定。虽然2015年外交部公布的《中国领事保护和协助指南（2015年版）》为领事保护作出了大致阐述和指引，但该指南只是一种指导性文件，并不具有法律强制性，不仅内容较为有限，而且缺乏足够的权威性和法律效力，海外公民、法人无法依据指南提起海外权益保护的诉讼。总体而言，我国对于华侨的领事保护仍处于起步和探索阶段，缺乏常规性、系统性法律规范，特别是领事保护立法难以适应时代需求，停留于基本应急事件的处理，应变能力偏弱，与其他世界强国存在明显差距。

三、海外预警机制不完善

领事保护立法的缺失不利于领事保护的长期规划和全面执行，制约领事保护预警机制的发展与完善。我国现有立法对海外预警信息发布主体的规定范围过窄，对发布途径的规定不够明确，预警和应急处理机制应如何建立健全缺乏清晰的规范指引。我国通常通过外交部、驻外使领馆和其他国家机关的网站发布关于海外安全预警信息，提醒海外侨胞加强风险防范。但实际上进入外交部网站浏览信息的海外侨胞人数比较有限，认真阅读《中国领事保护和协助指南》的人数也比较有限。安全信息发布渠道单一，而且针对性不够突出，事实上也难以保证海外侨胞及时查看，海外预警效果并不理想。

四、领事保护经费保障力度不够

我国现有法律对领事保护经费缺乏明确规范，即使是尚未颁行的《中华人民共和国领事工作条例（征求意见稿）》也仅在第四条第三款写入“国家保障领事保护工作所需的经费”的原则性规定，对领事经费的具体来源、支出方式和监管方式等均未作出说明。长期以来，由于我国领事经费不足，无论是对领事保护的人力还是物力投入，均与发达国家存在明显差距，难以满足海外领事保护的现实需要。2008 年，美国从事领事工作的政府职员达 7 800人，法国为2 700 人，英国为1 800 人。而截至2007 年，我国专职从事领事工作的人员仅有750～800 人，包括领事司140 多人，驻外机构领事官员600 人左右。[1] 即使按保守的5 000 多万名海外侨胞计算，我国领事官员与领保对象之比也高达1∶62 500，在世界各国中属于最高比例。[2] 另外，根据2011 年数据显示，我国驻外使领馆中专职领事保护工作人员只有600 多人，按2010 年出境人数6 000 万人次计算，每名领事官员一年要面向10 万人提供可能需要的领事保护，而美国的比例是1∶5 000，日本大约1∶1.2 万。[3] 甚至还有人认为我国领事保护官员与出国人员的比例是1∶20 万。[4]

---

[1] “外交部领事司副司长介绍中国的领事保护工作情况”，中央政府网，http：//www. gov. cn/jrzg/2006－04/28/content_269177. htm，访问时间：2018 年10 月10 日。

[2] 廖小健：“海外中国公民安全与领事保护”，载《南洋问题研究》2009 年第3 期，第52～59 页。

[3] “报道称我国每名领事官员需保护 10 万人”，中国网络电视台，http：//news. cntv. cn/20120209/114819. shtml，访问日期：2016 年7 月3 日。

[4] 俞飞：“领事保护人员与出国者比例，中国是1∶20 万，美国是1∶5000，日本是1∶1.2万”，新浪网，http：//finance. sina. com. cn/roll/20151128/035523876238. shtml，访问日期：2018 年10 月20 日。

2015 年，我国内地居民出境人数达到 1.28 亿人次，外交部领事保护中心和中国驻外使领馆受理的领事保护和协助案件数量达 86 678 件。[1] 相对于不断增高的出境人数和案发数量，领事官员人数更显严重不足。在资金投入上，现有法律法规缺乏有关领事保护经费的具体规定，在实际操作过程中，如果需要支付侨民的遣返、手术医疗等项费用，一般先由使领馆筹措、总领馆垫付，事后再向当地慈善机构、基金会、华侨华人社团进行募集。

第五节　侨务法律体系现存问题之成因

长期以来，我国在侨务法律体系建设方面进行了不懈探索与实践，初步建立起侨务法律体系的基本框架，但目前仍然存在许多问题与不足，现有侨务立法已经无法满足广大海外侨胞不断提高的利益诉求，难以充分体现为侨务事业发展保驾护航的作用。我们应当深入探讨现有侨务立法存在问题的成因，并在此基础上提出科学的完善对策与可行性建议，为侨务事业的发展提供有效的法治保证。具体而言，我国侨务存在问题的成因主要包括对侨胞在我国社会经济发展以及国际关系中的作用缺乏充分认识，传统观念与立法思想的影响，以及立法技术水平限制等。

---

[1] "2015 年中国境外领事保护与协助案件总体情况"，中国领事服务网，http://cs.mfa.gov.cn/gyls/lsgz/ztzl/ajztqk2014/t1360879.shtml，访问日期：2018 年 10 月 20 日。

一、立法理念滞后

（一）对侨务立法必要性认识不足

近代以来，我国逐渐形成了比较丰富、系统的侨务思想，并且具有自身发展的历史逻辑。从历史发展层面看，海外侨胞长期积极投身中国革命与建设，努力促进中华民族的独立富强，构成我国侨务立法思想的历史起点。我国著名思想家长期关注海外侨胞，系统论述海外侨胞的重要作用与地位。孙中山先生以“华侨为革命之母”高度评价华侨对中国的贡献，“我海外同志，昔与文艰苦相共，或输财以充军实，或奋袂而杀国贼，其对革命之奋斗，历十馀年如一日。故革命史上，无不有‘华侨’二字，以常留于国人之脑海。”❶ 孙中山先生认识到海外侨胞与资本主义发达国家联系广泛，在资金、技术与人才方面具有明显优势，是促进中国发展的重要力量，❷ 注重引进侨资侨智，强调要“合华侨之财之智以兴发祖国利源”。❸ 孙中山先生关注的重点在于海外侨胞对中国资产阶级革命与经济建设的大力支持，属于典型的“贡献论”思想。改革开放之初，总设计师邓小平同志提出了著名的华侨“机遇论”。1977 年邓小平同志接见港澳同胞国庆代表团时指出：“海外关系是个好东西，可以打开各方面的关系。”❹ 为改革开放初期

---

❶ 孙中山：“美利滨分部党所落成并开恳亲大会训词”，见中山大学历史系孙中山研究室等编：《孙中山全集（第 6 卷）》，中华书局 1985 年版，第 52 页。

❷ 孙中山：“致许道生函”，见中山大学历史系孙中山研究室等编：《孙中山全集（第 5 卷）》，中华书局 1985 年版，第 44 ~ 45 页。

❸ 孙中山：“致美洲中华会馆函”，见中山大学历史系孙中山研究室等编：《孙中山全集（第 3 卷）》，中华书局 1984 年版，第 413 页。

❹ 邓小平：“接见港澳同胞国庆代表团和香港知名人士利铭泽夫妇时的讲话（1977 年 10 月 2 日）”，见国务院侨务办公室、中共中央文献研究室编：《邓小平论侨务》，中央文献出版社 2000 年版，第 6 页。

开创侨务工作新局面奠定坚实思想基础。1993 年，邓小平同志在“海外关系论”的基础上提出侨胞是中国发展“独特机遇”的论断，直接将发挥海外侨胞作用与中国发展相联系。邓小平同志指出：“中国与世界各国不同，有着自己独特的机遇。比如，我们有几千万爱国同胞在海外，他们对祖国做出了很多贡献。”❶ 邓小平多次强调要牢牢把握“独特机遇”，充分发挥海外侨胞在中国改革开放和现代化建设中的作用，促进中国社会经济发展，推动中国统一大业的实现。❷ 邓小平同志的“机遇论”与孙中山先生的“贡献论”有明显的延续性，对当代侨务政策和侨务立法具有重要意义。目前侨务部门以及大部分学者在论及侨胞权益保护的正当性时，通常仍以侨胞长期以来对中国革命和中华民族发展所做出的贡献作为重要论证依据，有关政府部门也习惯于将发挥侨智、侨资对中国改革开放与社会经济发展的促进作用作为制定侨务政策以及侨务立法的出发点和最终归宿。

我国侨务立法长期深受“贡献论”的影响，认为华侨华人为中国革命和建设做出了突出贡献，应该通过立法保护华侨权益，但并未从中华民族复兴伟大梦想的实现以及人权保护的高度充分认识保护海外侨胞、归侨侨眷立法的重要意义，不利于将侨务法治体系建设融入民族复兴的大局，在一定程度上制约着侨务法治建设全面战略规划的形成与发展。在人权观念不断发展的当代社会，“贡献论”存在明显的理论局限，因为贡献大小缺乏客观的判断标准，不同的时代、不同的人有着不同的认识标准与判断结论，

---

❶ 邓小平：“同上海各界人士共迎新春佳节时的讲话”（1993 年 1 月 22 日），见国务院侨务办公室、中共中央文献研究室编：《邓小平论侨务》，中央文献出版社 2000 年版，第 12 页。

❷ 任贵祥：“新时期中国对外开放的先声：邓小平侨务思想述评”，载《中共中央党校学报》2006 年第 10 期，第 91 ~97 页。

直接影响侨务立法理论根基的稳定。“贡献论”具有浓厚的功利主义色彩，缺少坚实的法理根据，不利于华侨与祖国关系的长期稳定与发展。主要表现为现有侨务政策立法注重引才引智、轻视为侨服务，在涉侨立法方面表现为重经济立法、轻社会立法，重华侨捐赠与经济投资、轻华侨权益全面保护，呈现出明显的功利主义倾向，不利于充分调动海外侨胞参与祖（籍）国社会经济建设的积极性与主动性。

随着经济全球化的发展，我国的国际化水平不断提高，与世界上其他国家的联系日益密切，海外侨胞数量也在大幅增长，侨胞对我国社会经济发展的影响力日益明显，利益诉求随之不断增多。我们必须适应世情、国情与侨情的变化，在继承我国传统侨务理论的基础上，从中华民族复兴的高度，不断创新侨务观念，构建新时代中国特色社会主义侨务理论体系。必须全面认识海外侨胞与中华民族复兴的密切联系，广大侨胞不仅是中国革命建设和改革开放的重要推动力量，还是中华文明的传播者，是中国与各国友好交往的桥梁。在中华民族复兴的关键时期，继续深入学习、全面领会习近平总书记有关海外侨胞与中华民族关系的论述，深化对侨胞与中华民族关系的认识。习近平总书记多次肯定海外侨胞对中华民族的重要意义，用“根”“魂”“梦”精辟概括中华民族和海内外中华儿女的关系，形成富有创建性、系统性的侨务法治思想。2010 年，习近平在“中国寻根之旅”夏令营开营仪式上指出，团结统一的中华民族是海内外中华儿女共同的“根”。多元一体的中华民族的形成，不仅仅是共同的地缘和生活环境，更重要的是共同的历史命运把我们密不可分地联结在一起。博大精深的中华文化是海内外中华儿女共同的“魂”。中华文明是世界古代文明中唯一始终没有中断、连续 5 000 多年发展至今的文明，中华民族在漫长历史发展中形成的独具特色的文化传统，是海内外中华儿女共同的宝贵财富。实现中华民族伟大复兴是海内外中华儿女共同的“梦”。鸦片战争以后西方列强的侵略蹂躏、封建统治的腐败给中国人民带来了深重苦难，无数仁人志士奋起寻求救国救民、振兴中华的道路。改革开放以来，中国取得了举世瞩目的发展成就，中国国际地位和国际影响力显著上升，极大振奋了海内外中华儿女的民族自信心和自豪感，中华民族伟大复兴已经展现出灿烂的前景。[1] 2014 年习近平同志在会见第七届世界华侨华人社团联谊大会代表时再次强调，“共同的根让我们情深意长，共同的魂让我们心心相印，共同的梦让我们同心同德，我们一定能够共同书写中华民族发展的时代新篇章”。[2] 习近平同志基于国际与国内、历史与现实的广阔视野，将海外侨胞与中华民族的渊源关系概括为“根”“魂”“梦”，并系统论述“根”“魂”“梦”的内在逻辑与密切联系，即只有牢记中华民族的“根”，铭记中华民族的“魂”，才能实现中华儿女共同的“梦”，精准地道出广大海外侨胞的心声与愿景。习近平同志通过“根”“魂”“梦”关系的论述，将国家利益和侨胞利益有机统一，强调要以中国梦凝聚侨心，助推中国梦的实现，实属高屋建瓴、立意深远，具有开创性的理论意义。

在经济全球化背景下，为了解决国内国际矛盾，党的十九大确定“两个一百年”奋斗目标，提出“一带一路”、“人类命运共

---

[1] “‘中国寻根之旅’夏令营开营 习近平出席并讲话”，中国政府网，http: //www. gov. cn/ldhd/2010 - 07/25/content_1663626. htm，访问日期：2018 年 10 月 20 日。

[2] “习近平在会见第七届世界华侨华人社团联谊大会代表时强调 共同的根共同的魂共同的梦 共同书写中华民族发展新篇章”，载《人民日报》2014 年 6 月 7 日，第 1 版。

同体”等倡议，构建以合作共赢为核心的新型国际关系，以独具东方智慧的解决方案，有力地回应国际社会对中国发展道路、发展模式的期盼与疑虑。海外侨胞是中外交流的桥梁与纽带，无论是实现中华民族伟大复兴的中国梦，还是构建人类命运共同体，海外侨胞都是不可或缺的重要力量。应当充分把握海外侨胞的特性，注重发挥其独特优势，将侨务置于党和国家战略全局中进行谋划。习近平总书记多次向海外侨胞提出殷切期望，希望他们为华人社会的健康发展，为中华民族的伟大复兴，为祖国早日实现完全统一，继续发挥更大的作用。❶ 2017 年，习近平总书记作出重要指示，强调侨务工作要“凝聚侨心侨力同圆共享中国梦”。❷ 中国要大力开展“侨务公共外交”，通过海外侨胞以多种方式向住在国政府及主流社会介绍中国的基本国情和内外政策，以侨为桥，沟通中国与世界。❸ 因此，我们应当认真领会、全面贯彻习近平总书记的侨务思想，将凝聚侨心侨力作为破解国际关系难题、实现中华民族伟大复兴的重要法宝，从中华民族复兴和人类命运共同体构建的高度认识侨务立法的作用与意义，大力推动侨务法律体系建设。

（二）侨务共赢理念未全面确立

我国侨务工作深受传统“小侨务”理论的影响，注重引进

---

❶ 习近平：“维护权益是做好侨务工作的根基”，见习近平：《干在实处走在前列：推进浙江新发展的思考与实践》，中共中央党校出版社 2013 年版，第 265 ~ 266 页。

❷ “习近平李克强对侨务工作做出重要指示批示”，中国政府网，http://www.gov.cn/xinwen/2017-02/17/content_5168827.htm，访问日期：2017 年 10 月 5 日。

❸ “全国侨务工作会议首提‘侨务公共外交’”，中新网，http://www.chinanews.com/zgqj/2011/10-21/3406592.shtml，访问日期：2017 年 10 月 5 日。

"硬性"侨务资源，将引进侨资作为侨务工作的主要内容，缺乏对"软性"侨务资源的应有关注，对侨胞文化传承、公共外交等深层次作用认识不足。这种狭义的侨务观念，已经难以适应百年大变局背景下实现中华民族伟大复兴的实际需要。我们应当树立"大侨务"的理念，以更加宽阔的视野认识侨务资源。早在20世纪90年代，习近平同志就率先提出"大侨务"观。1995年习近平同志任福州市市委书记期间发表了《"大侨务"观念的确立》一文，以侨乡实践探索为基础，根据改革开放的现实需要，系统论述"大侨务"理念。强调新时期的侨务工作要有新观念、新思路，在"对投资者有利、对所在国有利、对中国有利"的前提下，充分发挥"侨"的优势，深层次、宽领域、全方位开展经济、科技、文化等方面的交流与合作，为现代化建设服务，为社会主义市场经济与国际经济接轨铺路，为世界和平和发展做出贡献。其"大侨务"思想的具体内涵包括五个方面：一是在工作力量上，要从侨务部门唱"独角戏"，向各级各部门共同参与转变。二是在工作内容上，要从服务经济建设的大局出发，鼓励海外侨胞开展全方位的合作交流，通过引资兴业健全"造血"功能，增强发展后劲。三是在工作对象上，由主要做老一代华侨的工作，转向同时重视新一代侨裔和华侨新移民的工作，尽快弥合部分年轻华侨对故土亲谊的感情断层。四是在工作范围上，各地政府要打破本土亲缘、地缘关系，在更广范围中寻找合作伙伴。五是在工作方式上，要由主要做国内归侨、侨眷的工作转向国内外兼顾，从送上门转向主动上门工作；要努力跳出侧重迎来送往、联络感情、接受捐赠等常规做法的局限，立足于互惠互利，着眼于长远发展。[1] 习近平

---

[1] 习近平："'大侨务'观念的确立"，载《战略与管理》1995年第2期，第111~113页。

“大侨务”思想气势恢宏，具有高度开放性。习近平从科教兴国和人才强国的战略高度认识华裔人才资源，多次强调“要把人才资源开发放在科技创新最优先的位置，改革人才培养、引进、使用等机制”，“择天下英才而用之”。[1] 在担任浙江省省委书记期间，习近平曾撰文强调要加大海外引才的力度，拓展海外引才的渠道，清醒地认识到海外侨胞中蕴含着丰富的科技、人才资源，是我国独特侨情和科技事业发展的一大优势。[2] 相对于传统的“小侨务”，习近平总书记的“大侨务”理论视野更为开阔，更加切合中国改革开放的现实需要，极大地丰富了侨务工作的内涵，促进侨务工作理念的转变，成为党和国家制定侨务政策的重要根据，为侨务理论的发展做出重大贡献。

在新时代背景下，我们应当将侨务管理与凝聚侨心、国家可持续发展相统一，以侨务共赢为目标。正如习近平同志任福州市市委书记期间提出的“三有利”理论所言，海外侨胞回国投资兴业要做到“对投资者有利、对所在国有利、对中国有利”，政府要在“三有利”的前提下开展侨务工作。[3] 党和政府要竭力维护侨胞在华利益，做到互利共赢、互惠合作、成果共享。坚持“以人为本、为侨服务”的理念，妥善处理侨务工作“五个关系”，即侨务工作为浙江发展大局服务与为侨服务的关系，国内侨务工作与国外侨务工作的关系，立足地方籍侨胞与面向全世界华侨华人的关

---

[1] 习近平：“创新创新再创新 加快创新型国家建设步伐”，《人民日报》2014 年 6 月 10 日，第 1 版。

[2] 习近平：“维护权益是做好侨务工作的根基”，见习近平：《干在实处走在前列：推进浙江新发展的思考与实践》，中共中央党校出版社 2013 年版，第 265 ~ 266 页。

[3] 习近平：“‘大侨务’观念的确立”，载《战略与管理》1995 年第 2 期，第 111 ~ 113 页。

系，侨务工作的原则性与灵活性的关系，调动涉侨部门积极性与发挥侨务部门职能作用的关系。强调要积极促进侨务资源的可持续发展，充分发挥海外侨胞和归侨侨眷的独特作用，为全面建成小康社会和现代化建设服务。❶

侨务的目标应该是共赢，而非只是狭义的国家利益的实现。侨务法律体系建设应该以为侨服务为中心，而不是以方便管理为中心。正如习近平总书记所言，侨务部门要“深入了解归侨侨眷的所思、所需、所急，努力为他们办实事、办好事，尤其要尽力帮助生活困难和老弱病残的归侨侨眷解决困难，让他们感受到社会主义大家庭的温暖。同时要积极维护海外侨胞的合法权益。”❷我们应当向海外侨胞承诺“将一如既往地秉承‘以人为本、为侨服务’的宗旨，继续关心和支持海外华人华侨在当地的创业与发展，切实维护华侨和归侨侨眷在国内的合法权益，努力为广大侨胞提供优质服务。”❸ 习近平总书记主张加强侨务法治建设、提高侨胞权益保障水平。他在《“大侨务”观念的确立》一文中提出要“制定完善一套吸引外资、侨资的开明政策，努力营造一种符合国际惯例的投资环境。”❹ 2013 年，在发给第十二届世界华商大会的贺电中他强调，“将进一步深化改革、完善政策、强化服务，依法

❶ 习近平：“维护权益是做好侨务工作的根基”，见习近平：《干在实处走在前列：推进浙江新发展的思考与实践》，中共中央党校出版社 2013 年版，第 265～266 页。

❷ 习近平：“维护权益是做好侨务工作的根基”，见习近平：《干在实处走在前列：推进浙江新发展的思考与实践》，第 265～266 页。

❸ 习近平：“浙江发展必将为侨胞带来美好发展前景”，人民网，http://unn.people.com.cn/GB/14748/4355075.html，访问日期：2016 年 7 月 5 日。

❹ 习近平：“‘大侨务’观念的确立”，载《战略与管理》1995 年第 2 期，第 111～113 页。

保护华商投资兴业权益，鼓励和支持广大华商为中国发展献智出力。”[1] 此乃习近平总书记对改革开放初期我国单向吸引侨资政策作出的战略性调整，即不仅要继续加大引进侨资的力度，更要加强侨务法治建设，有效维护侨胞正当权益。

我们应当从马克思主义的人民主体地位、统一战线等基础理论出发，全面认识加强侨务法治体系建设、有效保护华侨权益的必要性与正当性，充分发挥习近平侨务思想在侨务法治体系建设中的引领作用。马克思主义认为，人民群众是历史的真正创造者。马克思指出：“历史活动是群众的活动”，“行动着的群众”对历史发展具有决定作用。[2] 毛泽东曾说：“人民，只有人民，才是创造世界历史的动力。”[3] 习近平总书记强调“人民是历史的创造者，群众是真正的英雄，人民群众是我们力量的源泉”。[4] 凡是拥护、参加和推动中国特色社会主义事业的人包括广大侨胞均属于人民群众的范畴。正是从人民主体地位的信念出发，习近平总书记高度重视侨胞在中华民族复兴中的地位，强调在中国特色社会主义建设的新时代，必须正确认识人民群众在历史中的主体地位和作用，尊重人民首创精神，实现、维护并发展广大人民群众及广大侨胞的根本利益，充分发挥他们在中华民族伟大复兴中的积极作用。统一战线是马克思主义为解决无产阶级解放运动中的团结统

---

[1] “习近平致第十二届世界华商大会的贺信”，新华网，http：//www. xinhuanet. com//politics/2013 -09/25/c_117506805. htm，访问日期：2017 年 10 月 5 日。

[2] ［德］马克思、［德］恩格斯：“神圣家族 或对批判的批判所做的批判 驳布鲁诺·鲍威尔及其伙伴”，见中共中央马克思、恩格斯、列宁、斯大林著作编译局编译：《马克思恩格斯文集（第 1 卷）》，人民出版社 2009 年版，第287 页。

[3] 毛泽东：“论联合政府”，中共中央文献研究室编：《毛泽东选集（第 3 卷）》，人民出版社 1991 年版，第 1031 页。

[4] “习近平在十八届中共中央政治局常委同中外记者见面时强调：人民对美好生活的向往就是我们的奋斗目标”，载《人民日报》2012 年 11 月 16 日，第 4 版。

一问题所采用的基本战略。马克思、恩格斯在《共产党宣言》中明确提出“共产党人到处都努力争取全世界的民主政党之间的团结和协调”，“全世界无产者，联合起来!”❶ 虽然没有使用统一战线的概念，但从理论上明确了统一战线的目的与任务，即凝聚人心、壮大力量，为党的中心工作服务。无产阶级的团结联合既包括无产阶级自身的团结统一，也包括联合其他阶级和社会力量。无产阶级自身团结的主要方式是组织政党，联合其他阶级和社会力量的主要方式是团结一切可以团结的力量，同时保持独立性，争取领导权。❷ 党的十八大以来，以习近平同志为核心的党中央提出实现中华民族伟大复兴的中国梦，统一战线理论随之得到深化与发展，旨在“为推进‘四个全面’战略布局，为实现‘两个一百年’奋斗目标、实现中华民族伟大复兴的中国梦，提供广泛力量支持。”❸ 习近平总书记明确指出，“人心向背、力量对比是决定党和人民事业成败的关键，是最大的政治。统战工作的本质要求是大团结大联合，解决的就是人心和力量问题”，强调要把握大团结的主题，建立最广泛的爱国统一战线，促进海外同胞等“五大关系”和谐发展，实现中华民族伟大复兴的梦想，❹ 进一步为侨务思想的发展夯实理论根基。我们应当充分认识“大侨务”“根”

---

❶ ［德］马克思、恩格斯：“共产党宣言”，见中共中央马克思、恩格斯、列宁、斯大林著作编译局编译：《马克思恩格斯选集（第1卷）》，人民出版社2012年版，第434～435页。

❷ ［德］马克思：“国际工人协会共同章程”，见中共中央马克思、恩格斯、列宁、斯大林著作编译局编译：《马克思恩格斯选集（第3卷）》，人民出版社2012年版，第171～174页。

❸ “习近平在中央统战工作会议上强调：巩固发展最广泛的爱国统一战线为实现中国梦提供广泛力量支持”，载《人民日报》2015年5月21日，第1版。

❹ 习近平：“深刻认识做好新形势下统战工作的重大意义”，见中共中央文献研究室编：《十八大以来重要文献选编》中册，中央文献出版社2016年版，第556～563页。

“魂”“梦”以及侨务共赢思想对侨务法治建设的重要意义，找准立法定位，明确立法重心，从中华民族复兴的长远目标着眼，从侨胞的根本利益出发，科学构建侨务法律体系，为提高华侨权益保护水平提供有力的制度保障。

（三）经验主义立法理念的影响

立法经验主义不仅强调立法应当以现有实践为基础，而且在具体立法操作上主张“开始时法律可制定得简单些，以后再细致完善，先制定地方性法规，然后制定全国性法律”。[1] 认为权利不能超出社会的经济结构以及由经济结构制约的社会文化发展水平，强调法律上的权利“只能被看作一种特殊的文化规范，超越或存在于清晰的文化领域之外的人的权利，从逻辑上和经验上来说都是不可能的”。[2] 在这种传统立法理念的影响下，我国侨务立法进展比较缓慢，难以取得实质性进展。

作为我国侨务法律体系中唯一国家层面的专门性法律，《归侨侨眷权益保护法》形成于1990年。该时期我国的法制实践所遵循的是法律经验主义的指导思想。法律经验主义认为立法者不是在创造法律，不是在发明法律，而仅仅是在表述法律，倾向于将法律视为获得一定社会实践基础的社会关系和社会现象的规范表述。该时期我国社会主义立法的根本指针是对新的重大问题、重要改革，法律的制定必须先经过群众性的探索与试验，因此，当时的立法处在社会实践检验的历史阶段。正如有学者所言，法律体系的建构缺乏系统的理论指引，根本原因在于对实践与理论之间关

---

[1] 苏力：“市场经济对立法的启示”，载《中国法学》1996年第4期，第24～32页。

[2] ［英］奈杰尔·拉波特、［英］乔安娜·奥弗林：《社会文化人类学的关键概念》，鲍雯妍、张亚辉等译，华夏出版社2005年版，第140页。

系的认识存在偏差，实践主义倾向长期盛行。[1] 一些人认为法律体系理论对于法学研究、法律运作，尤其是法律的制定或者立法没有价值。强调立法决定于社会实际生活中的实践与需要，法律体系理论不是法律体系建构的出发点，甚至法律体系理论根本对法律体系的建构没有指导意义和参考价值。甚至有人认为，从我国的立法实践来看，“立法从来都是从实践出发而不是从体系出发的，都是根据需要与可能来进行的”。[2] “在建构法律体系的问题上，‘实践’总是母亲，‘需要’总是父亲，实践和需要共同创造了法律体系，而不是法律体系造就了自己的父母”。[3] 作为社会主义法律体系的构成部分，我国侨务立法长期严格遵循以实践为基础的立法准则，缺乏前瞻性理论指导，对世界侨务法治理论发展趋势认识不足，未能充分借鉴其他国家侨务立法的实践经验。

各国法治建设的历史经验表明，立法作为一种创制或发现规则的行为，其具体立法活动总是同一国法制实践的理念和价值追求密切相关。理论和实践的统一，实际上是马克思主义理论的基本原则之一。“实践是马克思主义的核心概念，实践活动是以改造世界为目的、主体与客体之间通过一定的中介发生相互作用的过程。”[4] 实践确实是法律制度发展的重要推动力，强调从实践出发制定法律和构建我国的法律体系具有一定的合理性，但我们不能简单地以实践的重要性否认理论指导，否则就会违背理论与实践

---

[1] 钱大军：“法律体系理论与当代中国法律体系的建构”，载《南京师范大学学报》2012 年第 4 期，第 42 ~ 47 页。

[2] 杨景宇：“我国的立法体制、法律体系和立法原则”，见孙国华主编：《中国特色社会主义法律体系前沿问题研究》，中国民主法制出版社 2005 年版，第 19 页。

[3] 李林：“中国法律体系构成”，见孙国华主编：《中国特色社会主义法律体系前沿问题研究》，中国民主法制出版社 2005 年版，第 67 ~ 68 页。

[4] 光明日报特约评论员：“实践是检验真理的唯一标准”，载《光明日报》1978 年 5 月 11 日，第 1 版。

的辩证关系理论。事实上，从实践出发与依据法律体系理论进行法治实践活动之间并不存在必然的冲突。在从实践出发的前提下，完全可以参考或者依据法律体系理论进行法治实践活动。正如有学者所言："从实际出发当然是对的，但并非排除理论（包括法律体系理论）的指导。这是立法要解决法律体系和谐的必然要求。虽然解决法律体系统一性和完整性的问题，并不是主要依靠法律体系理论，而是要依靠立法程序和技术，以及有效的违宪审查制度，但是一种逻辑严密的法律体系理论有助于减少和防止立法工作的随意性、任意性，使立法工作更有章法。"[1] 法律体系理论在我国立法中未能得到应有重视，并非是因为理论真的无用。法律体系理论之所以未能得到立法者等实践人员的重视与应用，主要是因为我国的法律体系理论只是根据实践亦步亦趋地发展，缺少应有的前瞻性、学术性和创造性。[2] 因此，我国的法律体系理论产生于实践，但又应当超越现有立法实践，具有一定的超前性，只有如此，才能对法律制定等实践活动起到应有的指导作用，引领法律实践活动。

当代中国已经从一个普通的发展中国家蜕变成为一个正在迅速崛起的全球性国家，中国社会已经成为高度参与全球性流动的社会。国家地位和全球地位的变化，海外侨胞数量不断增加，民众权利意识显著增强，必然对我国侨务治理提出新的、更高的要求，华侨权益保护面临新的问题与挑战，侨务立法不能被动适应世界局势的变化，必须立足于法律体系建构理论，尽快实现侨务

---

❶ 冯巍、万一："中国特色社会主义法律体系"，见孙国华主编：《中国特色社会主义法律体系前沿问题研究》，中国民主法制出版社 2005 年版，第 159 ~ 160 页。

❷ 沈凯："重构我国社会主义法律体系"，见孙国华主编：《中国特色社会主义法律体系前沿问题研究》，中国民主法制出版社 2005 年版，第 181 页。

治理范式的转变，把握国际社会侨务法治化的发展趋势，通过创新性、前瞻性立法及时回应海外侨胞的利益诉求。

（四）对侨胞在国家战略中的特殊地位认识不足

按照通常的说法，目前分布在世界各地的华侨华人共6 000多万，其中华侨人数大约为600万，所占比重约为十分之一，其他大部分是取得住在国国籍的华人。[1] 有相当一部分人对华侨华人等海外侨胞的特殊性缺乏应有认识，认为相对于当时全国十三亿多的总人口而言，华侨所占比重不到二十分之一，为华侨单独立法缺乏充足的必要性。[2] 也有人认为，华侨为中国公民，有关其合法权益保护的一般内容与其他中国公民具有高度同质性，完全可以适用《民法典》、《中华人民共和国行政诉讼法》（以下简称《行政诉讼法》）等一般法律的规定，不需要就华侨权益保护进行特别立法。还有人认为，华侨因长期定居国外，在国内活动较少，不需要单独制定华侨权益保护的专门性法律。此外，也有人担心因华侨定居国外，有关其权益保障的单独国内立法会在一定程度上影响其在定居国的活动，而且鉴于中华人民共和国成立初期我国基于意识形态原因而出台的部分侨务政策对我国与其他国家特别是与东南亚部分国家之间的关系造成不利影响，给侨居在外的华侨华人权益保护带来冲击，坚决反对制定专门的华侨权益保护法。甚至有人将华侨完全等同于一般中国公民，认为华侨拥有中国国籍，属于中国公民，完全可以按照我国已有法律对其进行保护；同时他们将外籍华人完全等同于其他外国人，认为以我国有关外

---

[1] 许又声："国务院关于华侨权益保护工作情况的报告"，载《全国人民代表大会常务委员会公报》2018年第8期，第462～467页。

[2] 郭宗杰："侨务法体系问题研究"，载朱羿坤主编：《侨务法治论丛》，法律出版社2014年版，第60～71页。

国人的法律对其管理即可。这种将华侨华人保护简单化的思想，实际上忽视了华侨华人的特殊性，忽视了华侨华人在传播中华文化、沟通中国与世界等方面的独特优势与桥梁作用，不利于实现侨务的法治化转型。

推进侨务法治化转型不仅是广大侨胞主体意识不断提高的必然要求，也是国家治理现代化的应有内涵。侨务法治化是国家治理法治化的构成部分，是国家治理现代化的重要体现。改革开放以来，随着我国政治民主和治理民主的不断推进，广大侨胞的主体意识不断提高。广大侨胞对自身政治经济地位的认识日益清晰，积极对国家治理提出意见与建议，并强烈要求全面参与祖国社会治理。法理意识、主体意识和权利意识日益觉醒的广大侨胞明确要求用法治保护自身的权利，用法治规范政府的公权行为，用正当程序体现国家治理的公平和正义。在新的时代背景下，如果我国侨务不能及时走向法治化道路，极易引发侨胞权利与国家权力的撞击，导致社会系统的结构性冲突，不仅对国内社会经济秩序产生冲击，而且影响我国负责任大国国际形象的树立。因此，我们必须增强侨务法治化意识，将侨务管理的运行与华侨权利保护纳入法治轨道，不断提高侨务工作者的法治意识水平，通过法治方式深化侨务管理改革，推动侨务事业发展，提高化解涉侨纠纷的实践能力，严格按照宪法和法律的规定处理涉侨事务。侨务法律体系建设必须充分体现法治化的基本精神，及时实现从管理思维向法治思维的转向，不断深化对侨务法治的功能认识，系统探讨侨务法治的价值指引功能、保障功能以及工具性作用，科学设计侨务法治的具体实现路径。

侨务法治化转型是中国和平崛起、融入国际社会的必然要求。一方面，随着我国经济社会文化的快速发展，综合国力迅速增强，中国和平崛起已经成为不争的事实。无论是为了国家自身的发展，还是为了参与国际政治经济新秩序的构造，为和平与发展担负起大国责任，我们都要持续扩大开放、深度融入国际社会。当今国际社会虽然在某种意义上还处于实力主义盛行的时代，但基本关系的处理也要遵循国际法规则，联合国宪章、国际人权公约、国际贸易规则、国际海洋法公约、战争与和平法等对国际争端的解决具有重要作用。另一方面，虽然世界各国法治化水平高低不同，在国际交往过程中，我们的交往对象既有法治国家，也有正在迈向法治化的国家，但当代国际社会的现实状态无疑已是实力政治与按规则办事并存。广大侨胞是沟通中国与世界的重要桥梁，是中国国际形象的重要代表。侨务法治化有助于科学有序地探寻侨务治理现代化的正确发展道路，有利于最大限度地凝聚侨心侨力，增强中华民族凝聚力，助益国家治理合力的形成，提升我国的国际形象与国际影响力，促进中华民族伟大复兴的国家战略目标的早日实现。为了促进国际社会对我国形成稳定的预期，扩大我国对国际社会的影响力，从而促成国际社会与我国的全方位深度合作，我们必须牢固树立侨务法治化的理念，积极推进侨务法治化的发展。

（五）对海外侨胞法律地位认识不清

长期以来，我国国内存在一种思维定式，认为个人拥有某国国籍就等于具备该国公民身份，自然也就享有公民权利的资格；我国实行单一国籍原则，外籍华人既然已经加入外国国籍，也就不再具有中国国籍，当然就不能作为法律身份得到确立，这意味着国家为外籍华人立法缺乏坚实的法理根据，因而也就不存在为海外侨胞立法的空间与可行性。还有相当一部分人认为，外籍华人没有或者已经丧失中国国籍，也就与一般外国人不存在实质性差别，应当将外籍华人完全等同于一般外国人。正因如此，我国侨务立法长期以归侨侨眷作为立法保护的主要群体，将华侨以及外籍华人保护立法视为敏感问题。一方面担心出台专门性的华侨保护立法会招致国际社会的反对，不利于发展与其他国家的友好关系；另一方面对外籍华人的权利配置心存疑虑，特别是长期对外籍华人法律制度存在认识误区，习惯于在对外籍华人进行立法保护与赋予外籍华人公民权利之间画等号，直接将为外籍华人立法等同于确认外籍华人享有全部公民权，担心立法赋予外籍华人国内权利将会损害国内公民权益，激化侨胞与国内公民的矛盾冲突，不利于我国政治秩序稳定与和谐发展大局。总之，由于对外籍华人立法存在多重顾虑，国内相当一部分人对华侨立法长期保持极度谨慎的态度，甚至直接将为外籍华人立法视为禁区而完全不敢触碰。

实际上，制定法律保护外籍华人的权利，并不必然意味着必然赋予他们与中国公民同等的权利。在理论层面上，按照政治学理论，公民身份表示个体在国家中拥有正式成员资格以及与这一资格相联系的权利和义务。[1] 我国法律所采用的也是广义的公民概念。如我国现行宪法规定：“凡具有中华人民共和国国籍的人都是中华人民共和国公民。”并且明确了公民享有的政治、经济与社会等各项权利。所谓立法保护外籍华人权利，实际上并不是赋予其完全意义上的中国公民权，而是赋予其部分公民权利，主要是经济与社会权利。

从法律层面看，权利的形成存在“承认”与“赋予”两种逻辑。“承认”逻辑主要指向通常所说的人权，主要包括自然权利和

---

[1] 戴维·米勒等主编：《布莱克维尔政治学百科全书》，中国政法大学出版社 2002 年版，第 121 页。

道德权利，其根据主要是“人”这一身份，国家通过立法作出相关规定，不过是对其存在加以确认，同时确认国家将会以国家强制力提供保障。“赋予”逻辑则指特定意义上的政治权利和社会经济权利，主要根据国家等共同体成员的身份，源于国家立法的创设。[1] 与此相对应，国家对境内外国人的权利保护，一是基于普遍人权理论，二是基于外国人与本国之间存在密切联系，并对本国社会经济发展作出贡献。由于不同外国人与本国的联系密切程度以及贡献大小存在差异，国家一般据此赋予部分外国人某种特定身份，通常表现为介于本国公民与一般外国人之间，比如永久居留资格等。具有此类特定身份的人，一般在入境出境、公共服务等方面享有比一般外国人更多的权利，在实质性权利上，则比照本国人赋权，享受类国民待遇。其所享有的权利中，有一部分属于基本人权，另一部分则属于与本国人共同享有的权利。相对于一般的外国人，外籍华人与中华民族具有深厚的血缘联系与文化认同，联系更为密切，大部分属于拥护祖国统一、致力于中华民族伟大复兴的爱国者，对中国的贡献相应也更为突出。据此，我国完全可以通过立法，建立外籍华人法律制度，确立其介于中国公民与一般外国人之间的身份地位。

从发展趋势看，虽然传统政治学理论强调国籍与公民身份的紧密联系，甚至认为“国际法不承认国籍与公民身份之间的任何区别，国籍决定了公民身份。”[2] 到目前为止，民族国家身份仍然是当代最为重要的层级，民族国家在身份架构方面仍然占有不可

---

[1] 李响、李松霖：“中国海外侨胞法地位建构的误解及其澄清”，载《法治论坛》2020 年第 2 辑，第 328 ~ 336 页。

[2] 戴维·米勒、韦农·波格丹诺、邓正来主编：《布莱克维尔政治学百科全书》，中国问题研究所译，中国政法大学出版社 2002 年版，第 121 页。

替代的作用与地位。但我们也应当正视传统公民身份界定模式所面临的挑战。随着全球化的发展，公民身份的多元化发展趋势更加明显，越来越多的学者认识到，必须从不同层面，系统、清晰地阐释公民身份。正如英国社会学家罗奇所言："在当今世界，全球化，特别是全球资本主义经济体系的确立已成为如此强大的一种长期动态趋势。因此，再仅仅以民族国家和从民族国家层次来分析公民身份，已经远远不够了。"❶ 国内学者郭忠华也明确指出，当代公民身份的分析必须超越民族国家这个单一视界，只有秉持多元公民身份的立场才能对其形成实质性的理解。❷ 侨务立法必须顺应全球化发展的历史趋势，正视国际移民数量明显增加、身份日趋多样等现实，在更为坚实的法律和政治理论基础上，加强法律体系建设，大力推进侨务法治化进程。

二、侨务立法定位存在偏差

由于为侨服务意识薄弱，我国侨务立法定位过于强调对华侨的管理与控制。长期以来，受传统行政理念的影响，人们将国家治理等同于行政管理。在侨务立法领域，主要表现为偏重对华侨的管理与控制，将侨胞视为行政管理对象，导致侨务制度明显滞后，难以适应经济全球化、国家治理现代化的现实需要。有的侨务部门甚至习惯于沿用计划经济体制下金字塔式的管理方式，采用政府包办一切的思维和工作方法开展侨务管理，管理层级复杂多变，直接采用行政命令手段处理涉侨问题。在日常侨务治理中，

---

❶ Maurice Roche, "Studies Social Citizenship: Grounds of Social Change", in Engin F. Isin & Bran Turner, Handbook of Citizenship Studies, London: Sage, 2002, p. 74.

❷ 郭忠华：《公民身份的核心问题》，中央编译出版社 2016 年版，第 317 页。

主要表现为管理部门反应迟钝，满足于被动应对；管理手段单一，重管理、轻服务，重审批、轻监管，习惯于采取行政手段和强制方式解决涉侨纠纷。毋庸讳言，在现实侨务管理工作中，科层制具有不可或缺的意义，是现代政府管理效率和执行能力的重要保障。但另一方面科层制也导致了对华侨权利诉求反应滞后，制约侨务治理成效的提高，甚至造成涉侨纠纷难以及时得到解决。因此，我们应当推进侨务管理的扁平化改革，实行简政放权，打破管理者和被管理者的二元对立思维，压缩中间管理层级，减少行政审批事项，适度承认华侨社团组织的自治地位，充分发挥侨胞自我管理的功能。在简政放权的同时，更要不断提高权利保护和为侨服务意识。就侨务管理而言，应当牢固树立管理只是手段、服务才是目的的观念，不断转变思维方式，创新侨务管理方式与方法，以适应新时代社会转型的现实需求。应当以平等合作的思维方式取代单向监管的思维模式，构建政府和华侨之间的平等关系框架。在平等理念的指导下，加强对华侨在侨务管理中知情权、参与权和监督权的保障，促进华侨团体在侨务管理中的协同与合作。在利益协调和保护体系构建方面，注重华侨利益表达途径和沟通机制的建设，做到及时了解侨情民意、快速回应侨胞合理诉求。

我国现有侨务立法理论与实践缺乏应有的前瞻性思维。目前我国对侨务立法的必要性、紧迫性认识不足，在要不要专门立法、如何立法等基本问题上尚未达成共识，有关立法保护主体、权益保护范围、具体保护途径与方式等方面，未能取得实质性进展，对侨务法治水平的提高造成不利影响。我国长期深受“成熟一个，制定一个”的立法理念影响，将法律视为成熟政策的法律表现，是成熟的社会关系的法律调节器，很多涉侨问题长期通过政策进行调整，而非及时制定相关法律，造成侨务立法的滞后性。人们习惯于片面地理解法律是对事实的承认，甚至将立法直接等同于对事实的承认，只是简单地、亦步亦趋地对事实进行法律化，缺少应有的统领性与前瞻性。同时我国长期强调法律规定不能过于详细、具体，实际立法中原则性规定过多。原则性规定往往因为不够具体、明确而缺乏应有的可操作性和可执行性。我国立法领域惯常采用的解决办法是制定法律的同时，规定由国务院、最高人民法院或省一级人大等制定实施细则或司法解释，但有一些细则或解释却又长期无法出台，一些宣示性规定事实上只能停留于纸面上。就侨务立法而论，我国宪法、归侨侨眷权益保护法等法律法规对侨胞权益保护作出了一系列规定，但相当一部分条款主要是对权利的宣示，相关配套法律法规和司法解释极为有限。仅靠有限的宣示性规定，实际上很难实现对华侨权益的有效保护，也难以达到立法的预期目的。

侨务立法定位存在偏差，还突出表现在立法保护对象存在错位。由于我国长期将华侨权益保护立法视为敏感问题，至今未能出台华侨保护的专门性法律法规，外籍华人法律制度更是长期缺位。但在事实层面上，包括华侨华人在内的海外侨胞应该是侨务立法的重心。目前我国有六千多万海外侨胞，其中华侨与外籍华人的数量已经呈现“一九”格局，外籍华人已经占据绝对比重。[1]从华侨华人对所在国的影响力以及对我国国际关系、经济社会发展的推动作用来看，外籍华人对于我国国家地位的提升具有不可忽视的意义。我国现有涉侨立法主要是归侨侨眷保护法，与侨胞权益保护名实不符。总而言之，当今世界千变万化，无论是世情、

---

[1] 许又声：“国务院关于华侨权益保护工作情况的报告”，载《全国人民代表大会常务委员会公报》2018 年第 3 期，第 462 ~467 页。

国情还是侨情，均已发生重大改变，侨务立法应当适度超前，以提高立法的前瞻性与适应性。

三、为侨服务责任机制不完善

首先，我国现有侨胞管理服务体系存在明显不足。虽然建立了中央、人大、政协、政府多系统相协调的华侨管理组织体系，但仍存在责任失衡等突出问题。首先，国务院侨办作为国务院的办事机构，不具有独立的行政管理职能，没有部门规章的制定权，只能提请其他有关部门制定涉侨法律法规。同时，受自身职责权限的限制，国务院侨办难以统筹相关多方行政管理资源，为广大侨胞提供高效服务。从行政系统的构成来看，侨务管理机构不够健全，执法主体不明确，即使侨胞权益受到侵犯，也无法直接向侨务管理部门申诉，一些与侨胞相关的重要事项难以得到及时解决。如2009年国务院侨办发布了《关于界定华侨外籍华人归侨侨眷身份的规定》，却没有对负责华侨、外籍华人身份认定的具体部门作出统一规定，不同地区负责身份认定的机构存在差异，华侨、外籍华人身份的具体认定标准也各不相同。有部分市、县（区）的外事侨务管理机构处于初建或运行不畅状态；侨务管理机构的职权过于单薄，缺乏和其他部门的有效协调和联系，在涉侨事务处理方面力度有限。同时，在为侨服务过程中，职责和权力规定模糊不清也会使侨务工作人员产生虚化工作的倾向，难以将相关具体措施落到实处。

其次，侨务管理资源整合不足。侨务管理资源包括国内和国外两个方面的内容，一是从管理角度看，国家行政管理部门所掌握的服务资源；二是从与侨胞联系的角度看，遍布世界各地的海外侨胞都是侨务管理的资源。我国侨务管理涉及文化、经济、教育、科技等多方面内容，服务对象来自世界各地。侨务管理的综合性特征，决定了侨务部门需要调动经济、外交、文化、公安、统战等多个部门、多个领域的资源才能真正实现为侨服务。但国务院侨办并不是国务院的组成部门或直属机构，不具有这些专门部门的管理职能，在整合相关部门资源方面又不具有超脱的部门地位，造成为侨服务水平明显受限。如《国家中长期人才发展规划纲要（2010—2020)》明确规定要“加大引进国外智力工作力度，探索实行技术移民”。就我国目前高层次人才引进的整体情况而言，引进海外侨胞高层次人才是技术移民管理的核心内容。虽然国家曾组织有关部门开展相关理论研究和实践调研，但自始至终却缺少侨务部门的充分参与，造成侨务管理资源的浪费。在海外侨胞资源涵养与整合方面，无论是中央层面还是地方层面，侨务管理部门不仅级别偏低，而且人员配备不充分，特别是地方侨务工作队伍力量薄弱，大多数地方长期采用侨务部门与外事部门合署办公的组织模式，在实际运行过程中，侨务工作未能得到应有重视，侨务工作主要围绕归侨侨眷展开，缺少对华侨资源的应有涵养和利用，外籍华人资源的培育更是明显不足。

CHAPTER 04 >>

第四章

侨务法律体系建构的国际经验

20世纪80年代以来，随着全球化进程的发展，移民跨国流动规模明显扩大，对国际社会秩序和国家治理造成严重挑战与冲击，推动了许多移民输出国和输入国相关法律制度的变革。通常情况下，侨胞与祖（籍）国及其传统文化长期保持密切联系，是沟通祖（籍）国与侨居国的重要纽带与桥梁，在全球商业贸易、文化交流以及外交关系等领域具有重要影响。但我们也应看到，大规模人口跨国流动的作用具有多面性，在增加输出国和输入国的经济、社会、文化收益的同时，也给国家治理带来挑战。关键在于国际社会和相关国家能否及时完善相关制度规范，保障国际移民的合法性与有序性。如果移民法律体系明显滞后，对国际移民缺乏应有的引导与规制，就会产生负面效应，出现非法移民泛滥、种族冲突加剧等问题。为了最大限度地扩大移民带来的好处，减少其负面影响，各国政府日益重视对国际移民趋势的研究，通过制定国家人口发展规划与移民法律法规，不断改革相关制度，完善移民管理保护机制，加强对海外侨胞的保护，增强对侨胞的凝聚力，充分发挥海外侨胞的积极作用，促进本国社会经济的发展。越来越多的国家制定专门的侨务政策与法律，设立专门侨务机构，提升侨务工作的效率，形成一股“侨务热”。

由于文化传统与政治体制不同，各国侨务法律也存在明显差异。根据 John D. Skrentny 等学者对东亚和欧洲国家侨民回国政策的比较研究，东亚国家更关注实现经济目标，且将侨民区别对待，对于专业型、技术型和经济基础较好的侨民给予更多优待措施，而欧洲国家的侨民政策更加关注民族的血缘纽带和文化联系，视本国侨民保护为国家义务，而不附加条件和经济目标。[1] 从实践层面看，虽然各国海外侨胞立法的具体内容存在较大差异，但在价值取向上却表现出一致性，即大多数国家极为注重增强侨胞对祖（籍）国的文化认同，而且对海外侨胞表现出跨越主权的责任承担。在此，我们对海外侨胞权益保护的立法的发展趋势进行研究，并以印度、俄罗斯等国的侨胞权益保护经验为例，对世界典型移民国家的侨务立法进行比较分析，为我国侨务法律体系的构建提供借鉴与启示。

第一节　海外侨胞权益保护立法发展趋势

加强海外侨胞权益保护，增强海外侨胞的凝聚力，鼓励侨胞

---

[1] John D. Skrentny，Defining Nations in Asia and Europe：A Comparative Analysis of Ethnic Return Migration Policy. *International Migration Review*，2007 Winter. 41（4）.

参与祖（籍）国建设，促进当地社会经济发展，是世界各国侨务立法的共同宗旨。典型移民国家高度重视为海外侨胞提供良好的制度环境，以法律的形式赋予海外侨胞各项基本权益，成为世界上主要移民输出大国侨务立法的重点。当代世界主要的移民输出国集中在亚洲地区，主要有印度、中国、菲律宾、巴基斯坦、孟加拉国等。欧洲地区具有代表性的移民输出国则主要包括俄罗斯、乌克兰、波兰等国家。拉丁美洲国家最具代表性的移民输出国家则是墨西哥。上述国家均具有较长的移民输出历史，并大多建立了较为系统的侨胞权益保护制度体系。

一、典型移民输出国侨胞保护立法概况

综合考察世界主要侨民国家涉侨立法，我们可以发现各国主要从专门立法、综合立法等方面，不断完善海外侨胞权益保护法律体系。

（一）通过专门立法保护侨胞权益

多数侨民国家出台了海外侨胞保护的专门性法律。菲律宾国会在 1974 年颁布了《菲律宾劳工法令》，该法将对外劳务输出作为转移国内剩余劳动力的主要策略，对政府部门保护海外劳工权益的职能作出初步安排，要求成立海外就业发展委员会，为在国外就业的菲律宾劳工制订系统的计划，保护其公平就业的权力。1995 年菲律宾通过了共和国第 8042 号法令，颁布《海外劳工与海外菲律宾人法》，这是菲律宾海外侨胞法律体系中最为重要的法律。该法明确规定无论在任何时候，菲律宾都应当保护国内外菲律宾人，尤其是海外劳工的尊严；在海外就业、海外劳工管理、回国就业等方面为海外劳工和移民提供了多种针对性扶持措施，规定只向那些已与菲律宾签订劳工保护多边或双边协定的国家派

遣菲律宾劳工。该法颁行以来，已经进行了多次修订。2003 年菲律宾颁布《海外缺席投票法》，对在国外的菲律宾公民的投票权及其行使程序作出制度性安排，并于 2013 年进行修订，进一步减少对海外菲律宾人行使投票权的条件限制，同时扩大其行使选举权的范围。俄罗斯联邦在 1999 年颁布了《俄罗斯联邦境外侨胞国家政策法》，并曾多次对该法进行修订。美国在 1975 年通过了《海外公民投票权法》，为海外侨民行使选举权提供法律保障。

（二）将海外侨胞纳入移民法管理

部分侨民国家将海外侨胞纳入移民法管理范围。如印度议会颁布《印度 1983 年移民法》，同年制定《印度移民规则》作为移民法的补充，将印度海外劳工的管理纳入法制化轨道，成为印度海外劳务移民保护体系开始建立的重要标志。巴基斯坦于 1979 年制定新的《巴基斯坦移民条例》，同时宣布废除 1922 年巴基斯坦移民法。

（三）通过综合性立法保护侨胞国内权益

部分侨民国家通过国籍、金融以及劳工等立法加强对海外侨胞的保护。其中印度通过修改《印度国籍法》等法律法规，给予海外印度人与国内公民基本相同的多项权利，但已成为巴基斯坦、孟加拉国的公民者除外。菲律宾在 2003 年颁行《菲律宾保留和恢复公民身份国籍法》，正式实行双重国籍制度。根据该法规定，在菲律宾出生但已经加入其他国家国籍的菲律宾人，在宣誓效忠菲律宾之后，仍可保留或恢复其菲律宾国籍；重获公民身份的菲律宾人可以享有菲律宾法律规定的经济、政治、文化权利，同时承担相应义务。此外，这些国家在移民管理、外汇管理、劳工管理等领域的法律也涉及海外侨胞的国内权益，属于护侨法律体系的一部分。

二、典型移民输出国侨胞权益保护制度的发展趋势

各典型移民输出国虽然在侨务立法模式上存在一定差别，但各国侨胞权益制度却呈现出明显的共同性，主要体现在通过立法确认侨胞法律地位、实行灵活国籍政策等方面。

（一）高度重视侨胞保护立法

虽然在不同历史时期各国对海外侨胞的态度和政策存在差异，但各国当代侨胞保护政策明显趋同，最为显著的共同点就是通过立法解决侨胞权益保护问题。除了出台侨民保护基本法之外，为了促进侨民融入，很多国家在侨民国籍、出入境便利、劳动就业、国家事务参与、文化教育、社会参与等方面，针对侨民的特殊性，制定具有可操作性的法律规范。通过法律明确海外侨胞在国内的权益，不仅表达国家重视海外侨胞利益、保护海外侨胞的决心，也有利于保证侨胞权益保护措施的稳定性和权威性，符合国际法加强人权保护的基本趋势，有利于凝聚侨心侨力，提升国家治理水平，促进社会稳定与发展。将侨胞的政治、经济、社会等方面享有的权利和应履行的义务通过法律加以明确，侨胞行权采用与国内公民近似或相同的模式，体现出“融合发展”的侨胞保护趋势，有助于侨胞与国内公民良性互动，促进侨胞融入国内主流社会。加强侨胞权益保护立法，有助于发挥法律在侨务领域的引领和推动作用，有效解决政策执行不统一、不稳定、难把握等问题。特别是法律所确立的救济程序和制裁措施，更有助于实现海外侨胞、政府部门、社会组织等不同主体责、权、利的明晰化，也有利于司法部门形成统一裁量尺度，从而提升侨胞权益保护的实际效果。

在亚洲，印度、韩国等国的侨务法律体系建设比较具有代表

性。其中印度通过修订移民法和国籍法等相关法律，将保护海外侨胞的政策法律化，为海外印度人在国内行使权利提供具体制度保障，也为国内相关政府部门、社会团体和国内公民提供警示与指引，不仅在国内起到良好的示范和规范作用，也有助于树立印度负责任大国的国际形象，为国家赢得国际声誉。韩国制定了从宪法、法律到具体政府部门的行政法令在内的一整套侨务法律法规体系。韩国在 1999 年颁行《韩国在外同胞出入境与法律地位的法令》（又称为《韩国在外同胞法》），并于 2003 年发布《韩国在外同胞法施行令修正案》，明确其适用对象是“在外国民”和“外国籍同胞”。“在外国民”指长期在国外居住的拥有韩国国籍的国民。“外国籍同胞”是指曾拥有过大韩民国国籍但已获得外国国籍的人，或“父母或祖父母一方曾拥有过大韩民国国籍但已获得外国国籍的人”。[1] 此外，韩国还制定《韩国韩侨登记法》《韩国韩侨家庭关系登记簿建立、矫正和调整等特殊情形法》《韩国韩侨教育等支持法》《韩国海外韩国人基金法》《韩国移民控制法》等侨民权益保护的专门性法律。《韩国国籍法》中也有部分条款涉及有关侨胞权益保护的内容。如前所述，菲律宾也通过颁行《菲律宾海外劳工与海外菲律宾人法》和《菲律宾保留和恢复公民身份国籍法》等法律，构建了较为完整的侨胞权益保护法律体系。

以色列在 1948 年建国的《以色列独立宣言》中宣称：“以色列将向散居世界各地的犹太人敞开移居的大门。”1950 年颁布的《以色列回归法》和 1952 年《以色列国籍法》明确赋予每一个犹太人自由移居以色列并永久居住的权利，立法目的就是把以色列

---

[1] 朴光星：“在‘同胞’中建构新‘族群’——韩国‘在外同胞’政策实践与中国朝鲜族”，载《中央民族大学学报》（哲学社会科学版）2017 年第 5 期，第 13～19 页。

建成回归犹太人的天堂和乐土，使以色列成为全世界犹太人的精神源泉和感情凝聚中心。1950 年《以色列回归法》是以色列移民政策的法律基础，旨在号召全世界的犹太人或具有犹太信仰的人都应回到他们祖先的脚下。《以色列回归法》的内容只有 5 条，但却是全世界犹太人的福音书；1954 年国会对《以色列回归法》进行修订，第 2 条 B 款增加第 3 项；第 2 条至第 5 条中的“移民部长”改为“内政部长”；1970 年，国会通过第 2 号修正案，一是为第 4 条增加第 4A 条、第 4B 条，二是第 5 条最后增加一句话，三是在《以色列人口登记法》第 3 条增加第 3A 条。依据该法，凡犹太人（其生母为犹太人或皈依犹太教者)，均有权来到以色列并取得以色列国籍，除非此人正从事针对犹太人的有害活动或可能危及公共健康、国家安全或有犯罪记录可能危及公共福祉。犹太人享有的权利还及于其家庭成员。以色列的移民政策即意味着“回归”。移民政策对移民没有太多的限制，基本原则是欢迎犹太人回国，特别是优先照顾那些年轻、富有发展潜力的犹太人。❶

在中东欧，由于跨界民族问题微妙而复杂，各国基于领土统一的诉求，也为了维持民族文化传统，高度重视对同族裔侨民的法律保护，相继出台一系列侨民保护专门立法，形成侨民保护频繁立法的现象。1996 年斯洛文尼亚议会通过《关于海外斯裔的现状与地位以及国家和相关机构的义务的决议》。1997 年斯洛伐克出台《斯洛伐克海外族人法》，并修改相关法律。1998 年罗马尼亚颁行《罗马尼亚海外族人支持法》。1999 年俄罗斯颁行《俄罗斯联邦境外侨胞国家政策法》。2000 年保加利亚国会通过《保加利亚海

---

❶ Kimmy Kaplan and Emmanuel Sivan, eds, Haredim Yisraelim: Hishtalvut Belo Temi’ah? [Israeli Haredim: Integration Without Assimilation?], Tel Aviv: Van Leer Jerusalem Institute/HaQibbutz HaMe’uhad Publishing House, 2003, p. 286.

外族人法》。2001 年匈牙利国会通过《邻国匈牙利族人地位法》，并于 2002 年 1 月 1 日正式生效。根据该法规定，匈牙利政府将向罗马尼亚、斯洛伐克、南斯拉夫、斯洛文尼亚、克罗地亚和乌克兰 6 个邻国境内的匈牙利裔提供文化、教育及社会福利保障等多种优惠待遇。由于该法遭到斯洛伐克和罗马尼亚等邻国的强烈不满和非议，为缓和与周边国家的矛盾，2003 年匈牙利议会对《邻国匈牙利族人地位法》进行了修改。

（二）实行灵活国籍政策以促进侨胞对祖（籍）国的认同

解决侨胞国内权益保护问题的关键在于认定侨胞的身份，而国籍政策是侨胞身份界定的关键因素，直接决定了侨务法律保护对象的具体范围。传统国籍观认为，国籍是国民对国家效忠关系的体现，是自然人与国家之间的司法和政治纽带。20 世纪 70 年代以前，双重国籍被视为应当消灭的反常现象，国际社会长期努力限制、避免双重国籍的产生。1930 年海牙国际法典国际会议通过《关于国籍法冲突的若干问题的公约》，确立了每个人都应有一个国籍而且只有一个国籍的基本原则，明确提出应当消灭一切无国籍和双重国籍现象。1948 年联合国大会通过的《世界人权宣言》进一步强调坚持单一国籍的根本原则。进入二十世纪后期，大规模国际移民对传统国籍观产生了深远影响，随着欧盟、联合国等超国家组织的发展，全球治理的作用日益凸显，国籍的公权性质有所弱化，私权色彩逐渐显现，从特定国家领土的居民演化为个人权利，随之出现了世界公民。所谓世界公民，特指那些不属于特定某个国家、以全球为家的个体。国际社会对双重国籍的态度趋于宽容，一些国家开始转变国籍观念，越来越多的国家逐渐认识到某国公民拥有外国国籍，并不一定意味着对本国不忠，而且双重国籍所引发的矛盾冲突，可以用法律技术加以解决。基于全球化发展特别是国家利益的需要，许多国家开始改革国籍制度，不再刚性地坚持将拥有国籍即享有公民权的原则，而是采取更加灵活、多样的国籍政策，国籍制度呈现多样化发展趋势，后民族国籍（公民）、双重国籍和柔性国籍等相继出现。1997 年《欧洲国籍公约》也不再排斥双重国籍。

从各国现有侨务法律制度来看，对侨胞身份的认定基本上采取了宽泛、灵活的标准，多数国家倾向于将所有在国外的国民囊括在侨胞范围之内，无论是在国外短期务工、求学，还是长期居留，抑或已经加入他国国籍，基本上都有资格享有祖（籍）国国内法律所规定的侨胞权利。为了吸引人才，增强国家竞争力，双重国籍拥有者的祖籍国和居住国均力图通过国籍与这些移民建立有效连接，增强对海外侨胞的凝聚力。在国际移民规模不断壮大的背景下，国籍的刚性色彩弱化，逐渐向柔性化方向发展，渐进国籍、弹性国籍等出现，介于公民与外国人之间的中间地位的法律身份应运而生。一般情况下，侨民的祖籍国往往基于双重国籍可能带来的经济压力、国内政治风险、外交关系及地缘政治影响等因素，确定是否保留侨民国籍以及加入他国国籍后可以保留祖籍国国籍的具体条件。从国籍政策发展的总体情况来看，世界上明确承认双重国籍的国家数量超过反对双重国籍的国家，另有部分国家对双重国籍采取默认的态度。据统计，21 世纪初期全世界有 93 个国家和地区承认或默认双重国籍。[1] 换言之，真正反对双重国籍的国家只占少数。

多数国家采取灵活国籍政策，对侨胞身份的认定并非以国籍为主要区分原则。无论国家是否实施双重国籍制度，海外侨胞均

---

[1] 肖永平、郭明磊："全球化视野下的双重国籍——兼论我国国籍法的弊端与对策"，《武汉大学学报》（哲学社会科学版）2006 年第 5 期，第 581～588 页。

可基于民族和文化上的认同获得身份认定，进而获得法律上的保护。印度通过海外印度公民身份（Overseas Citizens of India，OCI）申请制度，将原来具有印度国籍，或双亲、祖父母为印度公民的印度裔纳入法律保护范围，在购房、医疗、社会保障、所得税、贷款、风险投资基金申请、知识产权保护等方面赋予持卡者与本国公民同等的待遇。[1] 正如1977年印度外交部部长瓦杰帕伊在海外印度人研讨会上所宣称："每一个海外有印度血统的人都代表着印度，都保留了印度的文化传统，印度政府永远不会舍弃他们，无论他们在外工作还是定居。"[2] 为了引进海外优秀人才，2010年韩国国会通过了新的《韩国国籍法修正案》，实行有限承认"复数国籍"政策。[3] 韩国在法律层面将海外同胞视为国民，其国民待遇可推及所有的海外同胞。根据韩国法律规定，海外韩国人被允许有条件地获得双重国籍，还可凭有效的韩国公民护照自由进出韩国。海外韩国公民与本国公民在房地产交易、金融财政、医疗保险、就业许可、服兵役和选举权等方面均享有同等权利。韩国甚至将海外非法移民以及劳务输出的同胞也纳入侨务法律保护的范围。无论这些人在哪个国家，也无论他们在当地的身份是否合法，都可享有母国赋予侨民的全部权利。[4] 菲律宾、俄罗斯等国也采取

---

[1] Overseas Citizenship of India Scheme，Ministry of External Affairs，Government of India，http：//www. mea. gov. in/overseas - citizenship - of - india - scheme. htm，访问日期：2017年5月11日。

[2] High Level Committee on Indian Diaspora，Report of High Level Committee on Indian Diaspora，Forward，p. V. inhttp：//indiandiaspora. nic. in/diasporapdf/part1 - for. pdf，访问日期：2017年5月11日。

[3] 朴光星："在'同胞'中建构新'族群'——韩国'在外同胞'政策实践与中国朝鲜族"，载《中央民族大学学报》（哲学社会科学版）2017年第5期，第13～19页。

[4] 康晓丽："略论韩国的侨务公共外交"，载《八桂侨刊》2015年第1期，第59～64页。

了类似的侨胞认定标准，根据《俄罗斯联邦海外同胞国家政策法》规定，那些曾是苏维埃社会主义共和国联盟公民、现居住于苏维埃社会主义共和国联盟加盟国家境内的他国国籍持有者或无国籍人，或者从苏维埃社会主义共和国联盟或俄罗斯联邦迁出已成为他国公民或无国籍者均属于该法所称的俄罗斯境外侨胞。[1]

欧洲大多数国家承认双重国籍，传统上抵制双重国籍的荷兰、比利时和德国等国家也逐步对双重国籍采取宽容态度。英国是颇具代表性的双重国籍国家，英国人无须经由英国内政部许可即可自由取得他国国籍，而取得英国国籍亦无须放弃原国籍。英国政府不对双重国籍进行统计，如有他国公民取得英国国籍，英国也不通知他国政府，对于他国政府要求核实双重国籍的请求也不进行回应。依据1992年《意大利国籍法》第十一条，已获得外国国籍的意大利人可保持其意大利国籍。长期实行单一国籍政策的德国，在1999年颁行新的德国国籍法，转而承认双重国籍。法国也承认双重国籍，法国公民的后代可以自然取得法国公民身份，无论其本人是在法国境内还是境外。20世纪90年代以前，外国人的孩子如果出生在法国，其父母可以代其申请法国国籍。20世纪90年代以后，为控制外来人口，法国不再允许外国父母代为子女申请法国国籍。俄罗斯则实行双重国籍申报制度。2014年俄罗斯下议院批准法案，明确规定拥有双重国籍的俄罗斯人必须向国家进行申报，否则将追究其刑罚责任。对于拥有其他国家国籍却未按法律规定向当局申报的俄罗斯人，将处罚金20万卢布或400小时社区服务。

在美洲，加拿大、墨西哥等国的国籍法相继明确承认双重国

---

[1] 乔素玲“俄罗斯海外同胞权益保护制度探析”，载《华侨华人历史研究》2018年第4期，第76~83页。

籍。依据《美国移民与国籍法》，美国并未就双重国籍予以明确规定，既不肯定亦不否定。但美国联邦最高法院认为，美国早已承认双重国籍，一个人可以拥有两个国家的公民权，同时也要承担相应的责任和义务。他本人仅仅主张一国公民权的事实，并不意味着他放弃另一国公民权。❶ 美国和加拿大均强调出生地原则，认为出生在哪个国家就应该获得哪个国家的国籍。1977 年，加拿大实施第二部《加拿大国籍法》，完成了国籍观念的现代转型，从特权观转化为个人固有权利，从以前向符合特定种族倾向的人授予国籍，转变为从全球合格移民中创造公民。据此，加拿大移民可以保留原国籍，加拿大公民归化为他国公民，亦不丧失加拿大国籍。2009 年 4 月 17 日，加拿大再次修订《加拿大国籍法》，通过《C—37 法案》，将公民传递国籍给海外出生的后代限制到第一代，从第二代开始不再自动传递。1996 年，墨西哥开始推行双重国籍，但具有临时性、有限性。从 1998 年开始不再坚持墨西哥人加入外国国籍就自动丧失墨西哥国籍的规定，准许归化为美国公民的侨民在 2003 年 3 月 20 日前申请双重国籍。此后，墨西哥国会正式批准双重国籍制度。此外，哥伦比亚、多米尼加、厄瓜多尔、哥斯达黎加和巴西拉美五国，在 1991 年到 1996 年相继修改国籍法，准许其侨民在东道国入籍后无须放弃祖籍国国籍。哥伦比亚、厄瓜多尔和多米尼加主要是在海外侨胞强大的压力之下推行双重国籍，而巴西和哥斯达黎加则属于主动推行双重国籍。

在亚洲，印度、韩国、菲律宾等国家也相继接受双重国籍。为了全面恢复海外菲律宾人的各项权利，使其在菲律宾享有充分公民权，2003 年菲律宾政府颁布《菲律宾保留和恢复公民身份国

❶ Kawakita v. United States，343 U. S. 717，1952.

籍法》，开始实行双重国籍政策。[1] 该法规定，出生时自然为菲律宾公民而加入外国国籍者，只要宣誓效忠菲律宾共和国，便可重新获得菲律宾国籍，与当地国法律有冲突的除外；出生时自然为菲律宾公民，但本法生效后成为外国公民的，如果宣誓效忠菲律宾，仍可保留其菲律宾国籍。[2] 根据该法案，重新获得公民身份的海外菲律宾人可以享有菲律宾现行法律赋予本国公民的完全民事、经济和政治权利，同时也承担相应的义务。就政治权利而言，主要包括选举权、竞选公职与委任公职等权利。根据2003年《菲律宾海外缺席投票法案》及其2013年修正案《菲律宾海外投票法案》的有关规定，所有在海外工作生活但并未放弃菲律宾国籍的菲律宾人，都可以在菲律宾全国大选中投票。[3] 重新获得菲律宾国籍者在菲竞选公职，应符合现行宪法和法律规定的担任公职条件，通过候选人资格认证，并且在指定的公务员面前宣誓放弃任何外国国籍。通过委任担任公职者，就职前要宣誓效忠菲律宾共和国及其当局，并宣誓放弃之前对其他国家的效忠。但重新获得公民身份的海外菲律宾人的政治权利也有明确的限制条件，在归化国担任公职，或为公职候选人，或在归化国担任现役军官者，不能

---

[1] An Act Making the Citizenship of Philippine Citizens Who Acquire Foreign Citizenship Permanent, Amending For The Purpose Commonwealth Act. No. 63, As Amended And For Other Purposes (Republic Act No. 9225), http://www.cfo.gov.ph/pdf/laws%20and%20policies/RA9225.pdf，访问日期：2018年5月11日。

[2] Commission on Filipinos Overseas, A Primer on the Citizenship Retention and Re-acquisition Act of 2003 3rd edition, Manila: Commission on Filipinos Overseas, 2009, p. 1.

[3] The Scalabrini Migration Center with the International Organization for Migration, Country Migration Report: The Philippines 2013, Makati: International Organization for Migration, 2013, p. 161.

在菲律宾参加选举、竞选公职或被委任为公职人员。[1] 重新获得公民身份的海外菲律宾人的经济权利主要包括在菲律宾拥有不动产、从事只向本国人开放的商业和贸易活动、从事专业工作以及免交双重税款等权利。[2] 印度从 2003 年起改变了长期坚持的严格限制双重国籍的立场。韩国在 2011 年修订法律，准许艺术工作者拥有双重国籍。1995 年土耳其修改本国国籍法，规定归化外国的土耳其人在按照归化国的要求放弃土耳其国籍后，可以重新回到土耳其获得土耳其国籍。因此，被迫放弃土耳其国籍的土耳其移民可以合法地拥有双重国籍。2009 年，越南改变原来的单一国籍政策，明确承认双重国籍。[3] 实行灵活国籍政策，淡化国籍界限，赋予侨胞与国内公民基本同等的权利，符合当前国际移民政策的发展趋势。无论是否已经加入定居国国籍，侨胞均可得到祖（籍）国法律的保护，国家也可通过合理的措施增进侨胞权益，促进侨胞与国内公民和谐共赢。适度淡化国籍，有利于促进侨胞对祖（籍）国的认同，扩大侨胞资源，促进祖（籍）国社会经济的发展。

总而言之，双重国籍已经在世界各地获得广泛认可，但各国承认双重国籍的目的却存在差异。其中西欧和北美承认双重国籍的目的在于解决永久居民的融入问题，而中东欧则是受民族复兴思潮的驱动，目的在于有效地保护海外侨胞，重点是恢复或授予

---

[1] 路阳："菲律宾政府的海外菲律宾人政策探析"，载《华侨华人历史研究》2014 年第 3 期，第 11～19 页。

[2] Commission on Filipinos Overseas, A Primer on the Citizenship Retention and Re-acquisition Act of 2003 3rd edition, Manila: Commission on Filipinos Overseas, 2009, p. 9.

[3] 康晓丽："论印度的海外印度人政策及其对中国侨务政策的启示"，载《南亚研究》2013 年第 1 期，第 127～144 页。

海外侨胞的国籍，而非放宽永久居民的归化入籍条件。[1] 2001 年，匈牙利通过《邻国匈牙利族人地位法》后，斯洛伐克和匈牙利两国围绕匈牙利族人问题的争执甚至是外交风波不断，导致两国关系持续恶化。而境内同样有大量匈牙利族人聚居的罗马尼亚却对此反应平静，这一方面离不开罗马尼亚匈牙利族民主联盟（UDMR）在政界的影响，也与罗马尼亚政府加速推进“恢复国籍政策”有着密不可分的联系。[2]

（三）扩展侨胞权益范围

移民输出国在法律上确认的侨胞权益基本上可以分为政治权利、经济权利和社会权利三种。政治权利主要包括选举权、被选举权和担任公职的权利。全球有 115 个国家赋予海外侨胞选举权，包括回国投票、海外投票及海外投票选举专门议席等三种模式。[3] 菲律宾、葡萄牙、西班牙等国甚至允许海外侨胞通过邮寄选票选举总统。瑞士和美国等国家规定海外侨胞可以在原居所地等特定地区行使选举权。为加强对海外侨胞被选举权的保护，意大利、葡萄牙、克罗地亚、法国、阿尔及利亚、安哥拉、佛得角、莫桑比克、哥伦比亚、厄瓜多尔和巴拿马等国在国会专门设置侨民席位。有些国家将侨胞的选举权限定在国家层面的选举，有些国家则准许侨胞参加地方选举。有些国家授予侨胞终身投票权，有些

---

[1] Zoltán Kántor, Balázs Majtényi, Osamu Ieda, Balázs Vizi, Iván Halász, The Hungarian Status Law: Nation Building and/or Minority Protection, Sapporo: Slavic Research Center, Hokkaido University, 2004, pp. 242 – 243.

[2] 董希骁：“摩尔多瓦共和国公民重获罗马尼亚国籍现象解析——兼评索罗斯基金会调研报告”，载《国际论坛》2013 年第 6 期，第 71 ~ 76 页。

[3] Kenny Zhang, Attached, Less Attached or Not Attached? Participation in Canada of Overseas Citizens, APF Project Series, No. 10 – 02, 2010.

国家则设置了移民时间的限制性规定。[1] 如菲律宾专门制定《菲律宾海外投票法案》，允许海外菲律宾公民在境外使领馆的投票站投票。已经移民其他国家或者在其他国家取得永久居留权的菲律宾公民，如果要行使选举权，则需具备一些附加条件，具体包括宣誓其未申请其他国家国籍，并在登记为海外选民之日起3年内回到菲律宾永久居住等。菲律宾还允许拥有菲律宾国籍的人在菲律宾竞选公职，但设置了一系列前提条件，除需要符合宪法和法律所规定的担任公职条件之外，还要在指定的公务员面前宣誓放弃外国国籍；如果通过担任公职的委任许可，就职前需要宣誓效忠菲律宾共和国，并放弃对其他国家的效忠。菲律宾对侨民担任公职还设置了一些限制性条件，包括已经在其他国家担任公职、公职候选人或军官的侨民不能在菲律宾参加选举、竞选公职或被委任公职。[2] 印度则为海外印度人行使选举权设置专门程序，选民可在护照上显示的印度居住地进行选民登记，参加选举。[3] 韩国专门成立了海外选举委员会，在选举期间负责为在海外无法返回韩国的公民提供选举的机会和条件。此外，海外韩国人在获得长期居留权后的三年内，可在当地的海外选举委员会注册参加韩国的地方委员会和地方政府领导职位的选举。[4]

---

[1] Henry Rojas, A Comparative Study of the Overseas Voting Laws and Systems of Selected Countries, A Development Associates Occasional Paper, Democracy and Governance, No. 17, 2004.

[2] 路阳："印度和菲律宾海外移民政策比较及启示"，载《东南亚纵横》2016年第1期，第43～51页。

[3] Ministry of Oversea Indian Affairs, Annual Report 2012 – 2013, Policy Planning and Research Division, Ministry of External Affairs (Government of India), New Delhi, 2013, p. 14, http://www.mea.gov.in/Uploads/PublicationDocs/21385_Annual_Report_2012 – 2013_English.pdf，访问日期：2018年10月9日。

[4] 康晓丽："略论韩国的侨务公共外交"，载《八桂侨刊》2015年第1期。

侨胞经济权益是各国立法保护的重点。海外侨胞是许多国家引进国外资本的重要来源，侨胞投资对国家经济具有直接影响，甚至决定部分国家经济的发展方向。因此，各国均高度重视对侨胞投资权益的保护，不但成立专门的侨胞投资管理与咨询机构，还对侨胞提供税收优惠，为侨胞回国投资发展提供一系列便利条件。各国通过采取激励措施，鼓励侨胞将收入汇入国内。其中巴基斯坦实施“引进外汇汇款卡计划”，明确规定汇款额度在 2 500 ~ 50 000 美元之间的海外巴基斯坦人可以办理汇款卡，凭卡享有个人物品免税、免费发放紧急护照等多种优惠。[1] 此外，凭海外侨胞的法律身份可以在国内享有购房、办理贷款、创办投资公司等权利。印度通过实施海外公民制度，赋予海外侨胞与印度国内公民同等的投资和置业权。在菲律宾，只要侨民依据 2003 年《菲律宾保留和恢复公民身份国籍法》重新获得菲律宾国籍，即可享有包括在菲律宾拥有不动产等财产权，以及从事经贸活动、专业工作、避免双重征税等权益。[2]《韩国关于在外同胞出入境与法律地位的法令》明确规定对达到在韩国居住时间要求的海外同胞发放“在外同胞签证”，签证获得者在 3 年内可以自由出入韩国，期满后还可延长，并拥有购置不动产、进行金融及外汇交易等权利，但对中国“朝鲜族”和俄罗斯“高丽人”在入出境、就业等方面的权利作出较多限制性规定。[3]

---

❶ 林勇主编：《华侨华人研究报告（2013—2014）》，光明日报出版社 2015 年版，第 152 页。

❷ Commission on Filipinos Overseas, A Primer on the Citizenship Retention and Re-acquisition Act of 2003 3rd edition, Manila Commission on Filipinos Overseas, 2009, p. 9.

❸ 朴光星：“在‘同胞’中建构新‘族群’——韩国‘在外同胞’政策实践与中国朝鲜族”，载《中央民族大学学报》（哲学社会科学版）2017 年第 5 期，第 13 ~ 19 页。

在社会文化权利方面，许多国家建立侨胞身份认定制度，侨胞可以与境内公民享有基本同等的待遇，在回国定居、就业、医疗保险等方面所享有的权益与国内居民并无明显差别。在侨胞教育权益保障方面，许多国家通过设立专门的公办学校或专项资金，帮助侨胞子女在国内接受教育。爱尔兰采取多种措施为侨民回国创业、就业创造条件，包括在海外举办展销会，宣传爱尔兰的产品和服务，吸引侨民回国就业；开展移民支持项目，为服务移民回国提供资金支持；实施安全家庭计划，为移民回国就业提供政策咨询与住房保障；为海外专业技术人才提供签证便利；为回国就业的侨民的子女提供教育机会等。[1] 日本也在就业等方面给予日本海外后裔一定的特殊待遇，1990 年修订《日本移民法》，准许三代以内的海外日本人后裔自由进入日本劳动市场。日裔的确定可以通过家谱进行查证，无须通过语言或文化测试。日裔可以获得日本法务部签发的 3 年有效期签证，如有需要还可申请续签，但不能享有归化入籍的特殊优待。日本修法的目的主要是为中小企业提供廉价劳动力，通过日裔缓解劳动力短缺问题，促进经济发展，也包括为日裔提供访日、探亲、学习日语以及了解日本文化的机会。[2]

（四）政府与社会组织协力保护侨胞权益

为确保涉侨政策法律的有效实施，各国结合本国体制建立侨胞保护机制，通过政府与民间机构合作，加强对海外侨胞的保护。各国政府涉侨机构设置各具特色。其中墨西哥在 2003 年建立三大

---

[1] Department of Foreign Affairs and Trade, Global Irish: Ireland's Diaspora Policy, March 2015, p. 45.

[2] John D. Skrentny, Stephanie Chan, John Fox and Denis Kim, Defining Nations in Asia and Europe: A comparative Analysis of Ethnic Return Migration Policy, IMR Vol. 41, No. 4, 2007.

侨胞管理机构，一是由总统亲自领导、外交部部长任书记的境外墨西哥社区工作理事会，此乃墨西哥侨务工作最高决策机构。二是负责向领事馆派出人员、管理境外墨西哥人的境外墨西哥人工作机构。三是负责向侨胞宣传墨西哥国家政策、组织专题研讨会以及实施移民教育规划等工作的 IME 咨询委员会。[1] 菲律宾在 1978 年成立了移民办公室，专门为海外移民提供服务。1980 年，菲律宾政府又成立海外菲律宾人委员会。该委员会由菲律宾总统办公室直接管辖，主要职能包括为菲律宾政府制定海外菲律宾人政策提供协助，制定和实施增进海外菲律宾人福祉和保护海外菲律宾人利益的项目，增强海外菲律宾人与菲律宾国内社会、经济、文化等方面的联系等。2003 年 8 月，菲律宾总统阿罗约签署行政命令，设立海外菲律宾人社会事务总统顾问，其办公室直属于总统办公室，直接向总统负责，其主要职责是巩固和发展海外劳务市场，为海外菲律宾劳工提供各方面的协助，并为总统提供决策建议。[2] 韩国负责海外移民事务管理的机构主要有司法部、劳动部、卫生和福利部、外交和贸易部等。随着海外韩国人事务的增多，韩国政府成立了移民办公室，调动相关资源和人力，集中解决移民相关问题。[3] 移民办公室在解决海外韩国同胞国籍、海外移民子女教育、海外移民就业、房地产和医疗保险以及选举权等方面产生了积极影响，推动了韩国侨胞权益保护法律体系的发展。

---

[1] 丘立本："移民输出国开展侨务工作与提升国家软实力的初步考察和思考"，见丘进主编：《华侨华人研究报告（2012）》，社会科学文献出版社 2012 年版，第 107～109 页。

[2] 李涛："海外菲律宾人与菲律宾的社会经济发展"，社会科学文献出版社 2012 年版，第 115～116 页。

[3] 康晓丽："略论韩国的侨务公共外交"，载《八桂侨刊》2015 年第 1 期，第 59～64 页。

越来越多的国家注重发挥社会力量在维护侨胞权益方面的作用。一些社会团体与侨胞联系紧密，不仅比较了解侨民需求，而且影响范围广泛，能够有效弥补政府职能机构在管理服务方面的不足。因此，许多国家不断完善政府与民间协同机制，提升护侨法律政策的实施效果。如俄罗斯同胞国际理事会是俄罗斯同胞的国际组织，联合世界上 54 个国家的 140 个俄罗斯侨胞组织，为海外俄罗斯同胞提供政治、经济、文化、社会和宗教等权利的保护。2004 年 10 月，俄罗斯同胞国际理事会在莫斯科召开，来自 22 个国家的俄罗斯侨民代表推选出理事会执行委员，莫斯科市市长应邀担任名誉主席。[1] 韩国也成立了一批非政府侨胞保护组织，旨在保护海外韩国人权益，著名的有海外韩国人政策委员会、海外韩国人基金会、韩国人国际医疗基金会等。[2] 国际性犹太人组织对于加强以色列侨胞与祖（籍）国的联系具有至关重要的作用。一些犹太人国际组织在以色列建国前就已存在，最具有代表性的组织包括 1987 年成立的世界犹太复国主义组织、1901 年成立的犹太民族基金会、1929 年成立的犹太办事处以及成立于 1932 年的青年阿里亚。其中以犹太办事处和世界犹太复国主义组织是目前最为重要的犹太人国际性组织。犹太人办事处代表全世界所有的犹太人，世界犹太人复国主义组织代表全世界的犹太复国主义者。他们在一些犹太人集中的国家，如美国、法国、南非等设有分支机构，最主要的功能是在各国为以色列募集资金、动员和组织犹太人移居以色列。这些组织还通过举办展览、学术研讨会、教授希伯来

---

[1] 丘立本：“外国侨务工作新动向及其原因与启示（上）”，载《侨务工作研究》2005 年第 2 期，第 36～39 页。

[2] 康晓丽：“略论韩国的侨务公共外交”，载《八桂侨刊》2015 年第 1 期，第 59～64 页。

语等活动，在世界各国保持和弘扬犹太文化，并将以色列的政治、宗教、文化影响传播到世界各地的犹太人社区中。同时，世界各地的犹太人资金、人才和技术也可以通过这些组织输往以色列。[1]苏格兰侨务政策最为突出的特点就是充分发挥非政府组织在侨民管理方面的作用。苏格兰政府机构中没有设置专门的侨民管理服务机构，海外侨胞的联络与管理主要由社会机构承担。其中主要的民间组织有：苏格兰侨民的世界商业网络——全球苏格兰人，连接海外苏格兰人的社会网络——苏格兰全球友人，鼓励侨民归国旅游和建立长期联系的旗舰组织——归乡 2009，为苏格兰侨民提供一站式服务的官方网站——苏格兰中央门户网站，以及致力于在国内外推动苏格兰文化艺术发展的创意苏格兰等。[2] 在各国的海外侨胞管理体系中，民间机构发挥着重要作用。仅就全国性或地方性的劳务输出组织而言，在 21 世纪初期，菲律宾有 740 个，泰国有 300 个，韩国有 21 个，印度有 1 119 个，孟加拉国有 254 个，巴基斯坦有 155 个。[3]

（五）注重为侨服务

很多国家将为侨服务作为侨务政策和法律制定的出发点，重点在于保障海外侨胞和归侨的权利与利益，在保护海外侨胞权益、为归侨融入本国社会提供方便等方面不断进行探索。为了促进侨

---

[1] 庄国土、康晓丽："以色列的侨务政策及对中国的启示"，载《国际观察》2013 年第 6 期，第 56 ~ 62 页。

[2] Dr Delphine Ancien, Prof. Mark Boyle and Prof. Rob Kitchin, he Scottish Diaspora and Diaspora Strategy: Insights and Lessons from Ireland. Scottish Government Social Research, 2009, pp. 26 – 31.

[3] Chanda, R., Movement of Natural Persons: A Case Study of South Asian Countries, in Research Report. 2004, CUTS Centre for International Trade Economics & Environment, pp. 30 – 32.

胞对祖（籍）国的了解与认同，韩国政府大力实施侨胞培训项目，为海外韩国人提供韩语培训资料与课程，推广韩语教学，保证海外韩国人可在居住地的相关韩国海外教育机构获得资助与培训。[1]爱尔兰工业发展署在海外设立多个办事处，帮助爱尔兰侨民了解爱尔兰的发展前景，并为侨民投资者提供政策与资金支持。爱尔兰企业局在全球设有31个办事处，为具有到爱尔兰投资意愿的企业或个人提供协助与便利。在促进归侨融入本国社会方面，各国不断完善海外侨胞服务制度，大力提升为侨服务水平。总体而言，所提供的服务内容主要包括两大类别，一是提供出入境便利服务，二是制定并实施入境融合政策。具体包括为侨胞回国工作、居住创造便利条件，完善对归国侨胞的社会保障机制，加强对归国侨胞的教育权利的保护，等等。其中，韩国政府为了吸引海外人才，充分利用海外优秀人才推动本国社会经济发展，对技术移民实行宽松政策，对非技术人员实行管制政策；海外韩国人的子女可转学或直接在韩国境内学校就读，韩国政府为符合条件的海外韩国人子女提供相关的入学配额，除法律法规明确限定的学校外，海外韩国人子女可进入韩国的初级学校和大学就读，有效解决了大量海外韩国人子女跟随父母返回韩国后的教育问题。[2]印度则设立海外印度人促进中心、海外劳工咨询中心等机构，专门负责向海外侨胞提供国内信息，搭建海外侨胞与印度国内以及侨胞之间信息交流的平台。

---

[1] 康晓丽："略论韩国的侨务公共外交"，载《八桂侨刊》2015年第1期，第59～64页。

[2] 康晓丽："略论韩国的侨务公共外交"，载《八桂侨刊》2015年第1期，第59～64页。

第二节　海外侨胞权益保护的印度经验

印度长期重视海外侨胞权益保护，在中央设立专门海外侨胞管理机构，建立完备的侨务法律体系，从政治、经济、文化等方面加强对海外侨胞的保护，对世界其他国家具有启示意义。中印两国均为发展中大国，不仅人口众多，而且是世界移民主要输出国。将印度的侨胞权益保护制度作为样本进行考察，有助于进一步深入了解印度侨胞权益保护制度变化的规律与动因，寻找中印两国在护侨领域的共同关切焦点及应对经验，为我国侨务法治建设提供借鉴。

一、印度海外侨胞权益保护制度的文化基础

（一）民族文化认同是印度海外侨胞权益保护的文化根基

海外移民文化是印度侨胞权益保护制度产生的基础。印度是世界上典型的侨民国家，侨胞数量众多，散居于世界许多国家与地区。印度海外移民历史悠久，自成为英国的殖民地以来，就一直是劳动力输出大国。16—18 世纪，印度劳工被送往英国在加勒比海、非洲和太平洋等地的殖民地从事种植业。19 世纪 30 年代，印度开始大规模海外移民。20 世纪 80 年代，从早期的低级技术工人移民发展到高级技术移民。印度移民现已遍布世界各地，活跃于各行各业。海外印度人已成为仅次于英国海外移民和中国海外移民的第三大移民群体。

民族复兴是印度政府重视海外侨胞权益保护的内在动力。1947

年印度独立以来，一直追寻民族复兴的梦想，印度历届政府以追求大国地位为己任，努力提高在国际社会的影响力。20 世纪 20 年代，印度教民族主义兴起，并于 90 年代达到高潮。其基本宗旨是充分利用印度教的传统价值观团结印度教徒，复兴印度民族，树立印度大国形象。呼吁国内外所有印度教教徒团结起来，传播印度教文化，增强印度国力。[1] 印度海外侨胞深受民族主义影响，即使已在居住国成家立业，仍然保持对印度民族文化传统的认同，高度重视民族文化传统的维护与传承，推动印度的民族复兴。

海外侨胞对本土文化的强烈认同是印度侨胞权益保护制度发展的促进力量。印度海外侨胞乐于从父辈那里学习母语，在重要的宗教仪式和集会上用母语朗诵圣歌和民谣；不仅在居住国建造各种印度宗教场所，而且将返回印度圣地朝觐视为人生目标；注重学习和传承祖（籍）国民族文化，保持印度文化特性。他们通过传承印度民族文化，保持与母国的联系，表达对母国的热爱之情。[2] 分布在世界各地的海外侨胞成为印度的“民间大使”，是印度融入世界的标志。多数海外印度侨胞是活跃于政治、经济等领域的高素质人才，他们或在居住国拥有雄厚的资金和政治影响力，或掌握先进的技术，或具有丰富的管理经验，成为推动印度社会经济发展的重要力量。正如海外印度人事务部所言：“海外印度人不是一定要做出经济贡献，也不是一定要回印度效力。他们可以充当桥梁的作用，提供进入各国市场的途径，是印度投资、专业技能、知识与技术的来源；他们塑造移民与发展的进程，有助于

---

[1] Charistian Karner, The thought world of Hindu Nationalism: analyzing a political ideology, New York: The Edwin Mellen Press, 2006, p. 23.

[2] 卓依斯．巴尔那桑：“返回印度——海外的印度人在母国寻找母脉”，赵洪译，载《经济资料译丛》1996 年第 2 期，第 43 ~ 45 页。

明确地表达母国与居住国之间政策一致性的需要。”[1] 民族主义与文化认同是印度海外侨胞权益保护制度的重要文化根基。

（二）印度海外侨胞权益保护制度的法理依据

保护海外侨胞权益是国家尊重和保障人权的体现。尊重和保障人权，是人类文明进步的重要标志，是国家发展的基本方向。《世界人权宣言》《经济、社会和文化权利国际公约》以及《公民权利和政治权利国际公约》共同组成的“国际人权宪章”将人权作为人类社会基本的价值准则，既为国家设定了保护海外国民的义务，也为国家保护海外国民提供了权利。印度政府重视海外侨胞的诉求，将保护海外侨胞视为国家的权利与义务。

国家的民族属性是印度保护海外侨胞权益的重要根据。无论在疆域范围还是在人口构成上，国家均具有特定的民族属性，代表和维护特定的民族利益，每个国家都对国民具有“一种天然的族性规约”。[2] 保护海外侨胞属于国家的管辖权，是国家主权的重要体现。国家管辖权包括属地管辖权、属人管辖权、保护管辖权、普遍管辖权，其中属人管辖权指国家有权对一切具有本国国籍的人实行管辖，而不管其居住在国内或国外，又称国籍管辖权。这是国际法所允许的以国籍为法律纽带而行使的国家管辖权。属人管辖是印度保护海外侨胞最为重要的法理根据。正是基于属人管辖权，印度不断根据侨情变化修改国籍法令，赋予印裔印度公民身份，从法律上体现国家管辖海外侨胞的权利。

---

[1] Ministry of Oversea Indian Affairs, Annual Report 2012 – 2013, Policy Planning and Research Division, Ministry of External Affairs (Government of India), New Delhi, 2013, p. 6, http://www.mea.gov.in/Uploads/PublicationDocs/21385_Annual_Report_2012 – 2013_English.pdf，访问日期：2018 年 10 月 9 日。

[2] 李明欢：《国际移民政策研究》，厦门大学出版社 2011 年版，第 206 页。

印度以现代国际移民理论指导侨务立法。印度用 Indian Diaspora 指代其海外移民，官方机构名称与文件中通常采用该词汇，如 The Diaspora Services Division of the Ministry，the High Level Committee of the Indian Diaspora 等。20 世纪 80 年代，印度实行经济改革并开始关注海外移民群体，推行海外侨胞保护政策。印度并未采用传统的 immigration 概念，而是用 diaspora 代表海外移民群体，表明印度政府重视加强海外移民对祖国的归属感，激发海外侨胞投身祖国建设的热情，代表了民族复兴的情怀。[1] 印度对海外侨胞的保护主要从 diaspora 涵盖的几个层面展开，表明印度海外移民研究的起点较高，侨务思想开放，较早实现与国际学术界接轨。印度将所有散居海外的印度人视为一个整体，全面保护海外印度族群的权益。印度将海外移民具体划分为印度裔外国人、非居住印度人、海外印度公民和无国籍人士四类，并根据其具体身份确定其享有的相应权益。

按照印度法律规定，所有在 1950 年 1 月 26 日或以后是印度公民，但之后加入他国国籍的印度人及其四代以内的后裔都有资格

[1] 根据 1993 年《现代英汉综合大辞典》，“Diaspora” 有多层含义：一是指古代犹太国亡国被巴比伦放逐散居各地；散居各地的犹太人，犹太人在外聚居的地方；二是指同一起源的人民的分散、散居。“Diaspora” 最初为描述犹太人的离散状态的专有名词。随着全球化和人口跨境流动的发展，20 世纪 80 年代以来，“diaspora” 已逐渐以小写形式出现在相关国际学术刊物上，已从原本相对单一的专有名词，不断扩展其含义外延，演化成一个内涵丰富的表述“移民”的关键词，被学者们用来形容那些离开祖籍国移居海外的族群。有关 “diaspora” 的演变，具体参见李明欢：“Diaspora：定义、分化、聚合与重构”，载《世界民族》2010 年第 5 期，第 1～8 页。“emigration” 给人的感觉是慢慢定居下来并融入当地生活，是一种静态的印象；而“流散族群”则是动态的，他们在路上不断追寻，却仍对母国有强烈归属感。参见段颖 “diaspora（离散）：概念演变与理论解析”，载《民族研究》2013 年第 2 期，第 14～25 页。

申请印度海外公民身份，但已成为巴基斯坦、孟加拉国的公民除外。[1] 印度将印裔限定在四代以内，明确国内相关法律政策的适用范围，具有较强的可操作性。印裔外国人可以通过申请获得海外印度公民身份，拥有这些身份的人称为海外印度公民。非居住印度人指拥有印度国籍但侨居国外的印度人，俗称印侨。印侨属于税法上的概念，根据 1960 年印度个人所得税法案的规定，印度居民需要一年中有 182 天居住在印度国内，或者连续四年在印度国内累计居住 365 天；不符合该条件者，则适用非居住印度人的纳税标准。海外印度人中的无国籍人士则是指那些不属于印裔、印侨且未获得印裔身份卡的人，但他们的祖先在 19 世纪至 20 世纪早期，即印度独立前离开了印度领土。[2] 印度对海外侨胞的保护并非只限于拥有印度国籍的印侨，而是将所有流散海外的印度族群都纳入保护对象范围，并根据不同类别实行差异性权利配置。从其海外侨胞的具体分类可以看出，印度政府主要根据血统、与印度的联系等确认海外侨胞的身份，并非以国籍作为唯一标准，更不会将印裔视为外国人。相对于中国使用“华人华侨”并对二者严格区分的习惯做法，印度有关海外侨胞身份的规定相对比较规范、统一，具有较强的可操作性，更有利于加强对海外侨胞权益的保护。

---

❶ Overseas Citizenship in Citizenship Act, 1955, India, http://www.mea.gov.in/images/pdf/extracts-of-citizenship-act1955.pdf，访问日期：2019 年 5 月 10 日。

❷ Ministry of Overseas Indian Affairs, 25 million Overseas Indians across the globe: Ministry of Overseas Indian Affairs Annual Report 2006-07, 2007, p.11, https://www.mea.gov.in/images/pdf/annual-report-2006-07.pdf，访问日期：2016 年 2 月 5 日。Ministry of Oversea Indian Affairs, http://moia.gov.in/services.aspx?id1=24&idp=24&mainid=23，访问日期：2016 年 5 月 10 日。

二、印度海外侨胞权益保护的立法现状

独立之初，印度政府对其海外侨胞基本采取不管不顾的态度。20世纪七八十年代，在英美等发达国家的高素质印度移民数量明显增加，海湾地区的印度移民给印度汇回巨额侨汇，印度政府意识到海外印度人对本国发展的作用，逐渐转变对海外侨胞的态度。1991年海湾战争爆发，印度政府在海湾地区实施大规模撤侨活动，成为印度政府加强海外侨胞保护的重要标志。此后，政府不断加快海外侨胞权益保护的立法进程。

（一）印度海外侨胞权益保护法律体系的构成

印度法律属于英美法系，并未编纂专门的海外侨胞保护法典，也没有将海外侨胞群体特殊化，而是将他们视为散居海外的印度移民，并将取得印度海外公民身份的印裔和印侨视为印度公民，适用国内一般法律的规定，对海外侨胞实行与国内公民基本平等的保护。因此，印度并未采用特别立法的模式，而是从一般法的角度，在公民的层面上尊重和保障海外侨胞的权利。同时，鉴于侨胞具有侨居海外的特点，印度通过在一般法中给予区别性明示，或由海外印度人事务部出台政策措施，对其实行一定的特殊保护或政策优待。通过这种立法方式，印度将保护海外侨胞权益的内容分散在一般法中，在宣传和实施一般性公民权利保护法律时，也就同时宣传和贯彻了海外侨胞权益保护的法律规定，有利于增进普通民众对侨胞权益保护法律的认识，促进不同公民群体之间的交流与认同，增强海外侨胞对印度的归属感与向心力。同时也降低了立法和执法成本，有助于提高政府工作效率，避免公共资源的浪费。

20世纪90年代以来，印度积极开展海外侨胞权益保护立法，

海外印度人事务部也颁布了多项侨胞权益保护的规范性文件。目前已经形成了以宪法为基础、以移民法与国籍法为基干的海外侨胞权益保护法律体系。

印度宪法、印度国籍法等均对海外侨胞保护作出明确规定。2003 年 12 月印度议会投票通过、2004 年 1 月 7 日总统批准的宪法修正案，对 1955 年的单一国籍宪法条款进行修正，从宪法的高度赋予印裔印度公民身份，成为印度海外侨胞权益保护立法最基本、重要的宪法依据。1955 年《印度国籍法》是印度最重要的涉侨法律之一。为回应北美和其他发达国家印度侨胞对“双重国籍”的呼吁，印度于 2005 年修订 1955 年《印度国籍法》，正式承认海外印度人的公民权，并于 2006 年海外印度人大会上宣布实施。该法在“海外公民权”一章中详细规定了成为海外印度公民的条件、程序和待遇。按照规定，所有在 1950 年 1 月 26 日或以后是印度公民，但后来加入其他国家国籍的印度人及其后裔都有资格申请成为印度海外公民，但巴基斯坦和孟加拉国以及印度政府规定的其他国家除外。2015 年，印度再次修订《印度国籍法》，规定现有的印裔卡持有人自 2015 年 1 月 6 日起被视为 OCI 卡持有人。该修正案使得非印度居民（NRI）的外国未成年子女和 NRI/OCI 持卡人的外籍配偶有资格取得 OCI 卡。[1] 此外，第四代印度裔人士也被批准进行 OCI 注册。获得海外印度公民身份后，除不享有选举权、不能担任公职、议员外，与印度境内公民平等享有法律规定的各

[1] Ministry of External Affairs, Annual Report 2015 – 2016, Policy Planning and Research Division, Ministry of External Affairs (Government of India), New Delhi, 2016, p. 209, http://www.mea.gov.in/Uploads/PublicationDocs/26525_26525_External_ Affairs_English_AR_2015 – 16_Final_compressed.pdf，访问日期：2020 年 1 月10 日。

项权利，如自由出入境、从事多种职业、无居住期限限制等。[1] 1983 年印度议会颁布《印度移民法》，并于同年制定《印度移民规则》作为该法的补充。该法适用于包括海外侨胞在内的全体印度公民。印度制定 1983 年移民法及移民规则的目的，主要是规范印度的海外雇佣征募制度，加强对海外就业印度工人的管理，保护海外侨胞权益。这两部法律成为印度海外劳务移民保护体系建立的重要标志。为了进一步加强对海外移民的保护，2019 年印度外交部又向议会提出新的移民法案。[2] 2010 年印度总理在第八届海外印度人节上宣布将逐步授予 1 000 万未入籍的海外印度人选举权。是年 9 月，印度议会通过 1950 年《印度人民代表法》修正案，持有海外印度人护照的印侨可以登记参加选举。2011 年，印度颁布《1960 年印度选举注册法》修正案，海外印度侨胞可以根据护照上注明的选区登记参加印度国内的选举。1999 年印度政府颁布《印度外汇管理法》，其中涉及侨汇的管理制度、海外侨胞的税收征收问题等。该法涉侨规定突出招商引资、促进海外侨胞在印度的投资贸易的主旨。2005 年，为了保护印度公民获得政府等公职机构信息的权利，提高政府部门的透明度和工作效率，印度颁布《印度信息权法》，海外侨胞可以依据本法规定要求公职机构提供相关信息。

为确保得到东道国政府的承诺与支持，有效保护海外侨胞的权益，印度积极与其他国家签订有关侨胞保护的双边合作条约与协议。1980 年，印度与约旦、卡塔尔签署劳工协议。2004 年海外

[1] Overseas Citizenship in Citizenship Act, 1955, India, http://www.moia.gov.in/images/pdf/extracts-of-citizenship-act1955.pdf，访问日期：2016 年 5 月 10 日。

[2] Emigration Bill, 2019, India, https://mea.gov.in/Images/amb1/Emigration_Bill_2019.pdf，访问日期：2020 年 9 月 15 日。

印度人事务部成立后，印度与主要印度侨胞住在国签署劳务双边合作谅解备忘录。2006 年至 2009 年，先后与阿联酋、科威特、阿曼、马来西亚等国签署谅解备忘录。并于 2007 年与卡塔尔签署新的劳工协议。此外，印度政府还努力通过与沙特阿拉伯、也门谈判，达成谅解备忘录；与东欧和亚洲地区的多个国家就印度侨胞海外就业问题开展合作，就双边合作条约进行谈判。[1] 除劳工协议外，印度还寻求与相关国家签署社会保障协议，增强国家之间的社会保障协调，加强对外籍工人的社会保障。协议内容包括在短期合同的情况下免除侨胞的社会保险缴款，迁移至本国或任何第三国时的养老金可转出，缴费期可以合并计算等。[2] 2006 年，印度与比利时缔结了第一个双边社会保障协议，随后又与荷兰、德国、法国、卢森堡、丹麦、匈牙利、捷克和瑞士等国达成协议。2015 年，印度与挪威、奥地利、加拿大、澳大利亚等国签订的社会保障双边协议正式生效。

印度不断推进侨务法治化转型，通过修订或颁布宪法、国籍法、移民法等法律法规，不断调整海外侨胞权益保护的重心，扩大海外印度人的权利范围，构建比较完善的海外侨胞权益保护法律体系，强化了海外侨胞与印度的联系。

---

[1] Ministry of External Affairs (Government of India), Bilateral Co – operation for Protection and Welfare of Emigrants, http://www.mea.gov.in/bilateral – documents.htm? dtl/26464/Bilateral_Cooperation_For_Protection_and_Welfare_of_Emigrants，访问日期：2021 年 3 月 23 日。

[2] Ministry of External Affairs, Annual Report 2015 – 2016, Policy Planning and Research Division, Ministry of External Affairs (Government of India), New Delhi, 2016, p. 213, http://www.mea.gov.in/Uploads/PublicationDocs/26525_26525_External_Affairs_English_AR_2015 – 16_Final_compressed.pdf，访问日期：2020 年 1 月10 日。

（二）印度海外侨胞权益保护制度的主要内容

第一，印度在中央设立海外侨胞管理机构，全权负责海外侨胞权益保护事务。2004 年 5 月印度侨民事务部成立，同年 9 月更名为海外印度人事务部。该部的职权也随之扩大，并明确其服务对象为包括印侨和印裔在内的所有海外侨胞。海外印度人事务部是印度中央政府管理海外侨民事务的最高机构，其职能定位是汇集海外侨胞、侨民协会、贸易和工业信息，是政府智囊团和政策制定者，是社会治理与国家关键利益相关者，是为所有海外印度人提供信息、促进便利与建立合作关系的部门。[1] 海外印度人事务部由一名内阁部长领导，下设海外印度人服务司、移民服务司、经济服务司、行政管理司等部门。海外印度人事务部负责统筹规划所有侨务工作，再通过其他专门机构实施具体侨务政策，与涉侨相关机构密切配合，处理有关海外侨胞事务。

第二，印度不断完善海外侨胞政治权利保护制度。印度准许海外侨胞申请印度公民身份。1999 年 3 月，印度内务部开始颁发印裔卡（PIO）。凡根据 1935 年印度政府法令确认本人及配偶或父母、祖父母、曾祖父母（即四代人）出生于印度，印度永久居民以及印度公民的配偶，每人交纳 1 000 美元，即可申请印裔卡。持有印裔卡者能够得到为期 20 年、可多次入境的签证，并能享受子女教育、购置房产等权利；持有印裔卡者访问印度无须签证，如果在印度停留不超过 180 天，只需向外国人登记处登记即可。[2] 印

[1] Ministry of Overseas Indian Affairs, 25 million Overseas Indians across the globe: Ministry of Overseas Indian Affairs Annual Report 2006 – 07, 2007, pp. 6 – 8, https://www.mea.gov.in/images/pdf/annual – report – 2006 – 07.pdf，访问日期：2016 年 2 月 5 日。

[2] Chandrashekar Bhat, India and Indian Diaspora: A Policy Issues, pp. 5 – 6. http://www.uohyd.ernet.in/sss/cinddiaspora./0cc4.html，访问日期：2020 年 3 月 20 日。

度于2003年修改宪法中的国籍条款，放宽国籍政策。根据2005年《印度国籍法》规定，除巴基斯坦、孟加拉国的公民外，以下各类人员，只要达到年龄并拥有完全法律能力，均可申请海外印度公民身份：曾是印度公民或在宪法生效后的任何时间曾是印度公民的外国人；在宪法生效时有资格成为印度公民的外国人；或是某国公民，但该国在1947年8月15日后成为印度领土；上述外国人的后裔。符合条件的海外侨胞需向中央政府提出申请，由中央政府授予海外印度公民身份。海外印度公民可随时根据自己的需要多次进入印度，而且不受居住期限限制，也不需向外国人入境居留机关登记。除有关农业和种植业的财产并购外，海外印度公民在经济、财政和教育方面享有与印度居民、印侨平等的权利。海外印度人事务部还明确海外印度公民所享有的其他权利，具体包括与印侨平等地享有收养印度儿童的权利，与印度居民缴纳相同的国内航空税费，可以在印度从事医生、牙医、护士、药剂师、诉讼代理人、建筑师和注册会计师等职业，有权参与印度职业资格考试并获得职业认证，但海外印度公民不得通过选举担任政府公职或任职有关联邦或州的公共服务岗位。海外印度人事务部强调，海外印度公民制度并非承认双重国籍，因为海外印度公民未被授予政治权利。[1]《印度国籍法》第7章第3、4节分别规定了放弃或取消海外印度公民身份的条件。印度政府强调，印度宪法不允许实行双重国籍，国会修改的只是1955年公民权法案，不可将实施“海外公民权”计划误解为实施“双重国籍”，因为印度海外公民在印度没有选举权和被选权，不能当

---

[1] Ministry of Oversea Indian Affairs, “OCI is not to be misconstrued as ‘dual citizenship’. OCI does not confer political rights”, http://moia.gov.in/services.aspx?id1=35&id=m3&idp=35&mainid=23，访问日期：2016年5月13日。

选各级议员，不得出任政府官员、最高法院法官、总统、副总统等职务，印度海外公民也不能获得普通印度护照，仅能得到一本与印度护照相似的登记证书和象征印度海外公民资格且永久有效的“U”型签证，这份签证须附在该移民的外国护照上，并与“印度海外公民”登记证同时使用。[1] 2006 年印度正式实施“海外印度人公民身份”计划，为注册的印裔外国人颁发海外印度公民身份卡，并将该计划的适用范围由原来 7 个国家扩大到英国、美国、加拿大、澳大利亚、新西兰、新加坡、马来西亚、荷兰、意大利、爱尔兰、葡萄牙、瑞士、希腊、塞浦路斯、以色列、法国、瑞典和芬兰等 18 个国家。[2] 后又进一步扩大到除巴基斯坦和孟加拉国两国之外的所有海外印度移民，只要他们或其四代以内的先人是 1950 年 1 月 26 日之后移民海外，并且其所在国允许某种形式的“双重国籍”，即可申请海外印度公民身份。他们可终身自由出入印度国境，在印度国内无论居住多长时间均无须到警察局登记，是印度海外公民普遍感受到的最大收益，充分体现了海外公民卡的居留证性质。截至 2016 年 1 月，超过 200 万印裔获得海外印度公民身份。[3] 2019 年，印度上议院通过的《印度公民身份修正法案》，决定放宽阿富汗、孟加拉国和巴基斯坦三国公民取得印度国

---

[1] Amit Baruah, Dual Citizenship for PIOs in Some Countries: PM, *The Hindu*, Jan. 10, 2003.

[2] T. K. Oommen, Conceptualizing Nation and Nationality in South Asia, in S. L. Sharma and T. K. Oommen (ed.), Nation and Nationality in South Asia. New Delhi: Orient Longman, 2000, p. 1.

[3] Ministry of External Affairs, Annual Report 2015 - 2016, Policy Planning and Research Division, Ministry of External Affairs (Government of India), New Delhi, 2016, p. 209, http://www.mea.gov.in/Uploads/PublicationDocs/26525_26525_External_Affairs_English_AR_2015-16_Final_compressed.pdf, 访问日期：2020 年 1 月 10 日。

籍的条件，这三个国家的印度教徒、佛教徒、锡克教徒、耆那教徒、拜火教徒和基督徒移民只需在印度工作生活满6年，就能获得快速加入印度国籍的机会。[1] 但由于该法案将穆斯林排除出快速入籍通道，在国内外引起了巨大争议。印度通过修改宪法放宽国籍限制，赋予海外印度人公民身份，为海外侨胞在印度投资创业、探亲访友、生活、旅行等提供了极大便利，增强了民族凝聚力，为印度引进海外侨胞的智力财力创造了有利条件。同时不断加强对海外侨民选举权利的保护力度。2010 年，印度议会通过 1950 年《印度人民代表法》修正案，赋予拥有印度护照的海外印度人参与选举的权利。2011 年印度政府公布的 1960 年《印度选举注册法》修正法案允许海外选民在其护照所记载的印度居住地所在选区进行选民登记。海外选民可通过填写特定表格、提供所要求的文件复印件，直接向选民登记中心申请，也可通过把相关材料邮寄到选民登记中心提出申请。选民登记条例允许申请人自行提供证明文件。根据选民名册统计，2013 年印度海外选民总数达到 11 328 人。[2] 2016 年，印度选举委员会启动电子投票程序，为海外侨胞行使选举权提供便利，海外选民可在海外通过电

---

[1] Rahul Kanwal, "Will Provide Citizenship to Persecuted Minorities: Rajnath Singh," India Today, Dec. 8, 2019, https://www.indiatoday.in/india/story/once-rafale-is-inducted-our-enemy-will-think-very-hard-before-doing-anything-air-chief-bhadauria-1628754-2019-12-16，访问日期：2021 年 1 月 19 日。

[2] Ministry of Oversea Indian Affairs, Annual Report 2012-2013, Policy Planning and Research Division, Ministry of External Affairs (Government of India), New Delhi, 2013, p. 14, http://www.mea.gov.in/Uploads/PublicationDocs/21385_Annual_Report_2012-2013_English.pdf，访问日期：2018 年 10 月 9 日。

子投票行使选举权利。[1]

第三，重视保护海外侨胞文化权利保护。印度政府定期组织各种文化活动，通过建立海外侨胞教育制度、举办“认知印度”等活动，加强海外青年侨胞与印度的联系，增进他们对印度文化的了解与认同。2003 年以来，印度政府于每年 1 月 9 日举办“海外印度人节”，召集海外侨胞代表与政府官员共同商讨印度发展事宜，嘉奖为印度发展做出显著贡献的海外侨胞。海外印度人节规模盛大，内容丰富，包括印度总统为海外侨胞颁发海外印度萨曼奖等。从 2007 年开始，海外印度人事务部还先后在美国、加拿大、荷兰等印度海外侨胞集中的地区举办小型的海外印度人节。主办方与当地印度社团合作并邀请当地政府首脑参加，旨在加强印度海外侨胞团结，促进海外印度人社区建设，扩大印度人在当地的影响。举办海外印度人节，表彰来自世界各地的杰出海外侨胞，不仅促进了世界各地海外侨胞的团结，而且为侨胞与政府互动提供重要平台，加强了印度政府与侨胞的交流。印度以节日庆祝与表彰成就的方式表达对海外移民的重视，在丰富海外侨胞文化生活的同时，增强了侨胞与祖（籍）国的联系。

印度建立海外侨胞教育制度。为保障海外侨胞在印度接受教育的权利，印度政府于 2006 年设立海外侨胞子女奖学金项目，每年提供 100 个高达 4 000 美元的大学本科奖学金名额，奖学金获得者可以在印度高校选修工程技术、人文地理、商业管理、新闻旅业、农牧养殖等课程。奖学金申请人的评估和筛选主要由印度人

---

[1] Ministry of External Affairs, Annual Report 2015 – 2016, Policy Planning and Research Division, Ministry of External Affairs (Government of India), New Delhi, 2016, p. 209, http://www.mea.gov.in/Uploads/PublicationDocs/26525_26525_External_ Affairs_English_AR_2015 – 16_Final_compressed.pdf，访问日期：2020 年 1 月10 日。

力资源发展部和海外印度人事务部官员组成的评选委员会负责。2018 年共为 150 名侨胞子女发放奖学金，2019 年选出奖学金候选人 105 名。[1] 从 2006 年开始，海外印度人事务部与联邦政府每年主办为期 3 周的“认知印度”活动，组织海外青年侨胞回国观光，提高他们对印度历史、政治、经济、文化教育的认识水平。参与者由印度驻外使领馆推荐，年龄集中在 18 至 26 岁之间。[2] “认知印度”活动为海外青年侨胞提供一个了解祖（籍）国、交流思想的平台，有助于加强他们与印度的联系。2008 年 10 月，海外印度人事务部组织“寻根”活动。有意返印寻根的印裔外国人只要到自己所在国的使领馆填写表格，提供相关资料和信息，并交付 30 000卢比，使领馆就会安排承包此项业务的“Indiroots”公司帮海外侨胞“寻根”。[3] 2012 年开始，印度政府每两年举办一次“学习印度”活动。其主要内容是海外印度人事务部联合印度学校为海外青年侨胞提供为期 4 周的学习机会，由学校为海外青年侨胞提供短期课程，课程涉及印度历史、艺术、文化、政治、经济等内容。

第四，重视对海外侨胞经济权利的保护。印度通过设立侨胞

[1] Ministry of External Affairs, Annual Report 2018 - 2019, Policy Planning and Research Division, Ministry of External Affairs (Government of India), New Delhi, 2019, p. 313, http://www.mea.gov.in/Uploads/PublicationDocs/31719_MEA_AR18_19.pdf，访问日期：2020 年 1 月 12 日。

[2] Ministry of Oversea Indian Affairs, Annual Report 2012 - 2013, Policy Planning and Research Division, Ministry of External Affairs (Government of India), New Delhi, 2013, p. 17, http://www.mea.gov.in/Uploads/PublicationDocs/21385_Annual_Report_2012 - 2013_English.pdf，访问日期：2018 年 10 月 9 日。

[3] Ministry of Oversea Indian Affairs, Annual Report 2012 - 2013, Policy Planning and Research Division, Ministry of External Affairs (Government of India), New Delhi, 2013, p. 19, http://www.mea.gov.in/Uploads/PublicationDocs/21385_Annual_Report_2012 - 2013_English.pdf，访问日期：2018 年 10 月 9 日。

投资促进机构、完善经济制度等措施，保护海外侨胞在印度的经济权益。一是设立海外侨胞贸易与投资促进机构。海外印度人事务部下设经济服务司，负责筹建促进贸易与投资的协助中心、基金会与网络，引进海外资金与人才。为给侨胞投资者提供“一站式”服务，印度专设海外印度人便利中心，为侨胞提供多样化的投资便利服务。[1] 该中心每月编发时事通信，发布印度最新投资趋势与投资指引，以及一年一度的印度经济峰会等信息，帮助侨胞在印度寻找商机。该中心还组织海外侨胞通过互联网共享印度投资信息，其官方网站提供人工客服与专家咨询服务，为海外投资者解答疑难问题。该中心高效便民、信息透明，有效保障海外侨胞的知情权和经济利益。二是在总理办公室设立海外侨胞咨询服务机构。为及时了解海外侨胞诉求，印度在总理办公室设立全球顾问委员会，作为海外印度人事务最高咨询机构。该委员会每年开会两次，总理亲自担任委员长，会见来自世界各地的海外侨胞委员。该委员会是印度的侨务智囊团，为促进政府与海外侨胞交流、吸收海外侨胞的先进知识和资本提供了机制保证。印度政府还紧跟互联网发展潮流，构建“虚拟智库”——全球印度人知识网络，搭建世界各地侨胞精英与印度国内同行交流的信息桥梁，既促进了海外印度人之间的交流，也有利于国内经济发展难题的解决。三是不断完善海外投资政策。2000 年 3 月，印度根据《印度外汇管理法》出台海外直接投资政策。此后，印度政府不断根据社会经济发展的实际需要进行修改，对进入印度投资的路径、限制投资的行业以及证券行业投资、合并收购等具体事宜作出详

---

[1] Katie Kuschminder, MetkaHercog, The power of the strong state: A comparative analysis of the diaspora engagement strategies of India and Ethiopia, Social Science Electronic Publishing, 2011, p. 38.

细规定。

第五，高度重视海外劳工权益保护。印度政府注重对海外务工移民的保护，通过设立专门机构、制定专门法规加强海外劳工管理，成效十分显著。印度设立海外劳工保护专门机构。海外印度人事务部下设移民服务司，负责移民管理立法改革，制定与实施海外移民政策，签署国际移民协定，保护与管理海外移民。为防止海外劳工在劳务国家遭受不法侵权，2008 年海外印度人事务部成立印度海外就业促进委员会，该委员会设立新兴国家和地区海外就业特殊机遇资料库，及时掌握国际劳工市场动向，与专业机构、私有企业合作开展劳工培训，提高印度劳工技术水平与国际竞争力，促进印度人海外就业；同时负责向政府提供海外劳工保护对策与建议。为及时向印度民众提供海外就业信息，海外印度人事务部设立海外劳工资源中心。该中心开放电话热线，为海外移民提供就业咨询并接受投诉，印制劳工出国前培训手册和培训员手册，开办培训员和劳工训练班，2019 年开办训练营 14 个，培训训练员 309 人。[1] 印度注重加强海外劳工管理。印度通过立法规范海外就业招募活动，对公民劳务出境实行严密监控。根据 1983 年《印度移民法》规定，招募印度公民到海外就业的机构必须向移民保护办公室登记注册，获得招募许可的条件包括具有健全的财务保证、良好的信誉、适当的办公场所以及丰富的劳务输出经验等。《印度移民规则》第七条规定，招募机构申请注册登记需要交纳 25 000 万卢比的保证金。印度公民在移民前须获得移民

---

[1] Ministry of External Affairs, Annual Report 2018 – 2019, Policy Planning and Research Division, Ministry of External Affairs (India Government), New Delhi, 2019, pp. 308 – 309, http://www.mea.gov.in/Uploads/PublicationDocs/31719_MEA_AR18_19.pdf，访问日期：2020 年 1 月 12 日。

保护办公室和劳动部颁发的移民出境许可证，并须在护照上签注。颁发出境许可证之前，移民保护办公室必须核查雇佣合同的内容及雇主为劳工提供的工资、食宿、医疗、交通等条件，以保证印度工人免遭剥削。❶ 招聘非技术工人、农场工人与妇女，还必须由印度大使馆为就业协议开具证明。如果收到有关海外印度工人被剥削、拖欠工资、单方面改变工人合同、任意更换工作等情况的投诉，移民保护办公室会要求有关招聘代理人将工人遣返回国。如果招聘代理不遵守规定，就暂停或取消其注册资格，并以其银行担保金支付遣返费用。印度驻外使领馆也接受有关外国雇主、保荐人或外国政府的投诉。❷ 为保证移民手续简单便捷、公开透明和人性化，印度大力推行劳工管理电子化。移民管理机构将招募机构和移民的信息录入电子系统，出入境处可以直接在电子系统上核实移民信息，印度海外使领馆也可以通过电子系统与招募者取得联系，保障海外劳工的人身安全。电子化管理不仅提升对海外劳工的服务质量，还有助于杜绝官员的腐败和玩忽职守，促进印度劳动力在国际市场合法自由流动。印度还通过国际合作保障海外劳工权益。印度政府通过与劳务输入国展开双边合作，共同保障海外务工移民的权益。首先是与劳务输入国签署劳务合作备忘录。20 世纪 80 年代以来，印度与约旦、卡塔尔、阿拉伯联合酋长国、科威特、也门、马来西亚等主要劳务输入国签订双边劳务合作谅解备忘录，以确保为印度移民提供更好的保护与福利。双边劳务合作谅解备忘录主要包含下列内容：共同增加就业机会和

---

❶ Ministry of External Affairs (Government of India), Model Contract, http://www.mea.gov.in/model-contracts.html，访问日期：2019 年 5 月 10 日。

❷ Ministry of Oversea Indian Affairs, Annual Report 2012-2013, India, 2013, pp. 21-22.

在工人的保护与福利上进行双边合作；东道国特定的部门采取措施保护工人，为工人提供福利；雇主在招聘印度工人时应遵循的法律程序；聘用条件符合两国法律规定；双方成立联合工作组，以确保谅解备忘录的执行，并定期开会，寻求解决双边劳工问题的办法。[1] 其次是建立人力资源流动伙伴关系。印度与丹麦、荷兰、澳大利亚、法国、波兰、捷克、挪威、瑞典、罗马尼亚、比利时、毛里求斯、匈牙利以及欧盟建立人力资源流动伙伴关系。[2] 通过双边合作最大限度地促进劳工流动并减少风险，促进合法的国际劳工流动，减少非法移民。第三是签订双边社会保障协议。截至2017年1月，印度已经与比利时、法国、德国、瑞典、卢森堡、荷兰、匈牙利、丹麦、捷克、韩国、挪威、日本、芬兰、加拿大、奥地利、葡萄牙、澳大利亚、魁北克等18个国家和地区签订了社会保障双边协议，基本内容包括养老、遗属与残障保险，部分协定还覆盖了医疗保险。[3] 这些双边协定基于互惠原则为高技术工人提供福利：根据所在国法律免除最高60个月的社保，但需要在本国支付社会保障金；移民劳工向所在国缴纳社保，完成合同或退休后回国或移居他国后，仍有权享受该国社会保障福利；这些福利也适用于由印度国内雇主雇佣的、在本国工作的外国劳动者；

---

[1] Ministry of Oversea Indian Affairs, Annual Report 2012 – 2013, Policy Planning and Research Division, Ministry of External Affairs (Government of India), New Delhi, 2013, p. 23, http://www.mea.gov.in/Uploads/PublicationDocs/21385_Annual_Report_2012 – 2013_English.pdf，访问日期：2018年10月9日。

[2] Ministry of Oversea Indian Affairs, Annual Report 2012 – 2013, Policy Planning and Research Division, Ministry of External Affairs (Government of India), New Delhi, 2013, p. 28, http://www.mea.gov.in/Uploads/PublicationDocs/21385_Annual_Report_2012 – 2013_English.pdf，访问日期：2018年10月9日。

[3] Ministry of External Affairs (Government of India), Social Security Agreements, http://www.mea.gov.in/bilateral – documents.htm? dtl/26465/Social_Security_Agreements，访问日期：2020年3月9日。

根据劳工在两个国家的工龄确定养老金额度。[1]

此外，印度为海外劳工设立保障基金。为帮助海外劳工中的弱势群体，海外印度人事务部成立了印度社区福利基金。至2013年，已在18个印度劳工聚集地国家建立此类社区福利基金机构。基金由印度海外使领馆支配，用于救助遭遇困难的海外印度劳工，包括安排食宿以及遣返等费用。[2] 2009—2019年，大约有13万海外侨胞获得该基金的资助。[3]

三、印度海外侨胞权益保护制度的特点与启示

20世纪90年代以来，基于民族主义思想和大国复兴的战略需要，印度将海外侨胞视为重要资源，紧跟时代发展步伐，不断完善侨务政策法规，加强海外侨胞权益保护，形成特色鲜明的海外侨胞保护法律与政策体系。印度侨务立法起步晚，但起点高，在立法、执法以及民间组织互动等方面均积累了丰富的经验。印度在中央设立专门侨胞管理机构，构建完备的海外侨胞权益保护法律体系，保护内容比较全面，尤其注重海外侨胞的经济、社会与文化权利保护。印度侨务立法保护对象广泛，覆盖印侨、印裔

---

[1] Ministry of Oversea Indian Affairs, Annual Report 2012 – 2013, Policy Planning and Research Division, Ministry of External Affairs (Government of India), New Delhi, 2013, pp. 28 – 29, http://www.mea.gov.in/Uploads/PublicationDocs/21385_Annual_Report_2012 – 2013_English.pdf，访问日期：2018年10月9日。

[2] Ministry of Oversea Indian Affairs, Annual Report 2012 – 2013, Policy Planning and Research Division, Ministry of External Affairs (Government of India), New Delhi, 2013, p. 24, http://www.mea.gov.in/Uploads/PublicationDocs/21385_Annual_Report_2012 – 2013_English.pdf，访问日期：2018年10月9日。

[3] Ministry of External Affairs, Annual Report 2018 – 2019, Policy Planning and Research Division, Ministry of External Affairs (Government of India), New Delhi, 2019, p. 311, http://www.mea.gov.in/Uploads/PublicationDocs/31719_MEA_AR18_ 19.pdf，访问日期：2020年1月12日。

以及绝大部分流散海外的印度族群。通过立法赋予海外侨胞与国内公民基本同等的经济权利、文化权利，通过国际合作保障海外印度劳工的人身安全与社会福利。印度海外侨胞保护成效显著，增强了海外侨胞对印度文化的认同，为印度社会经济发展提供了重要动力，同时也得到国际社会广泛认可，印度因此受益良多。

虽然印度与我国国情不尽相同，但中印同为发展中国家，均为世界侨务大国，印度侨胞保护的实践经验对中国不乏启示意义。我国虽然颁行了《归侨侨眷权益保护法》等法律法规，但侨务法律体系尚不完备，华侨权益保护法并未出台，外籍华人法律制度基本空白。长期以来，我国习惯于严格区分华侨与外籍华人，将华人等同于一般外国人，并将其排除在华侨立法保护对象之外，制约立法目标的实现。外籍华人占我国侨胞人数的绝大比重，他们既是我国社会经济发展的重要资源，也是沟通中国与国际社会的重要桥梁。我们必须及时更新侨务观念，以国际侨胞保护理论为基础，尽快制定专门的华侨权益保护法，将外籍华人纳入立法保护范围；加强海外侨胞文化权益保护，增强侨胞对中华文化的认同。应当采用更加灵活的国籍政策，为侨胞出入国境、回国投资提供便利，调动他们参与祖（籍）国建设的积极性。身居国外是海外侨胞最为显著的特点，因此，海外侨胞权益保护应当坚持国内法与国际法保护并重的原则，完善本国侨务法律制度，健全国内法与国际法的衔接机制，合理运用国际规则，加强国际合作，提高海外侨胞保护成效。

第三节　海外侨胞权益保护的俄罗斯经验

俄罗斯重视海外同胞权益保护立法，构建了比较完善的法律体系；其相关立法既有专门法律法规和行政命令，也有散见于各部门法的有关规定，内容涉及国籍制度以及政治、经济、文化权利保护等方面；俄罗斯通过专门立法、实行有限双重国籍制度，为海外同胞权益保护奠定法律基础，并且取得显著成效。俄罗斯的侨务立法实践对我国侨务法治建设具有重要借鉴意义。[1]

一、俄罗斯海外同胞权益保护的法律体系

（一）“海外同胞”的法律界定

我国侨务法律法规及政策中最常使用的是“华侨”和“（外籍）华人”两个术语，前者是指定居在国外的中国公民；后者是指已加入外国国籍的原中国公民及其外国籍后裔，以及中国公民的外国籍后裔[2]，二者的主要区分标准为是否具有中国国籍。而俄罗斯的法律文本中最常见的相关术语是“同胞”。根据《俄罗斯海外同胞政策法》，“海外同胞”是指永久定居在俄罗斯联邦领土范围外的俄罗斯公民，也指现定居在俄联邦境外，历史上曾作为俄罗斯人民居住于俄联邦境内的人及其后裔、直系亲属，曾居住在俄联邦并

---

[1] 该部分参见乔素玲：“俄罗斯海外同胞权益保护制度探析”，载《华侨华人历史研究》2018 年第 4 期，第 64～72 页。

[2] 国务院侨务办公室：“关于界定华侨外籍华人归侨侨眷身份的规定”，见董传杰主编：《涉侨法规政策文件汇编（2014 年版）》，暨南大学出版社 2014 年版，第 15～16 页。

自由地选择在精神上、文化上、法律上与俄罗斯联邦建立关系的人。具体包括：现定居在原苏维埃社会主义共和国联盟原加盟共和国、获得该国国籍或无国籍的原苏维埃社会主义共和国联盟公民；从俄罗斯共和国、原苏维埃俄国、原苏维埃社会主义共和国联盟、俄罗斯联邦移民并曾拥有相应国籍且已成为外国公民或无国籍的人。从以上规定可以看出，俄罗斯的“海外同胞”与我国的“华侨华人”“海外侨胞”意思颇为相近，但前者所指范围更为宽泛。

（二）海外同胞权益保护法律体系的构成

俄罗斯是联邦制国家，其法律体系由联邦法和地方法两大部分共同构成。俄罗斯注重法典编纂，构建了比较完整的成文法体系。联邦法律体系主要由联邦宪法、法典、法律、行政法规、行政命令等共同构成，联邦宪法和联邦法律在俄罗斯领土范围内具有优先适用的效力。俄罗斯海外同胞权益保护立法虽然起步较晚但发展很快，目前已经形成相对完善的制度体系。宪法中有部分与海外同胞权益保护相关的规定；民法典、刑法典等法典中也有部分相关内容；俄罗斯虽无专门的海外同胞权益保护法典，但联邦法律层面有海外同胞专门立法——《俄罗斯海外同胞政策法》；其他相关联邦法律也有涉及海外同胞权益保护的条款。

首先，俄罗斯的宪法和法律均对海外同胞权益保护作出专门规定。1993 年《俄罗斯宪法》对根本宪法制度、人和公民的权利与自由等做了比较全面的原则性规定，其中第六十一条规定：“俄罗斯联邦对其居住在境外的公民提供保护和庇护”，为海外同胞权益保护奠定了宪法基础。《俄罗斯海外同胞政策法》是俄罗斯联邦海外同胞权益保护的专门立法。该法于 1999 年颁布施行，原有二十七条，后经 9 次修订，目前有效条款共二十条。该法明确了海外同胞的认定标准、海外同胞与俄罗斯的关系以及海外同胞在国内的法律地位，同时也较为全面地规定了海外同胞所享有的各种权利，联邦及各联邦主体权力机关在保护海外同胞方面的责任与义务。根据该法规定，俄罗斯联邦海外同胞政策的原则是互利合作，目标主要包括实现海外同胞利益的法律保护以及使海外同胞平等地在国外生活或返回俄罗斯。联邦及联邦地方主体国家权力机关依法从国家及地方预算中向海外同胞相关工作拨款，并可成立致力于帮助海外同胞的公共基金和其他社会组织，国家鼓励自然人及法人依法从事保护海外同胞的慈善活动。《俄罗斯国籍法》则对国籍问题作出具体规定。该法于2002年通过并正式生效，后根据侨情变化多次进行修改。此外，《俄罗斯出入境秩序法》（1996）、《俄罗斯外国公民法律地位法》（2002）、《俄罗斯外国公民及无国籍人移民登记法》（2006）、《俄罗斯公民选举权及全民公投参与权基本保障法》、《俄罗斯领事条例法》等法律也对侨民权益保护作出相关规定。

其次，俄罗斯还出台了海外同胞权益保护的行政法规与命令。俄罗斯为了吸引国外定居的侨民回归祖国，于2006年出台《关于协助海外同胞自愿移居俄罗斯联邦的措施的总统令》，确认《关于协助海外同胞自愿移居俄罗斯联邦的措施的国家计划》（以下简称《国家计划》）及其实施计划的法律效力，并规定了成立专项委员会等相关事宜。2012年，为了提升《国家计划》的实施效果，俄罗斯总统普京签署第1289号总统令《关于实施协助海外同胞自愿移居俄罗斯联邦的措施的国家计划》，对《国家计划》进行全面修订。近年来，普京也在不同场合多次强调加强俄罗斯海外同胞权益保护。2012年7月，普京总统在出席俄罗斯大使及常驻代表会议时指出："俄罗斯外交和领事机构应当全天候保护我们的公民及海外同胞的权利和利益。应当迅速地回应人民的需求，提供一切必要的援助和支持。”❶ 此外，俄罗斯关于海外同胞权益保护的行政法规与命令还有《俄罗斯领事机构规定》《关于设立支援与保护海外同胞基金会的总统令》等。俄罗斯十分重视海外同胞事务规划。除《国家计划》外，俄罗斯正在实施的相关政策规划还有“移民政策构想 2025”“俄罗斯联邦民族政策构想”“俄罗斯国家人口政策构想 2025”以及“新增长模式——新社会政策”，等等。❷

二、俄罗斯海外同胞权益保护制度的主要内容

（一）国籍与身份认定

侨民身份认定是侨务立法的基本内容，是权益保护的基础，其中国籍归属是侨民身份认定的关键。国籍是一个国家确定个人为其公民的根据，也是确定个人法律地位的重要根据，既体现个人和国家的法律关系，是个人与国际法之间的主要联系，也是国家行使管辖权、外交保护权的重要根据。❸ 俄罗斯强调国籍的平等性和公民国籍权利的不可剥夺性。《俄罗斯宪法》第六条规定了俄罗斯国籍的统一性和平等性、公民的权利义务对等性以及公民拥有俄罗斯国籍和改变国籍权利的不可剥夺性，不论公民通过何种方式取得国籍，俄罗斯对全体公民一视同仁。《俄罗斯宪

❶ ［俄］克里姆林宫官网：“俄罗斯大使及常驻大使会议”，Совещаниепословипостоянныхпредставителей Рос сии. http://www.kremlin.ru/events/president/news/15902，访问日期：2017 年 6 月 7 日。

❷ 肖斌：“俄罗斯侨务资源及其对远东地区的作用”，《东北亚学刊》2017 年第 3 期，第 31～34 页。

❸ 李双元、蒋新苗主编：《现代国籍法》，湖南人民出版社 1999 年版，第 5～7 页；金默生、柴发邦《中华人民共和国国籍法讲话》，群众出版社 1981 年版，第 1～4 页。

法》第六条规定："1. 俄罗斯联邦国籍的获得和取消要依据联邦法律进行。不论通过什么方式获得，俄罗斯联邦国籍是统一的和平等的。2. 俄罗斯联邦的每个公民在俄罗斯联邦的领土上都享有俄罗斯宪法所规定的一切权利与自由，并承担相同的义务。3. 俄罗斯联邦公民不能被剥夺自己的国籍，也不能被剥夺改变自己国籍的权利。"该规定为平等保护通过继受取得俄罗斯国籍的海外同胞提供了宪法依据。俄罗斯有限承认双重国籍。俄罗斯公民加入外国国籍后，在符合法律规定的条件下，可以保留俄罗斯国籍。《俄罗斯宪法》第 62 条规定："俄罗斯联邦公民可以根据联邦法律或俄罗斯联邦签署的国际条约拥有外国国籍（双重国籍）。如果联邦法律或俄罗斯联邦签署的国际条约未做其他规定，俄罗斯联邦公民拥有外国国籍不损害其现有的权利和自由，也不免除其因俄罗斯国籍而产生的义务"。《俄罗斯民法典》第一千一百九十五条规定，"如果自然人除俄罗斯联邦国籍外还具有外国国籍，则其本国法为俄罗斯法"。也就是说，对于具有双重国籍的俄罗斯人，确定其法律地位时应适用俄罗斯法律，同时要求拥有双重国籍的俄罗斯公民必须向俄罗斯主管部门申报。2014 年修订的《俄罗斯国籍法》第六条规定，俄罗斯联邦将具有外国国籍的俄罗斯公民只视为俄罗斯公民，俄罗斯缔结的国际条约及联邦法律另有规定除外；俄罗斯公民取得外国国籍不会引起其俄罗斯国籍的丧失；居住在俄境内的俄罗斯公民一旦取得外国国籍或长期居留权，必须在 60 日内向移民事务主管部门提出书面申报，俄罗斯缔结的国际条约及联邦法律另有规定除外。《俄罗斯刑法典》第 330 条规定，不依法履行申报双重国籍或外国长期居留权的义务将构成专行擅断行为，可能面临罚金、义务性劳动、矫正性劳动或拘禁等刑罚。[1] 这表明俄罗斯并不反对本国公民加入外国国籍，同时不断强化对双重国籍的规范管理。

（二）保护机构与方式

首先，国内保护机构与方式。俄罗斯国内主管海外同胞事务的机构是内务部。内务部设有移民问题总局，负责海外同胞政策和制度的实施，主管俄罗斯公民双重国籍或外国长期居留权的申报等事务。海外同胞在国内各项权益受到侵害，可与国内公民一样寻求行政与司法机构的保护与救济。主要保护和救济方式包括行政救济、司法救济、仲裁救济等。

其次，海外保护机构与方式。境外的俄罗斯公民或海外同胞需要俄罗斯的支持时，主要求助渠道有外交机构和非营利组织的保护与协助。前者主要是由俄罗斯驻外大使馆、领事馆提供的保护和协助，后者主要是由官方或非官方的非营利组织（基金会）提供的帮助。与世界上大多数国家一样，外交与领事保护是俄罗斯最重要的海外保护方式。俄罗斯是《维也纳领事关系公约》缔约国，并于2010年颁行《俄罗斯领事条例法》。《俄罗斯领事条例法》规定了领事在海外维护俄罗斯联邦及其公民、法人的权益方面的权利和义务。根据该法第五条规定，领事职能主要包括：依法律授权审查俄罗斯国籍问题和执行相关决定；为海外俄罗斯公

---

[1] 《俄罗斯刑法典》第三百三十条规定：“专行擅断，即违反法定程序或者其他规范性法律文件规定，实施受合法性组织机构或公民质疑的任何形式的恣意行为。如果因此导致严重损害的，应当判处数额为八万卢布以下或者被判刑人六个月以内工资或其他收入罚金刑，或为期一百八十个小时以上二百四十个小时以下义务性劳动刑，或为期一年以上两年以下矫正性劳动刑，或为期三个月以上六个月以下的拘禁刑。”另参见新华网：“俄要求公民申报双重国籍”，http：//news. xinhuanet. com/world/2014 – 08/05/c_126831654. htm，访问日期：2017 年 6 月 10 日。

民办理发放身份证明文件；为外国人及无国籍人发放签证；登记在海外临时居住或永久定居的俄罗斯公民；采取措施保护在领事辖区范围内被逮捕、监禁、拘禁或拘留的俄罗斯公民的权利与合法利益；搜寻在领事辖区范围内失踪的俄罗斯公民；为领事辖区范围内的俄罗斯公民实现选举权及参与全民公投提供支持；领事公证与认证；收集与公民及法人权益相关的文件；保护领事辖区范围内需要托管或监护的俄罗斯公民的权利及合法利益；对在领事辖区范围内悬挂俄罗斯国旗的船泊、军舰、军用辅助船、在俄罗斯登记的航空器、机动车辆和铁路运输及其人员提供必要协助；在卫生、植物检疫、兽医学保护方面采取措施；登记、保护、安置俄罗斯军方和民间的墓葬等。根据 1998 年颁行的《俄罗斯领事机构规定》，维护俄罗斯国家、公民及法人在接受国的权益是领事馆的基本任务和职能。领事馆应当推动俄罗斯与接受国在各个方面的合作，通过合法方式查明接受国在贸易、经济、文化和科技等方面的规定和动态，向俄罗斯外交部和驻在国大使馆通报，提出发展俄罗斯与接受国之间关系的建议，在领事辖区范围内宣传俄罗斯联邦国内外政策、社会经济文化和宗教生活的官方信息等。使领馆提供的保护和协助面向所有海外俄罗斯公民，定居在海外的俄罗斯公民只是其保护对象的一部分，但未取得俄罗斯国籍的海外同胞则难以得到俄罗斯使领馆的外交或领事保护。使领事馆提供的协助主要涉及政治权益保护、国籍身份认定以及人身自由保障等。俄罗斯非营利组织在海外权益保护方面的作用日益突出。俄罗斯重视发挥非营利组织在海外同胞权益保护方面的作用。根据俄罗斯法律规定，为了支援海外同胞，可以在俄罗斯设立公共基金会和其他公共团体。俄罗斯国内外非营利组织种类繁多，有的系俄罗斯官方设立并划拨资金，有的由海外同胞自发组织；有的为海外同胞提供全方位服务，有的则致力于为海外同胞解决专门问题。其中影响较大的有全球海外同胞大会以及海外同胞权益维护基金会。全球海外同胞大会是保障海外同胞与俄罗斯联邦及地方主体国家权力机关之间相互关系的最高代表机构。该大会每三年至少召开一次，在两次大会间隔期可以召开全球海外同胞会议。全球海外同胞大会及全球海外同胞会议的代表由海外同胞社会组织在居住国召开的海外同胞会议中选举产生。全球海外同胞大会下设全球俄罗斯海外同胞协调委员会，负责在非上述会议举行期间海外同胞与联邦及各联邦国家主体权力机关之间的联系，并协调海外同胞相关事务。根据2011年第678号总统令，俄罗斯外交部创建海外同胞权益维护基金会（以下简称基金会）。基金会资产由联邦预算支出、个人和机构自愿捐赠及其他合法来源共同构成。基金会致力于为海外俄罗斯同胞提供司法协助，保障其与居住国本国公民享有同等权利，促进海外俄罗斯同胞社群团结。基金会在很多国家和地区设立俄侨法律援助中心。2012年，基金会在俄罗斯海外同胞数量较多、侵权事件频发的5个苏维埃社会主义共和国联盟原加盟共和国设立7个法律援助中心。这些法律援助中心为俄罗斯海外同胞提供免费法律咨询、法律援助并普及法律知识。[1] 基金会通过与俄罗斯境外机构的合作或者为律师提供资助，帮助俄罗斯侨民通过司法等途径维护自己在居住国的合法权益，取得明显成效。如2016年，保加利亚发生俄罗斯人子女免费入学受阻事件。在基金会支持下，通过委托当地律师起诉保加利亚教育科技部，成功恢复了在当地合法居留的俄罗斯人子女免费接受中等教育的权利。至2016年，基金会共为约4万名海外同胞

[1] 察哈尔学会网站："专访俄罗斯海外同胞基金会主席伊戈尔"，http：//www.charhar.org.cn/newsinfo.aspx？newsid＝5648，访问日期：2017年5月17日。

提供法律援助。目前，基金会在 42 个国家开展了 300 多个援助项目。法律援助中心的分布范围扩展到前苏联加盟共和国以外，最终目标是建立起一个“俄语律师国际联盟”，增强俄语律师之间的联系，更好地为俄罗斯海外同胞服务。[1] 其中，在中国设有在华俄侨法律援助中心。此外，联邦独立国家联合体事务、俄侨及国际人文合作署以及俄语世界基金会等非营利组织和侨民民间团体通过多种方式为俄罗斯同胞维护自身合法权益提供资助和支持。其中俄语世界基金会以加强俄语在世界的地位、普及俄语和俄罗斯文化为主要目的。

（三）权益保护的主要类别

按照《俄罗斯海外同胞政策法》的规定，俄罗斯联邦根据国际法公认的原则和规范、俄罗斯缔结的国际条约、俄罗斯国内立法，考虑外国立法，保护在国外的公民，为实现与保护海外同胞的政治、经济、文化等权利和自由提供帮助。保障权利平等是俄罗斯保护同胞海外权益的基本原则，《俄罗斯海外同胞政策法》第十四条明确规定，俄罗斯联邦可以根据对居住在国外的俄罗斯公民的歧视，重新审查俄罗斯对发生歧视国家的政策。

首先是政治权利保护。《俄罗斯宪法》第三十二条规定：“俄罗斯联邦公民享有选举和被选举进入国家权力机关和地方自治机关的权利，有权参加全民公投。”凡具有俄罗斯国籍的人，只要达到法定年龄、具有完全行为能力，无论是否在俄罗斯境内居住，都享有选举权和被选举权。为保障定居海外的俄罗斯公民的选举

---

[1] ［俄］叶卡捷琳娜·萨布罗迪娜：“我们帮助‘自己人’”，俄罗斯报网：Екатерина Забродина. Мы помогаем “нашим людям”，https：//rg. ru/2016/03/03/kak – rabotaet – fond – podderzhki – sootechestvennikov. html，访问日期：2017 年 5 月 11 日。

权和全民公投权，一方面，《俄罗斯选举权法》规定俄驻外使领馆必须为海外选民行使权利提供支持，负责海外选举的选民登记、选区划分、投票等工作。该制度为定居海外的选民行使选举权提供极大便利，有利于保障其基本政治权利的实现。另一方面，俄罗斯基于国籍统一平等的宪法原则，在各大选举法中均未限制候选人的出生地。只要候选人不具有外国国籍或长期居留权，达到一定的年龄和在俄境内连续居住期限即可参选，从而为非本土出生的俄罗斯侨民参选提供平等机会，有利于他们融入俄罗斯社会，积极参政议政，促进侨民与普通公民的实质平等。

其次是经济社会权益保护。俄罗斯海外同胞在国内享有与一般公民基本同等的社会经济权利。《俄罗斯海外同胞政策法》第十三条规定，外国国籍以及无国籍海外同胞在俄罗斯联邦境内逗留期间与俄罗斯公民享有同等权利、承担同等义务，俄罗斯联邦宪法、俄罗斯联邦缔结的国际条约、联邦宪法性法律以及联邦法律另有规定者除外。一般来说，无论是否具有俄罗斯国籍，所有海外同胞均享有同等的社会经济权利、承担同等义务。只有在少数情况下，为实现权利义务的实质性平等，对海外同胞提供部分优惠。根据《俄罗斯海外同胞政策法》第 16 条，俄罗斯联邦的国家权力机关及各联邦主体国家权力机关根据俄罗斯联邦及外国法律，促进俄罗斯国内经济主体与海外同胞经营主体之间的合作，支持设立合资企业，支持海外同胞参与俄罗斯经济投资，鼓励俄罗斯经济主体与主要聘用海外同胞的外资企业合作，实现互利互惠。俄罗斯联邦权力机关及各联邦主体国家权力机关可以根据有关国际条约及法律对属于社会弱势群体的海外同胞提供社会援助。在紧急情况下，俄罗斯政府按照法定条件及程序向海外同胞提供人道主义援助。

最后是文化权利保护。《俄罗斯海外同胞政策法》第十七条明确规定，俄罗斯联邦及各联邦主体国家权力机关在遵守相关国际条约和国内立法，并考虑国外相关立法的基础上，为海外同胞保留和发展文化传统、学习俄罗斯语言文字等提供支持。俄罗斯总统在2010年签发的《俄罗斯联邦在国际文化人文合作领域政策的主要方向》中强调，“俄罗斯联邦在国际文化人文合作领域政策的一个重要工作方向就是为俄罗斯境外侨胞提供系统和全面的支持，保护长期在国外居住的俄罗斯公民权利，帮助他国使用俄语的居民实现文化、语言、教育和信息领域的权利。俄罗斯联邦需要保护俄罗斯侨胞居住国留存的俄罗斯传统和文化、历史遗产——特别是俄语，以及俄罗斯联邦其他民族的传统，同时还需要同俄罗斯境外侨胞在文化、教育、信息和其他人文互动领域保持紧密联系。俄罗斯视数以千万计的境外侨胞为扩大和加强俄语语言文化空间的合作者”。俄罗斯对海外侨胞文化权利进行保护的具体措施主要包括：俄罗斯联邦将通过与所在国家的政府签订协议，保护在境外创办的民族文化组织，向境外民族文化组织提供物质和非物质方面的支持。俄罗斯联邦及各联邦主体国家权力机关与海外同胞在国外的民族文化自治组织展开全方位合作；为海外同胞提供使用国外俄罗斯科技文化中心的机会，满足其获取文化、科技、信息的需求；向海外同胞的文化中心、文化教育机构、图书馆、档案馆、剧场、歌舞团、艺术工作室等专业及业余创作团体提供帮助，帮助海外同胞研究传统文化，促进俄罗斯与海外同胞之间的文化交流；帮助海外同胞巩固俄语及俄罗斯方言知识，并为他们学习俄语及俄方言创造条件，培训专门教师、编写教材、根据海外同胞的特点设置课程；为海外同胞在俄罗斯境内的教育和科研机构接受教育提供帮助，使非俄罗斯国籍同胞在提交相应证明文件的条件下，与俄罗斯公民享有同等入学的权利；俄罗斯与海外同胞住在国在教育政策领域追求一致，缔结学历学位互认的国际条约；承认宗教组织在团结海外同胞方面的地位，支持宗教组织向海外同胞提供精神帮助，发挥其保护语言和文化的作用；俄罗斯联邦支持海外同胞获取和传播信息，在其居住国使用俄语及方言信息，设立大众传媒；通过在国内采取措施以及缔结国际条约，为向海外同胞传递国内信息创造条件，具体渠道包括俄语及方言电视、广播、广告或其他印刷品、电影、音频及视频资料、互联网等；联邦政府为向海外同胞提供信息的大众传媒提供资金、物质和技术支持。与此同时，俄罗斯还通过俄语世界等非营利组织，对海外同胞进行俄语教育，推广俄罗斯文化，增强对海外同胞的凝聚力。

三、俄罗斯海外同胞权益保护制度的特点

俄罗斯不断完善海外同胞保护立法，构建了比较系统的保护制度体系。俄罗斯在海外同胞保护立法模式选择、国籍制度完善、海外公民选举权及文化权利保障等方面呈现出鲜明特点。

（一）通过专门立法完善海外同胞权益保护法律体系

俄罗斯专门制定《俄罗斯海外同胞政策法》，作为海外同胞权益保护的基本法律。该法不仅明确了同胞及相关概念的定义、同胞身份的认定标准、法律的原则与目标、处理俄罗斯与海外定居公民关系的原则、海外同胞的国籍，以及海外同胞出入俄罗斯联邦国境、外国国籍与无国籍海外同胞在俄罗斯联邦境内的法律地位，而且规定了海外同胞权益保护的具体方法与措施，特别强调国家对海外同胞关系的监测责任与举措，包括收集、分析、评价有关海外同胞的信息，建立数据库，预测形势及进行科学研究等，

为全面、有效地保护海外同胞权益提供了法律依据。该法自 1999 年颁行以来，为了适应国际形势、俄罗斯侨情和国家战略的变化，先后多次进行修订，不断提升法律实施效果。

（二）通过有限双重国籍制度兼顾立法的原则性与灵活性

俄罗斯单向、有限度地承认双重国籍，即本国公民不会因加入外国国籍而自动丧失原有国籍，外国人申请归化入籍时一般需要先放弃原有国籍。换言之，对于双重国籍者而言，俄罗斯国籍必须是其第一国籍，属于典型的“内紧外松”双重国籍模式。[1] 俄罗斯国籍制度具有一定的灵活性，不仅为俄罗斯海外同胞进出国门提供便利，提高其投身俄罗斯社会经济建设的积极性，有利于留住本国人才，也为保护海外同胞权益提供重要法律依据，符合俄罗斯的国家利益。

（三）通过设立海外选区为海外同胞行使政治权利提供保障

由于海外同胞长期定居国外，回国参政等政治权利的行使受到时间、费用等现实条件的限制。为了打破海外同胞在行使政治权利方面的时空和经济局限，俄罗斯选举法对海外选民行使选举权问题作出具体规定，专门在海外设立选区，为海外选民行使选举、公投等政治权利提供便利。根据俄罗斯法律规定，驻外使领馆负责海外选区划分、投票站设置等事宜，并为海外选民参加选举、全民公投及保护自身权益提供明确指引，为海外侨胞政治权

---

[1] 国籍政策包括加入本国国籍政策和加入外国国籍政策两个方面，两个方面不一定完全吻合。根据这两个方面的不同组合，可以分为“内松外松”“内紧外松”“内松外紧”和“内紧外紧”四种模式。“内紧外松”模式要求申请入本国籍者放弃原国籍，但不要求本国公民加入他国国籍者放弃本国国籍。具体参见杨飞：“美国华侨 华人国籍问题探讨”，见国务院侨务办公室政研司编：《北美华侨华人新视角——华侨华人研究上海论坛文集》，中国华侨出版社 2008 年版，第 173 ~ 190 页。

利的行使创造良好条件，有力保障海外选民的政治权利，取得明显效果，提升了海外选民的归属感和向心力。

（四）通过保护海外同胞的文化权利提高国家软实力

俄罗斯十分重视对海外同胞文化权利的保护，通过立法明确国家保护海外同胞文化权益的责任，并采取一系列具体措施，保障海外同胞在俄罗斯语言文化教育、传承及推广方面的权益，培养他们对俄罗斯的认同感及归属感，扩大俄罗斯文化、语言在世界范围的影响力，提高国家软实力。此外，俄罗斯根据不同国家对待俄罗斯文化的态度及需求差异，采取不同的文化推广策略。其依据主要是一个国家是否制定积极的文化政策，是否具有宽容的态度，是否支持俄罗斯文化的发展等。根据俄罗斯国家利益和不同国家（地区）的特点等多方面情况多层次、有重点、有针对性地制定出相应的俄罗斯文化推广政策和策略。在有的国家所做的主要工作是支援师资力量，出版教科书、专著、教学法参考书、词典等，旨在提高学习质量和增强俄语的功能；在另一些国家则是推广俄语和俄罗斯文化，建立关于俄罗斯的文化阵地，举办文化节、竞赛等活动，以便吸引更多的年轻人、中学生和大学生关注并喜欢俄罗斯文化；还在一些国家，俄罗斯通过基金会资助其与俄语及俄罗斯文化有关的项目。❶ 差异化政策提高了海外同胞文化权利保护的实效，促进了俄罗斯国家软实力的提升。

俄罗斯将海外同胞权益保护视为实现国家复兴的重要举措，通过海外同胞权益保护专门立法以及有限双重国籍制度，为海外同胞权益保护奠定法律基础；通过在海外设立选区，为海外公民

---

❶ 张宏莉、张玉艳："俄罗斯对外语言推广政策及其启示"，载《甘肃社会科学》2011 年第 6 期，第 187～190 页。

行使政治权利提供保障。俄罗斯坚持因时立法，根据社会发展现实需要及时调整国家政策，完善立法内容，提高海外同胞权益保护的有效性，取得明显效果。但俄罗斯海外侨民权益保护制度尚有进一步完善的空间，主要表现为社会经济权益保护规定以宣示性条款居多、使领馆与各非营利组织之间配合不够紧密等，需要通过进一步完善立法，细化领事保护法规，提高海外侨胞经济社会权益保护的实效，促进海外同胞权益保护整体水平提高。我国正在日益走近世界舞台的中央，面对新的世情、侨情和国情，我们应当在尊重国际法的前提下，借鉴俄罗斯海外同胞权益保护的经验，及时更新对华侨华人的认识，完善侨务立法，形成统一联动机制，维护我国公民在海外的人身与财产安全，为海外侨民权益提供全面而有力的保护，树立负责任大国的国际形象，增进对海外同胞的凝聚力，实现中华民族的伟大复兴。

CHAPTER 05 >> 第五章

侨务法律体系建构的理念与原则

立法理念是立法的内在精神和最高原理，体现立法者对立法之本质、原则及其运作规律的理性认识和价值取向，是实现立法最终目的重要的思想指引。树立先进的立法理念是科学立法的基础与先导。对侨务法律体系化建构的研究，必须立足于科学的立法理念与原则，结合侨务理论与实践需要，进行科学立法，推进侨务法律体系的完善。

第一节　侨务法律体系建构的基本理念

华侨华人与归侨侨眷均属于侨务法的法律关系主体。《归侨侨眷权益保护法》主要是对已经回国定居的华侨以及华侨在国内的侨眷的基本权利的规定，而且多数条款属于原则性规定，基本上是对归侨侨眷权利的声明与宣称，内容比较简单。健全的华侨权益保护法律体系不仅应当包括归侨侨眷的权益保护规范，更应该包括定居在国外的华侨权益保护的规定，以及外籍华人的部分权益保护内容。这些不同群体的身份地位如何界定？相互之间具有哪些差异与联系？各自具有哪些“正当权益”？通过哪些程序、方式保护其正当权益？对这些问题的认识需要结合本国社会结构与文化传统等因素进行综合把握。更为重要的是，华侨权益保护法虽属于国内法范畴，但又与国际法具有密切联系，在一定程度上可以说兼具国内法与国际法的性质。因此，华侨权益保护法的发展，深受世界侨情发展趋势、本国侨情以及侨务政策变化等多种因素的影响。这些因素的变化都可能直接影响华侨权益保护的发展，侨务政策的侧重点因具体国情下的国家治理方式、政治运行机制、经济文化特点等差异而存在不同，其中某一因素的变化就可能引发侨务政策的改变，进而引发华侨权益保护立法的变革。此外，由于华侨权益保护所涉及的保护法律关系主体具有多样性，法律关系涉及面更广，相对于纯粹的国内权益保护更为繁杂，也直接导致华侨权益保护立法存在许多困境。基于华侨权益保护的特殊性，我们应当坚持本土化与国际化相统一、稳定性与时效性相统一以及为侨服务等基本理念，努力推进侨务法律体系的发展与完善。

一、坚持本土化与国际化的有机统一

当今世界各国均处于国际化的浪潮中，侨务立法深受国际形势的影响，我国侨务法律体系的构建必须体现国际移民理论研究的最新成果，符合国际移民发展的基本方向。2018 年第 73 届联合国大会通过《安全、有序和正常移民全球契约》（以下简称《全球移民契约》），各国第一次通过政府间谈判对国际移民达成共识，形成全面规范国际移民的国际合作框架文件，成为全球性国际移民问题对话和国际合作的里程碑。[1] 中国政府参与积极《全球移民契约》谈判，并表示将结合中国国情、根据国内法律法规，本着自愿原则循序渐进地落实。[2] 华侨是国际移民的重要构成部分，我国侨务立法必须符合国际移民政策发展的基本趋势与方向。

国际移民是全世界普遍存在的现实，是世界全球化的重要特征。国际移民将世界上不同的区域社会联系起来，随着国际移民区域不断扩展，国际移民数量不断增长，各国既是移民来源国，同时也是移民目的地国和过境国。据统计，2000—2017 年，世界国际移民总数增长 49%，远远超过世界人口 23% 的增长率，国际移民总数约 2.58 亿，占世界人口的比例从 2.8% 上升到 3.4%。[3] 由于人口、气候等因素影响，国际移民还将不断发展，未来将会有更多的人口成为国际移民。《全球移民契约》肯定国际移民的积极意义，主张辩证地认识国际移民的作用。国际移民是经济增长、创新和可持续发展的重要动力，每年的人口迁徙使数百万人得以找到新的发展机会，并且有利于加强各国之间的联系。同时也强调应当正视国际移民中存在的问题，包括低工资移民劳工权利受到侵犯，回国移民缺乏社会保障，女性移民受到歧视，以及移民被虐待、剥削的现象。因人口迁徙引发国家之间、社会内部和社

---

[1] Louise Arbour: "Closing remarks at GCM: Statement by Louise Arbour, Special Representative of the Secretary General for International Migration", 2018 年 12 月 11 日, https://www.un.org/en/conf/migration/assets/pdf/GCMStatements/closingremarksarbour.pdf，访问日期：2019 年 2 月 14 日。

[2] 侯晓晨："《移民问题全球契约》通过，外交部：中国将循序渐进落实"，2018 年 12 月 11 日，https://www.dzwww.com/xinwen/guojixinwen/201812/t20181211_18168829.htm，访问日期：2019 年 4 月 12 日。

[3] Elisa Mosler Vidal and Jasper Dag Tjaden, Global Migration Indicators 2018: Insights From The Global Migration Data Portal, Berlin Global Migration Data Analysis Centre, International Organization for Migration, 2018, pp. 20 – 21.

会之间的分歧，大量移民还可能会在短期内破坏就业和工资稳定。《全球移民契约》强调要促进和确保安全、有序和正常移民，让所有人都能受益；要尽量扩大国际移民的益处，而不只是最大限度地减少移民带来的风险；要加强法治建设，放宽合法移民渠道，促进移民有序地在国家之间迁移；国家和公民有正当理由要求保障边境安全，有权决定谁可以入境和居留；运用发展、治理和政治等所有可供使用的工具防止、减轻引发大规模人口迁移的人为和自然力量。具体措施包括减少迫使人们离开原籍国的不利原因和结构性因素；通过尊重、保障和落实国际移民的人权，并为其提供援助，减少国际移民在不同迁徙阶段面临的风险；创造有利条件，使移民能够通过个人努力为地方、国家和全球可持续发展做出贡献。《全球移民契约》还从限制正常迁徙、侵犯移民权利、危害国家和公共安全等方面分析国际移民带来的主要问题，强调全面解决国际移民问题是国家责任，国家应该开展国际、区域和双边合作与对话，采取措施化解移民来源国、过境国、目的地国所面临的风险和挑战，解决移民服务、移民融合以及移民治理等问题。加强打击跨国偷运移民，消除国际移民背景下的人口贩运，以综合、安全方式管理边境，加强领事保护、援助与合作，促进安全和有尊严的返回、重新接纳和可持续重新融入，促进安全、有序和正常移民。

侨务法律体系的建构属于国内法律实践的重要组成部分，中国侨务立法既要把握国际移民的基本背景，更要立足中国本土社会经济发展的现实，特别是中国国际移民的发展趋势。我国是世界移民的主要原籍国之一，同时又是国际移民的过境国和目的地国。西方发达国家长期对中国公民特别是高端人才具有较大吸引力，中国成为世界主要的移民来源国。但随着我国社会经济的快速发展，综合国力得到大幅提升，越来越多的华侨和留学人员回国发展，甚至吸引了大量外籍华人和外国人来到中国就业创业。但我们也应看到，近年来随着中国国内出现劳动力成本上升、男女性别比例失调、环境污染严重、民生保障不足以及移民法制落后等问题，中国移民输入的发展态势不容乐观，来华外国人数量呈现下降趋势，引进外国人才的投入产出比率较低，难以满足社会经济发展的现实需要。[1] 在华居留外国人特别是高端人才偏少，留学回国人员质量参差不齐，回归的华侨华人在社会融入方面存在困难，海外侨胞权益保障面临许多挑战。我们必须全面把握国际移民发展的基本趋势，围绕国家社会经济发展的实际需要，确定侨务法治建设的长远战略和阶段性目标，不断完善侨务法律体系，加强华侨权益保护，有效解决中国发展过程中所面临的市场经济、人才问题、科技发展以及创新创业等问题，并避免在就业、社会和政治稳定等方面可能造成的冲击。

在国际移民快速发展的背景下，应该坚持以促进华侨权益保护和发展作为侨务法律体系建设的基本目标。我国现有侨务政策法规主要散见于1990年《归侨侨眷权益保护法》（2009年修正）、2012年《出境入境管理法》以及2018年《深化党和国家机构改革方案》等，其基本指导思想是规范出境入境管理，维护国家主权、安全和社会秩序稳定，促进对外交往。这与《全球移民契约》所确立的尽量扩大国际移民的益处而非最大限度地减少移民带来的风险的基本理念存在一定差异。[2] 中国除了运用政策法规最大限度

[1] 刘国福："引进外国人才政策：严峻形势、重大挑战和未来发展"，载《国家行政学院学报》2018年第4期，第21~26页。

[2] 刘国福、翁里："《全球移民契约》的重要理念、主要特点及其对中国的启示"，载《华侨华人历史研究》2019年第1期，第1~8页。

减少国际移民带来的风险、确保边境和国家安全之外，还应当关注如何发挥国际移民对国家发展的积极作用。因此，实现保护海外侨胞权益与维护国家和公共安全的有机平衡是中国侨务法律体系建构的重要目标。我国侨务法治建设的基本理念应当从重管理转向重服务，适度放宽海外侨胞出入国境的渠道，为海外侨胞的合法流动与权利行使提供方便，保证侨务法律政策的实施效果与立法预期目标的高度一致。应当以侨务法治建设促进海外侨胞的发展，有效调动海外侨胞参与我国社会经济建设的主动性与积极性，最大限度地发挥侨务法治对国家和社会发展的促进作用。

二、坚持为侨服务的理念

法的本质是人民利益的体现，执法的目的是保护人民的利益。任何法律都必须以人为本，以活生生的人为最终依归。如果法律离开对人的关怀，忽视人的存在，就难以成为适合和谐社会要求的法律，只能是成文法典越立越多，体系越来越庞大，但法律的实施却难如人意，法治精神不可能得到弘扬与彰显，也就难以实现真正的法治。法治建设的主体是人，法治的终极目标是关怀人，保障个人权利的实现。法律为人民服务是以人为本在法治方面的具体表现，也是我国法治建设的根本原则，具体表现为国内立法为中国公民服务，全面体现民众的要求，切实保护民众的利益。以侨为本就是法律为人民服务在侨务立法中的具体体现。

要维护法律的公平正义，就必须坚持立法、司法、执法均以人为本，只有将人的权利和利益作为法律的保护重点，才能促进法律的公平与正义。但是，在侨务立法中考虑较多的是通过立法加强或方便政府部门对华侨的管理，而不是站在华侨权益保护的角度考虑相关立法问题。因此，在侨务立法中我们应该努力克服法律义务本位思维，强化权利本位意识，大力提高法律的人性化程度。华侨是定居在国外的中国公民。根据我国现行《宪法》第五十条和有关国际条约的规定，我国政府理所当然地要保护华侨的正当合法权利和利益，关心和支持华侨在当地的长期生存与发展，并在互惠互利的基础上，为华侨提供力所能及的帮助。

坚持为侨服务，就要依法保护归侨侨眷的合法权益，适当照顾归侨侨眷的特点，积极发挥他们与海外有广泛联系的优势，为全面建成小康社会做出贡献。目前我国国内有归侨侨眷3 000多万人，他们是我们开展侨务工作的重要工作对象。侨务法律的体系化建构，应当充分体现归侨侨眷的特点，满足他们的合理需求。具体要点包括：（1）归侨侨眷是中国公民，享有与其他中国公民同等的权利并履行同等的义务。各级政府部门要根据《归侨侨眷权益保护法》以及其他有关法律法规，及时处理侵犯归侨侨眷合法权益的事件，切实保护归侨侨眷的合法权益。（2）与一般国内公民相比较，归侨侨眷具有与海外亲友联系密切等特点。各级政府部门应该根据归侨侨眷的特点，制定相应的政策给予适当的照顾，并注意使之与国家的改革发展相适应。华侨华人是我国侨胞群体的主要构成部分，据国务院侨办的统计，2018年，我国海外侨胞6 000多万，分布在世界上200多个国家和地区，其中华侨600多万，外籍华人5 000多万。[1] 由于华侨与外籍华人存在差异，对权利保护的诉求重点也明显不同。华侨属于中国公民，理论上与国内公民具有同等的权利、承担相同的义务。但由于华侨长期定居国外，出入国境比较频繁，在出入境、回国定居、政治权利、社会保障、文化教育等权利的行使方面存在较多的困难。因此，

[1] 许又声："国务院关于华侨权益保护工作情况的报告"，载《全国人大民代表大会常务委员会公报》2018年第3期，第462～467页。

华侨权益保护立法应当针对华侨权利行使中的难点问题，不断完善权利保护机制，加强相关法律之间的衔接与统一，为华侨行权提供更多的条件与便利。

在海外侨胞群体中，外籍华人的身份最为特殊，因其已经加入外国国籍，同时又与我国保持密切联系，与国际法的联系也最为密切。对于外籍华人法律保护体系的构建，我们首先应坚持有利于华人融入当地社会，争取民族平等权利，最大限度地消除住在国的疑虑的基本目的。关心外籍华人的长期生存与发展，增进外籍华人同我国的亲情乡谊与合作交流，鼓励他们融入当地主流社会，传承民族文化，为住在国的发展以及住在国与我国的友好交流合作发挥积极作用。同时也要充分考虑华人与一般外国人的区别，认识华人与中国同根同源以及文化认同的一致性，在恢复中国国籍、出入境以及长期居留等方面为其提供更为宽松、便利的条件。同时，顺应越来越多的华人回到中国投资创业的基本趋势，重视对华人在海外传承、弘扬中华文化的作用与意义，以及在中国经济、民商、社会保障等合法权利的保护，激发华人投身中国社会经济建设的积极性。为此，在外籍华人法律制度的建构方面，应当坚持以下理念：（1）实行更加灵活的国籍政策。国籍是区分华侨与华人的界限。20 世纪 50 年代，出于与邻国友好相处、争取国际社会支持等方面的考虑，我国实行单一国籍政策，不承认已经加入外国国籍的华侨拥有中国国籍。实践证明，在当时东西方冷战的国际背景下，单一国籍政策有利于消除华侨华人住在国政府的疑虑，有利于改善、发展我国与住在国的关系，有利于华侨华人在当地长期生存与发展，确有其必要性。但我们也应该认识到，一方面，当前的世情、国情、侨情均已发生重大改变，随着国际移民的不断发展，越来越多的国家已经对原有国籍制度进行改革，实行更为灵活的国籍制度，甚至有越来越多的国家公开承认或默认双重国籍。另一方面，冷战结束特别是改革开放以来，我国与各国特别是周边国家的关系已经得到明显改善，我国经济的国际化程度不断提高，国与国之间的相互依赖的不断增强为灵活国籍政策的实施提供了有利的国际环境。（2）给予华人介于华侨与一般外国人之间的法律地位。既要注意华人与华侨的国籍差异，又要注意华人的特殊性。一方面，华人已经是住在国的公民，应当效忠于住在国，而不再对中国承担义务。但华人又具有一般外国人所没有的特点，许多华人由华侨转变而来，与华侨有着密切联系，不少华人与华侨在同一个社团，甚至属于同一个家庭。许多华人的亲友居住在中国，华人在血缘、地缘和文化传统等方面与中国有着密切联系，不同程度地保留着对中华传统文化和中华民族感情，对中国有着深厚情谊。另一方面，虽然各国社会制度不同，种族歧视在不少国家不同程度地还存在，华人问题仍然是我国同部分国家关系中的敏感问题，但也有一些国家对此已经不再像以往那么敏感。面对国际关系的新局面，我们不应一味坚持单一国籍的原则，对华侨与华人进行过于严格的区分，而应在政策法律制定、贯彻实施和具体工作中灵活处理外籍华人的身份问题，除比较敏感的政治权利外，应当给予华人与华侨基本相近的权利。既要符合我国国籍政策，也要有利于我国对外交流，有利于促进我国社会经济发展。（3）关心华人的生存发展。我们应当认识到，华人游离于当地主流社会之外，不利于保护华人的正当权益。我们应当鼓励华人积极融入当地主流社会，传承中华民族文化，在融入当地社会的同时，保留中华民族的特性，增强中外文化的沟通与交流。

三、坚持法律稳定性与时效性的有机统一

立法必须兼顾法律的稳定性与时效性。稳定性是法律应有的特性，是指法律至少在一定的时间内要保持稳定。“一个完全不具稳定性的法律制度，只能是一系列仅为了对付一时性变故而制定的特定措施。它会缺乏逻辑上的自洽性和连续性。这样，人们在为将来安排交易或制订计划的时候，就会无从确定昨天的法律是否会成为明天的法律。”[1] 如果法律总是处于动态变化之中，就会让人无从把握，不仅普通民众难以遵守，执法者也会陷入无所适从的困境。首先，频繁修法损害法律的严肃性和权威性。法律作为以国家强制力保障实施的行为规范，理应成为人们的行为指南，得到全面贯彻执行。但如果修改过于频繁，朝令夕改，法律就很难为人所知并及时得到遵守。频繁修改还会导致新旧法律内容的差异，必然在一定程度上削弱法律的权威性，甚至导致公众失去对法律的敬畏。其次，频繁修法直接影响执法的效果。一般情况下，同一部法律的执法主体是相对不变的，如果执法内容、执法标准不断发生变化，执法手段和执法规则也就必须相应作出修改，执法者必须不断适应新的程序和要求，极易降低执法实际效果。再次，频繁修法耗费立法资源，增加立法成本。法律的制定、修改或废止，均需经过完备的法定程序，需要立法工作者的辛勤劳动，这无疑也会增加公共资源的支出。因此，节约立法成本，合理使用立法资源是立法工作的重要原则。但稳定性并不是固守现有法律规定。罗斯科·庞德曾言：“法律必须是稳定的，但不可一

---

[1] ［美］E. 博登海默：《法理学——法律哲学与法律方法》，邓正来译，中国政法大学出版社 1999 年版，第 325～326 页。

成不变。”❶ 世界上没有亘古不变的法律。因为稳定性并不足以提供行之有效、富有生命力的法律制度。法律由人制定，也必须为人服务。法律必须服从社会发展的正当需要，对社会经济的重大变化及时作出回应。如果一部法律不适应现实的需要或者执法效果存在问题，就必须通过法定程序对其进行修改，否则法律就会失去生命力，难以实现立法预期目标，从而也就失去存在的真正意义。因此，法律既要连接历史与现实，又要体现未来发展的迫切要求。唯有如此，才能保障其有效性。

我们以国籍立法为例，分析侨务立法应当如何兼顾法律的稳定性与有效性。我国不承认双重国籍的政策确立于 20 世纪 50 年代，是中国政府迫于当时中国与周边国家的关系，特别是东南亚国家关系的不正常状态而被迫作出的无奈选择。这种政策实际上是我国对周边国家的非正常让步，此举不仅放弃了国家自身的正当利益，也严重损害了中国公民的应有权益。历史事实证明，虽然我国作出了重大让步，实际上却未能达到政策的预期效果。长期以来，印尼、越南等东南亚国家仍然不断发生大规模反华、排华运动，华人受歧视、排挤的状况并未发生根本转变。在排华运动的过程中，受到冲击的不仅是华侨，也包括大量已经加入居住国国籍的华人。但目前的世界局势已经发生显著变化。一方面，与 20 世纪 50 年代相比，目前的国际关系格局已经发生重大改变。在冷战时期，世界上形成了资本主义和社会主义两大阵营，二者之间水火不容，明显对立，战争威胁随时存在，两大阵营之间相互处于严密防范和极端敌视状态。中国作为社会主义国家，当时受到西方敌对阵营的联合打击和孤立，政治环境和经济局势十分

❶ ［美］E. 博登海默：《法理学——法律哲学与法律方法》，邓正来译，中国政法大学出版社 1999 年版，第 325 页。

严峻。但随着当今全球化水平的不断提高，世界各国均受到显著影响，国家之间的对立程度明显减弱，经济文化联系日益密切，各国都在千方百计争取来自不同国家和地区的资本、人才和技术，无论是移民输出国还是移民输入国，重点考虑的问题是如何增强自身的竞争能力，提高国家综合国力。全球化促进国家之间的融合度不断提高，国家之间发生战争的可能性也随之大幅降低。与此相适应，国际社会的国籍观念已经发生明显变化，各国排斥或抵制双重国籍的各种因素也在随各国之间的发展而渐趋弱化。另一方面，人权观念日益深入人心，普遍重视人权的结果之一就是世界各国更加尊重人们对国籍的自我选择。中国单方面放弃双重国籍的政策主要基于政治因素的考虑，未能充分尊重作为中国公民的华侨的个人意愿。国家政策的制定可以坚持国家利益高于一切，但不能忽视作为国家基本构成要素的广大公民。公民的个人利益是国家利益的基础所在，更是国家利益的集中体现与最终归宿。近年来，我国党和政府已经认识到国内外形势正在发生深刻的变化，更加重视根据国家发展的现实需要确定治国理政的根本宗旨与发展方针。党的十九大报告明确指出，“中国共产党人的初心和使命，就是为中国人民谋幸福，为中华民族谋复兴”，“永远把人民对美好生活的向往作为奋斗目标”，“必须坚持国家利益至上，以人民安全为宗旨，以政治安全为根本，统筹外部安全和内部安全、国土安全和国民安全、传统安全和非传统安全、自身安全和共同安全，完善国家安全制度体系，加强国家安全能力建设，坚决维护国家主权、安全、发展利益”，“坚持一致性和多样性统一，找到最大公约数，画出最大同心圆”，“广泛团结联系海外侨胞和归侨侨眷，共同致力于中华民族伟大复兴”。国家越来越重视人权保护，强调坚持科学立法，保障公民的基本政治权利、人身权、财产权等各项权利不受侵犯，一切从人民的根本利益出发，坚持群众路线，科学立法，严格执法，公正司法，以良法促发展。从根本上来看，目前我国重现有关国籍政策的讨论是民众利益诉求的一种表达，需要政府重新审视相关制度并作出积极回应。

就我国的现实条件而论，改革开放四十多年来，国家实力明显增强。改革开放前，中国是世界上相对贫穷落后的国家，1979年人均国内生产总值为182美元，1980年国内生产总值为18 940 100万美元，世界排名第13位。当时西方大国蓄意对中国进行封锁和孤立，华侨分布最为集中的东南亚国家成为西方世界反共的重要防线。许多东南亚国家站在中国的对立面，与中国之间的关系处于高度紧张状态。这种局面在当今得到明显改变。2009年，中国超过日本，成为世界第二大经济体；2014年，按照购买力平价计算，中国的经济规模超过美国，成为全世界最大经济体。2016年中国人均国内生产总值达到8 280.09美元，位列第73位。[1]随着中国经济实力不断增强，中国的国际影响力明显提升，特别是我国“一带一路”倡议的实施，积极推动亚洲投资银行的成立与发展，为许多国家的发展提供了重要机遇，越来越多的国家期盼与中国建立良好互动关系。与此同时，国家力量的增强极大地提升了中国公民的自信，公民的权利保护意识更是达到前所未有的水平。人民对美好生活的向往对国家提出了更高的期望，民众需求日益广泛，不仅对物质文化生活提出了更高要求，而且对法治、公平、正义、安全等方面的要求也在不断增长。在当今世界交通日趋便利、经济全球化发展和国际竞争不断加剧的背景下，人权保护的可能性和必要性也在不断增强，通过立法尊重、保护公民权利，已经成为科学

[1] 李安山等：《双重国籍问题与海外侨胞权益保护》，江苏人民出版社2015年版，第71~72页。

立法的必然要求。目前我国侨务法律的部分内容已经严重滞后于国内国际发展的实际需要，必须顺应当今世界潮流，及时修改旧法、制定新法。侨务立法要具有前瞻性，应着眼于未来的发展趋势和变化，不仅要对应当下，更应关照将来，思考到未来几年甚至十几年后法律的贯彻和实施问题，为海外侨胞权益保护提供长效、有力的保证。

第二节　侨务法律体系建构的主要原则

侨务法律体系建构除了坚持普遍性、统一性等法律基本原则外，还应坚持侨务“十六字方针”等原则，结合国际规则与我国国情以及华侨群体的现实需要，促进华侨权益的有效保护。

一、普遍性原则

法律同普遍性之间存在密切联系。正如莫里斯·科恩所言：“法律决不能放弃它在一致性方面的努力。”[1] 侨务立法应该体现公众意愿，代表广大民众尤其是侨胞的利益。普遍性是侨务立法的固有属性，是侨务立法的价值基础。侨务法律属于全体公民特别是全体侨民，而非某个人或某一集团，对全体公民均有规范作用。侨务法律的贯彻实施需要国家的大力推进，但也离不开公民特别是广大侨胞的积极参与。侨务法律运行的效果直接关系到全体公民特别是侨民的生存与发展，侨务立法规划以及具体法律法规的制定应该建立在社会公众充分讨论的基础之上，广泛征求民众尤

---

[1] ［美］E. 博登海默：《法理学——法律哲学与法律方法》，邓正来译，中国政法大学出版社 1999 年版，第 237 页。

其是侨民的意见和建议。

坚持普遍性原则，必须科学处理华侨权益与国内居民权益的关系。权益是指公民受法律保护的权利和利益，权益具有明显的广泛性与多样性，不同的社会阶层或团体所享有的权益存在一定差异。侨务立法必须合理区分华侨与国内居民权益的具体内容。华侨是定居在国外的中国公民。华侨虽然长期定居国外，但仍保留中国国籍，应当依法保障华侨享有公民的基本权益。但由于华侨长期定居国外，在与中国关系的密切程度、对国家的实际贡献以及对中国国情的实际了解程度等方面，与国内居民存在一定差异，立法应该根据华侨的特点，合理界定公民权益与居民权益，对二者进行科学区分，保护华侨的特殊地位与正当权益，实现原则性与特殊性的有机统一。华侨是中国公民，享有普通公民、法人的一般性权利。但华侨在宪法和法律上又属于特殊群体，法律在对其权利进行保护过程中，必须结合其相对于普通公民的特殊之处，作出特别的处理规定。坚持普遍性原则，还要科学处理华侨与华人权益保护的关系。华人是外籍华人的简称，指已经加入外国国籍的原中国公民及其外国籍后裔以及中国公民的外国籍后裔。[1] 外籍华人已经成为我国侨务工作的重要对象，是发挥侨务资源优势的重要群体。保护外籍华人在中国的合法权益是中国政府的重要职责，也是法律法规的基本要求，更是实现中华民族复兴的迫切需要。但外籍华人毕竟并非中国公民，要根据国际法的基本原则与要求，明确外籍华人适用的具体范围，合理界定外籍华人权益的具体内容。

---

[1] 国务院侨务办公室：《关于界定华侨外籍华人归侨侨眷身份的规定》，见董传杰主编：《涉侨法规政策文件汇编（2014 版）》，暨南大学出版社 2014 年版，第 15～16 页。

二、以侨为本的原则

以侨为本是侨务法律体系建构的根本原则。以人为本是现代法治的根本出发点。《中华人民共和国国民经济和社会发展第十三个五年规划纲要》强调要“坚持人民主体地位。人民是推动发展的根本力量，实现好、维护好、发展好最广大人民根本利益是发展的根本目的。必须坚持以人民为中心的发展思想，把增进人民福祉、促进人的全面发展作为发展的出发点和落脚点，发展人民民主，维护社会公平正义，保障人民平等参与、平等发展权利，充分调动人民积极性、主动性、创造性”。这一原则在侨务法治中总的具体体现就是坚持以侨为本，以维护、保障与实现广大海外侨胞的根本利益为中心，将实现侨胞群体的利益作为侨务法律体系建构的核心和本质。具体而言，以侨为本的内涵包括以下几个层面：

（1）体现海外侨胞的法律主体地位。海外侨胞在侨务法律体系中居于主体地位，侨务法律体系的构建必须始终围绕侨胞权益保护而展开。侨务立法必须尊重海外侨胞的主体地位，将有效保护侨胞权益作为立法的重要目标与基本宗旨。

（2）体现海外侨胞主体作用。侨务立法必须解决侨务发展“依靠谁”的问题，确立侨务发展必须以侨胞权益保护为出发点，以及依靠广大海外侨胞的理念。海外侨胞是侨务发展最广泛、最基本、最可靠的力量源泉与根本动力。侨务各项事业的发展都必须依靠广大海外侨胞，侨务法律也必须通过海外侨胞的遵守来实现，一旦离开海外侨胞，侨务事业就会成为无源之水、无本之木。

（3）体现保护海外侨胞正当权益的价值取向。侨务发展必须解决以谁为主体价值的问题。所谓以人为本，在侨务法治化中的具体体现就是以侨为本。侨务立法应当将为海外侨胞服务、维护广大侨胞的根本利益作为最高价值追求，将侨胞的全面发展作为最高价值理想。侨务立法必须坚持以侨为本，致力于提高侨胞的物质和文化生活水平，全面提高侨胞的整体素质，满足侨胞生存与发展的实际需要。

（4）体现保护侨胞的法律主体标准。侨务法律体系建构需要解决最高衡量标准问题。侨务立法成功抑或失败的主体标准是什么？既不是某些长官的个人意志，也不是少数人或者某些利益集团的利益追求，而是广大侨胞的根本利益。涉侨政策方针、法律法规的制定，都要以广大侨胞的根本权益的有效保护为最高衡量标准，要兼顾侨胞各方面的利益，照顾侨胞各方面的关切。要以侨胞同意不同意、赞成不赞成作为最高衡量标准。[1]

以侨为本，就是以广大侨胞的权益保护为根本目标，不断满足侨胞多方面现实需要，促进侨胞的全面发展。侨务法律体系的建构以侨为本，不仅是观念的更新，更应是行动的落实，应该在侨务立法的过程中全方位、多方面贯彻以侨为本的原则。法律的制定涉及国家利益、政府管辖便利与公民权益等多方面的关系。当多种利益之间发生矛盾与冲突时，应该坚持何者为先，实乃立法不可回避的问题。当今世界文明不断发展，个人权利保护成为法律的首要任务，立法应该将公民权益作为首要考虑的问题。习近平总书记曾在论述总体国家安全观时强调要“以人民安全为宗旨”。在中央外事工作会议上，他要求“要切实维护我国海外利益，不断提高保障能力和水平，加强保护力度”。这里的“海外利

---

[1] 夏利民：“经济变革中华侨华人境内民商事权益保护的新发展——传统、突破与创新”，见潮龙起主编：《侨务理论研究成果集萃》，暨南大学出版社 2014 年版，第 188～190 页。

益”当然包括海外侨胞的利益。李克强总理曾经指出，中国外交既要“顶天”，服务国家大局，也要“立地”，服务在海外的企业和公民。❶“多一事不如少一事”的态度，显然已难以适应日益强调“以人为本”为执政理念的当代中国，在海外侨胞权益保护方面，国家应当采取更为主动、积极的姿态。从另一个层面而论，只有为公民提供秩序与权利保障，法律才能真正体现其存在价值。近年来，侨务法研究的观点迥异，争论颇多，尤其是关于双重国籍问题的争议非常激烈，有关双重国籍政策的利弊分析长篇累牍。但综合考察这些论著，其研究重点主要集中于该政策对国家的弊端与益处，忽视了法律为公民利益服务的本质，体现了典型的国家主义倾向。❷ 从政治学的角度来看，但凡合法的政府，均应以为其公民权利提供有效保护为其最重要的职责。能否为公民权利提供保护，是直接关乎政府合法性的关键问题。

坚持以侨为本，必须科学处理国家利益与华侨个人利益的关系。作为一个概念，利益通常被认为是人们实际生活中对于外界的欲望与要求。利益反映的是人与其周围世界中对其生存、发展具有一定意义的各种事务和现象之间的关系，这种关系体现为人们受客观规律制约的需要和满足需要的手段与措施。❸ 因此，利益的存在与发展是人类主观愿望与客观需求相互作用的结果。根据社会法学有关法的利益理论，分配与平衡利益是法律的重要作用。利益主要可以分为个人利益、社会利益和公共利益。个人利益是

---

❶ 李克强："更加注重海外民生工程建设 维护海外企业公民合法权益"，新华网，http://www.xinhuanet.com/world/2014-05/09/c_1110606390.htm，访问日期：2019年8月10日。

❷ 李安山等：《双重国籍问题与海外侨胞权益保护》，江苏人民出版社2015年版，第70~72页。

❸ 孙国华："论法与利益之关系"，载《中国法学》1994年第4期，第36~43页。

直接包含在个人生活中并以这种生活的名义而提出的各种要求、需要或愿望。公共利益是包含在政治组织社会生活中并基于这一组织的地位而提出的要求、需要或愿望。社会利益是包含在文明社会的社会生活中并基于这种社会地位而提出的各种要求、需要或愿望。[1] 不同利益之间存在交叉、重叠与冲突，法律的使命就在于对各种各样的重叠或冲突进行调整，实现多种利益的协调与平衡。侨务立法也必须同时将多种利益放在一起加以衡量，尽可能兼顾各种利益的保护。一方面，侨务法是国家立法的构成部分，其制定与实施均应从属于国家法治建设的整体布局，服务于国家整体利益。另一方面，法律的基本宗旨是保护人权，保障公民正当权利的实现。从总体和长远而论，国家利益与公民个人权利是一致的，侨务法的最佳选择是实现国家利益与侨胞利益的一致，实现二者的相互促进与共同发展。但在特殊历史背景下，也可能出现两种利益之间并不完全一致的情况。在侨胞利益与国家利益发生冲突的情况下，中国政府应致力于维护公民基本权利，着眼于国家根本利益。

国家对海外侨胞的保护，难免也会受国家实力、国际关系等客观因素的制约。因受到国际关系重大变化的影响，或者国家确实缺乏影响力或有效手段，难以有效制约侨胞住在国损害我国侨胞权益的行为，从侨胞长远利益或国家根本利益考虑，国家可能会暂时放弃保护侨胞海外权益的立场。中华人民共和国成立后，长期处于社会经济恢复和发展阶段，国家的注意力主要集中于国内事务，在外交事务处理方面坚持“韬光养晦”和“不出头”策略，侨务工作的指导思想是发展我国同海外侨胞住在国的友好合

---

[1] ［美］罗科斯·庞德：《通过法律的社会控制》，沈宗灵、楼邦彦译，商务印书馆2010年版，第41页。

作关系。基于这一国际关系的基本背景，中国对侨胞住在国涉及侨民权益问题的处理往往采取不干涉立场。经过改革开放的发展和积累，我国经济实力大幅提高，国际影响力明显增强。随着中国实力的提升，国际社会将会对中国寄予越来越大的期望，中国将越来越多地参与国际事务，承担更多的国际责任。在新的时代背景下，中国应该在国际关系处理方面采取更为主动的态度，争取更多的国际事务话语权，积极参与国际规则的制定，树立负责任的大国形象。在新的时代背景下，我国侨务立法的基本立场也应随之发生转变，当“有利于海外侨胞的长期生存和发展”“有利于发展我国同海外侨胞住在国的友好合作关系”与“有利于推进我国现代化建设和祖国统一”发生冲突时，侨务立法不仅要考虑后者，更要考虑前者，根据现实需要寻求侨民利益与国家利益的结合点。[1]

我们必须不断提高侨务立法的科学性、合理性和可操作性。侨务立法应该充分体现法律专业人士、广大侨胞的意见和建议。在各级人大及其常委会的组成人员中，应逐步增加法律专业人士的数量及其所占比重，提升立法的专业水平。通过委托立法形式，将立法任务委托给具有法律专业技术和水平的研究机构或高等院校。法律草案的起草人员至少应当包括法律专业人员、相关专业或行业人员。在立法准备阶段，要到主要侨乡、主要侨胞侨居地深入展开调查研究，分析世情、国情和侨情的现状，全面把握其未来发展趋势，研究借鉴他国侨务立法实践经验。在法律起草过程中，更要倾听广大海外侨胞、归侨侨眷的意见和建议，提高立法的可行性和可操作性。

---

[1] 刘国福：《侨情变化与侨务政策》，暨南大学出版社2013年版，第69～70页。

三、系统性原则

“法治体系是描述一国法治运行与操作规范化有序化程度，表征法治运行与操作各个环节彼此衔接、结构严整、运转协调状态的概念，也是一个规范法治运行与操作，使之充分体现和有效实现法治核心价值的概念”。[1] 侨务法治是一项系统性工程，是一个密切联系、融会贯通的多维体系。侨务立法是侨务法治的基础，法律的实施是侨务法治的归宿，无论是立法还是法律运行，均要经历从无到有、从无序到规范的动态发展过程。具体而言，包括侨务问题的界定、法律的制定与执行、法律实施效果的评估等多个环节。每一个环节都不可或缺，各环节环环相扣、密切联系，相互影响，共同决定侨务法治事业的得失与成败。法律的生命在于实施，侨务立法不仅要重视法律的制定，不断完善立法程序，更应重视侨务问题的界定与分析，增强立法的针对性与有效性。侨务法治建设必须重视法律的贯彻与执行，做到有法必依、执法必严，维护侨务法律的权威性。我国侨务法治建设长期重法律制定，轻法律实施，忽视法律实施效果的评估，严重影响法律有效性的提升。应该加强对侨务法实施过程的监督，加大执行力度，提高实施效果。构建侨务法实施效果评估体系，建立评估标准，为侨务法的修改与完善提供科学依据。

系统性原则还要求法律对华侨华人权益进行系统保护。一方面，国家对华侨的各项权益要实行全面、完整保护，包括政治、经济、社会等各领域的所有合法权利和利益，均有明确、可行的法律保护依据。另一方面，法律不仅要对华侨在国内的权益给予

---

[1] 张文显：“建设中国特色社会主义法治体系”，载《法学研究》2014 年第 6 期，第 13 ~ 19 页。

保护，还要对华侨在海外的权益实行跨国保护。由于华侨长期定居国外，华侨权益保护不仅是对其在我国国内权益的保护，而且还涉及对其在国外权益的保护。[1] 根据宪法和法律，我国制定了一系列专门保护公民人身权和财产权的法律规范，以保障公民权利保护有法可依。这些法律法规适用于全体中国公民，作为中国公民的华侨自然也在规制范围之内，华侨权益受法律保护，不容遭受任何不法侵害。具体而言，对华侨权益的法律调整主要包括：对华侨政治权利的保护，如对选举权利、参政议政权、言论自由权等权利的保护；对华侨人身权利的保护，如对华侨身份、名誉、婚姻等权利的保护；对华侨经济权益的保护，如对私有财产权的保护，对投资经营权、继承权、接受遗赠权、处理境外财产权益的保护等；对华侨社会权利的保护，如对劳动权、社会保障权、教育权等权益的保护。因此，我国应该通过立法，对华侨在海外的人身权、财产权、社会权利等进行系统、全面的保护。对于外籍华人相关权益的保护，也应参照华侨作出更加明确的规定。

四、“十六字”原则

“十六字”原则，即“一视同仁，不得歧视，根据特点，适当照顾”的原则。华侨和归侨侨眷是中国公民，但又具有其他公民所没有的特点。在国内工作中既要一视同仁，依法保护其合法权益，又要根据其特点予以适当照顾，尤其是华侨长期定居国外，其特点更为鲜明，更需要适当予以照顾。“十六字”原则是我国在长期侨务工作的过程中不断探索的结果，是我国保护华侨侨眷权

---

[1] 夏利民：“经济变革中华侨华人境内民商事权益保护的新发展——传统、突破与创新”，见潮龙起主编：《侨务理论研究成果集萃》，暨南大学出版社2014年版，第188～190页。

益经验的总结与浓缩。中华人民共和国成立初期，党中央制定了“对归侨侨眷应根据特点，给予照顾”的原则。1957 年，国家进一步强调对归侨侨眷要实行“一视同仁，适当照顾”的“八字”原则。1978 年召开的全国侨务会议明确、完善地提出了“一视同仁，不得歧视，根据特点，适当照顾”的“十六字”原则。1990 年颁布的《归侨侨眷权益保护法》第三条规定，“国家根据实际情况和归侨侨眷的特点，给予适当照顾”，为根据归侨侨眷特点给予适当照顾提供了法律依据和法律保障。2005 年中共中央办公厅、国务院办公室印发的《关于加强新形势下侨务工作的意见》再次重申了“十六字原则”，同时将适当照顾的范围从归侨侨眷延伸到华侨，强调保护海外华侨在境内的合法权益，维护海外华商在华投资的各项权益。换言之，“十六字原则”不仅适用于归侨侨眷，也适用于华侨。

“一视同仁，不得歧视”是我国侨务工作长期坚持的根本性方针政策。其基本含义包括，华侨、归侨侨眷和国内其他公民一样，享有宪法和法律规定的公民的同等权利，并履行宪法和法律规定的公民义务，任何组织和个人不得对其有任何歧视。“根据特点，适当照顾”则是指国家根据实际情况和华侨、归侨侨眷的特点，对其给予适当照顾。具体包括应当照顾和照顾适度两方面的内容，两个方面辩证统一。适当照顾，就是因华侨、归侨侨眷相对于国内其他公民具有特殊性，应根据其特殊情况给予一定照顾。照顾适度，就是对华侨、归侨侨眷的特殊照顾要符合中国国情和侨情。对政策的把握要适度，不能过度强调特殊性，否则就会造成政策制定或实施的困难，而且要根据不同时代的情况变化，对具体的照顾政策进行适度调整。把握照顾的“度”是“适当照顾”的关键与难点，具体包括照顾内容、照顾范围和照顾程度的确定等。

总体上应该从以下几个方面来把握照顾的“度”：一是有利性。对华侨、归侨侨眷的照顾要有利于社会生产力的发展，有利于保护华侨、归侨侨眷的权益，有利于发挥华侨和归侨侨眷的优势。二是适应性。既要适应国家社会经济的发展形势，也要适应华侨和归侨侨眷的特点。在哪些方面对华侨和归侨侨眷进行照顾，必须综合考虑国家社会经济的实际情况以及华侨、归侨侨眷的特点。不同的历史时期，国情、世情、侨情均在不断发生变迁，华侨和归侨侨眷的需求也会不断变化，国家对华侨和归侨侨眷的照顾政策也应适当进行调整，以确保适当照顾的政策能够发挥积极作用，实现保护华侨和归侨侨眷的良好效果。三是可行性。必须根据国家财力和社会心理的承受能力制定照顾政策，科学把握国家全局与华侨归侨侨眷利益的关系，充分考虑政策的可行性，坚持量力而行。罔顾国家财力和社会承受力，片面理解“适当照顾”，追求对华侨的过度照顾，不仅会导致照顾华侨政策难产或无法兑现，失信于侨，还会导致侨众对政府的过度依赖，不利于华侨和归侨侨眷长远利益的实现。

“十六字”原则是我国侨务工作的总原则，也是侨务法律体系建构的基本依据。中华人民共和国成立以来，我国侨务工作长期坚持、贯彻十六字原则，国内侨务政策和侨务立法皆根据这一原则而制定，从而奠定了该原则在侨务立法中的根本性地位与作用。根据“十六字”原则，要建立健全侨务法律体系，需要充分考虑我国社会主义特色法律体系建设的新形势，兼顾世情和国情新变化，特别是国内外侨情发展的新趋势。因此，在具体涉侨立法过程中，需要遵循以下具体原则：（1）兼顾立法的时效性与前瞻性。既要考虑当前对华侨应予保护的合法权益，又要考虑到未来对华侨应予保护的合法权益，保证法律修订后能够在相当长的时期内得以适用，保证法律的主要内容在长时期内能够满足侨胞权益保护的现实需求。（2）兼顾法律规范的一般性与特殊性。侨务立法既要尽可能保证法律条款的现实针对性、可操作性，同时也要对不宜过于具体的条款采用明确原则的做法，为国务院和各省制定实施办法预留一定的立法空间。（3）兼顾法律规范的原则性和灵活性。由于华侨的特殊性，侨务立法本身是一项政治性、政策性很强的工作，我们必须遵循宪法和法律的相关规定，正确区分华侨、华人等基本概念，合理界定立法的保护范畴。华侨与华人是两个明显不同的概念，但二者存在密切联系，既不能将二者混为一体、同等保护，也不能完全不考虑华人的合法权益，必须适当体现立法的灵活性，实现立法的规范性与灵活性的合理结合。

五、层次性原则

华侨、华人和归侨侨眷之间既有共性也有差异。侨务法律的体系化建构，既要制定对华侨、归侨侨眷甚至外籍华人普遍适用的政策法规，更应该根据其各自的特点，分别制定政策法规，作出具体的区分与规范。应该根据规范对象的不同，决定法律规范的具体内容。根据对象的不同，决定照顾哪些人，如何照顾以及照顾到什么程度，既符合不同群体的特点和需求，也易于为社会大众所理解和接受。侨务法律体系的建构要根据不同法律规范主体的国籍界限而作出适度的差异化规定。既要遵守我国《国籍法》，注意区分外籍华人与华侨的国籍差异，又要尊重外籍华人的族裔感情和他们与祖国之间存在千丝万缕联系的客观现实，努力增进他们的亲情乡谊。既要遵循相关的国际条约和国际惯例，又要符合海外侨胞住在国的法律，做到合情、合理、合法，不授人以柄，不强人所难。既要服从、服务于当前和未来国家发展的大局，有利于促进我国现代化建设与祖国统一，又要有利于海外侨胞的长期生存与发展，有利于发展我国同海外侨胞住在国的友好合作关系。因此，侨务法律体系建设既要积极进取，又要稳妥慎重，做到因地、因时、因人、因事制宜。

六、国际化原则

国家“十三五”规划确立了以开放促发展的基本理念，强调“开放是国家繁荣发展的必由之路。必须顺应我国经济深度融入世界经济的趋势，奉行互利共赢的开放战略，坚持内外需协调、进出口平衡、‘引进来’和‘走出去’并重、引资和引技引智并举，发展更高层次的开放型经济，积极参与全球经济治理和公共产品供给，提高我国在全球经济治理中的制度性话语权，构建广泛的利益共同体”。侨务立法虽然属于国内法，但也具有明显的国际性。一方面随着全球化的深入发展，越来越多的国人走出国门，走向世界，海外侨胞权益保护显得更为重要。就立法现状而论，侨胞海外权益保护是我国侨务立法的薄弱环节，未来应当成为侨务立法的重点发展领域。如何更为有效地保护侨胞海外权益，已经成为我国侨务法律体系建设亟须解决的问题。另一方面，侨胞海外权益保护立法不仅要从国内立法体系来考虑，同时也要符合国际法以及国际惯例的原则与要求，必须充分考虑相关法律规定在侨胞住在国实施的可行性等现实问题。就此而论，海外侨胞权益保护立法深受国内法与国际法的双重影响，与国内、国际形势变化密切相关，侨务法律体系必须根据国内、国际变化及时作出相应变革。

特别值得注意的是，华侨、外籍华人是我国侨务工作的主要对象。目前海外华侨华人已经有6 000多万人，不仅人数众多，而且蕴含巨大的能量，是我国与世界联系的重要桥梁。他们身处国外，许多人是成就卓著的科技专才，对于实施我国科教兴国战略、推进社会主义现代化建设具有不可替代的作用，在中华文化传播、促进我国社会经济发展、发挥我国国际影响、实施“走出去”战略等方面具有举足轻重的地位，是我国侨务工作的重中之重。海外华侨华人权益保护，也是我国侨务立法的难点。华侨虽然拥有中国国籍，但因其长期定居海外，其身份地位深受住在国法律与国际法的影响。外籍华人也是我国侨务的重要工作对象，我国的一些涉侨政策和地方性法规、规章基于海内外中华儿女的中国血统性，通过“参照华侨”的原则性规定，赋予外籍华人一部分国民待遇，外籍华人在中国境内的具有中国国籍的眷属也被视为侨眷并可以享受侨眷待遇。但外籍华人毕竟已经加入外国国籍，在法律上属于外国人，其身份地位主要由其国籍国的法律进行调整，中国法律对华人的效力范围应该如何界定，亟须从理论和实践方面进行探究。中国侨务立法涉及华人的有关规定，必须在尊重华人国籍国法律和国际法的基础上谨慎行事。因此，有关华侨华人权益保护立法必须与时俱进，以尊重国际法基本原则为基础，根据中国社会经济发展水平、华侨住在国和华人国籍国的法律变化，进行适时立法。

综观当代世界，国际关系格局发生重大变化，和平、发展、合作成为当今国际关系的主旋律，经济全球化、世界多极化不断发展，科技创新成为新的发展动力，国际经济文化交流日益密切，人口国际流动日趋频繁，世界政治经济格局出现新的发展趋势。因此，我国侨务法律必须及时反映国际经济与移民发展趋势，兼顾居住在不同国家的华侨华人的实际需要，适时对原有法律规定进行必要调整。

CHAPTER 06 >>

第六章

完善侨务法律体系的基本方案

法律体系通常是指一个国家所有法律规范按照一定的原则和要求分类为不同的法律部门而形成的有机联系的统一整体。法律体系由众多法律规范和不同的分支法律部门共同构成，既有立法数量的要求，也有数量整合的基本标准。我们可以从学理、内部关系等不同角度对法律体系建构的基本标准进行分析。从学理的角度看，根据依法治国、建设法治国家的需要，法律体系完备的一般标志是“门类齐全、结构严谨、内部和谐和体例科学”。从内部关系的角度看，则要做到“上下（上位法与下位法）左右（此部门法与彼部门法）、前后（前法与后法）内外（国内法与国际法）彼此之间统一、协调、不相互矛盾和彼此脱节”。[1] 我国立法机构也从结构形式方面明确了构成中国特色社会主义法律体系的基本标志：一是涵盖各个方面的法律部门应当齐全；

---

[1] 李步云：“实行依法治国，建设社会主义法治国家”，载《中国法学》1996 年第 2 期，第 14～27 页。

二是各个法律部门中的主要法律应当制定出来；三是以法律为主干，应当有相应的行政法规、地方性法规、自治条例和单行条例与之配套。侨务法律体系是中国特色社会主义法律体系的重要组成部分，其构建和完善也应当以基本法律以及配套法规的制定、完善为主要努力方向，体现稳定性与变动性、阶段性与前瞻性、原则性与可操作性的有机结合。一方面，我国是单一制国家，侨务法律体系建设应当体现统一性与层次性的结合。另一方面，侨务法律体系建设既离不开先进立法理念的指引，也需要不断对自身经验进行总结。我国有着悠久的侨胞保护历史文化传统，改革开放以来，国际化水平不断提高，华侨华人数量明显增加，国家高度重视侨务法律体系建设，积累了丰富的历史经验。因此，侨务法律体系的完善既要继承中国优秀的侨务法律传统，又要借鉴国外侨务立法经验，实现两个方面的有机结合，在借鉴国际经验的基础上，基于世情、国情、侨情的变化开展创新立法。

第一节　创新侨务立法理念

一、充分认识侨务立法的必要性

长期以来，有人认为华侨数量有限，而且是中国公民，完全可以根据一般法律保护其合法权益，没有必要进行专门立法。这种认识不仅忽视了华侨的特殊性，而且缺乏对国外侨务法治发展趋势的认识与了解，对我国侨务法律体系的发展与完善产生了消极影响。当今世界正处于急剧变革的时代，我国国情、侨情也随之发生了重大变化，亟须更新侨务立法理念，充分认识侨务立法的必要性，不断加强侨务法治建设。

首先，华侨群体具有特殊性。一方面，华侨属于中国公民，保护一般公民的法律确实也可以适用于华侨权益的保护。但与一般中国公民相比，华侨有其自身的特殊性，在我国社会经济发展中具有特殊的地位与作用。华侨最为显著的特点就是长期居住在国外，身处与国内居民不同的政治、经济、文化和法律环境，侨居地的生存条件与国内存在明显差别。华侨虽在国外居住生活，但不是居住国公民，不能与居住国公民享有同等的法律保护，更有可能遇到一般国内公民不可能遇到的问题。我国作为华侨的国籍国，应当针对其特定的生活环境可能遇到的问题提供保护，比如虽然一般的国内公民出国旅游期间也需要我国提供领事保护，但其需求程度与时限往往跟华侨不能相比。另一方面，华侨虽为中国公民，但如果回国旅游或者短期生活，往往会因为没有一般国内公民的合法身份证明材料，在居住、旅游等方面会面临一些特殊困难，如果缺乏相关法律对这些问题进行规范与解决，就会给华侨在国内的生活造成不便。此外，华侨在很多情况下属于介于国内定居公民与海外华人之间的过渡身份，在取得国外合法居留资格成为华侨之前，他们往往是在国内居住的中国公民；在取得国外合法居留资格成为华侨后，往往又可能获得定居国国籍而转为华人，从而脱离华侨身份。在这些不同身份转换的过程中，他们都会面临许多法律问题，如从中国国内定居的公民到成为华侨，可能涉及国内财产转移、社会保障关系调整等问题；而在从华侨变为华人后，同样存在很多需要解决的法律问题。由于目前这些方面没有专门的法律规定，在大多数情况下只能依据相关政策进行处理，给实现侨务法治化带来了诸多困境与挑战。此外，对于这些华侨权益行使过程中可能遇到的问题，一般法律并未作出明确规定，如果不考虑华侨行权的特别需要，而与国内公民完全同等对待，虽然在形式上显得平等，但实质上却是不平等。

其次，世情、国情、侨情的快速变化急需加强侨务法律体系建设。随着世界各国联系的日益密切，跨国人口流动日益普遍，国际移民规模不断扩大。根据联合国经济社会事务部的数据以及国际移民组织对45个国家数据的估计，截至2015年，全球的国际移民已经达到2.44亿人，占全球人口的3.3%。而在2000年和2010年国际移民的数量分别是1.75亿人和2.21亿人。[1] 随着改革开放的步伐不断加快，我国与其他国家之间的交流日益频繁，中国公民出国留学、投资经商、劳务合作以及投靠亲友的人数大幅增长。2015年，我国已经成为世界第四大移民来源国，在不包括港澳居民与台湾同胞的情况下，有954.61万来自中国大陆的国际移民生活在世界各地，仅次于印度、墨西哥和俄罗斯。[2] 这些中国移民不仅具有群体多样性，身份变化也具有渐进性。从群体划分的角度来看，中国移民主要可以分为华侨、华人两大类。华侨、华人都是我国侨务的重要工作对象，但二者之间也存在明显差别。按照传统的说法，华侨是定居在国外的中国公民，持有中国护照。华人则是已经加入外国国籍的原中国公民及中国公民的外国籍后裔。由于一般国家的法律对于外国人加入本国国籍都有先取得永久居留权以及居住时限的要求，大部分中国移民在国外长期定居之后，其身份地位也会发生相应改变，从移民变为华侨，再从华侨变为华人。随着我国社会经济发展水平不断提高，愿意保留中

---

❶ 国际移民组织：《世界移民报告2018》，全球化智库译，第14～17页，https://worldmigrationreport.iom.int/2018，访问日期：2019年10月20日。

❷ 王辉耀等："世界与中国国际移民现状与特点"，见王辉耀等编著：《中国国际移民报告（2018）》，社会科学文献出版社2018年版，第6页。

国国籍的华侨所占的人数比例不断上升，越来越多已经加入外国国籍的原中国公民要求恢复中国国籍，中国公民的外国籍后裔选择加入中国国籍的现象也在明显增加。同时，随着我国国际化水平的不断提高，华侨与国内的联系日益密切，一部分华侨甚至长期在国内生活、学习或工作，由于他们没有办理正式的回国定居手续，在身份上仍然是华侨。因此，华侨又分为在国外生活和在国内生活两种情况。华人又可以分为三大类别，分别是已经加入外国国籍的原中国公民及其外国籍后裔，以及中国公民的外国籍后裔。每一个群体均有其特殊性，其权益也需要特别的法律规范保障。

我国现有侨务立法主要围绕归侨侨眷权益保护而展开，目前我国涉侨立法主要是《归侨侨眷权益保护法》《归侨侨眷权益保护法实施办法》。这些立法的内容主要是有关归侨侨眷权益保护的规定，涉及海外侨胞权益保护的内容极为有限。有关华侨权益保护的规定，主要散见于党和国家有关侨务工作的政策性文件中。2002年，党的十六大提出要改革和完善党的领导方式与执政方式，“经过法定程序，使党的主张成为国家意志”。党的十六届四中全会再次强调要“加强党对立法工作的领导，善于使党的主张通过法律程序成为国家意志，从制度上、法律上保证党的路线方针政策的贯彻实施”。早在2011年3月，时任全国人大常委会委员长吴邦国在全国人大四次会议上作常委会工作报告时已经宣告中国特色社会主义法律体系已经基本形成，该体系以宪法为统帅，宪法相关法为主干，由法律、行政法规、地方性法规等多层次法律规范共同构成。根据2011年国务院发布的《中国特色社会主义法律体系》白皮书，至2011年8月，我国已经制定现行宪法和有效法律

240 部、行政法规 706 部、地方性法规 8 600 多部。[1] 需要法律进行规范的单独事项或群体，一般都已制定出台了相应的法律。比如对老年人专门制定了《老年人权益保障法》，对残疾人专门制定了《残疾人保障法》，对妇女专门制定了《妇女权益保障法》，对少年儿童专门制定了《未成年人保护法》。虽然我国宪法在第五十条和第八十九条均提及华侨权益保护，体现了国家对保护华侨权益的高度重视，并且为保护华侨权益立法提供了充分的宪法性依据。但华侨权益保护立法至今未能取得实质性进展，华侨权益保护工作主要依据政策精神或者比照《归侨侨眷权益保护法》的相关规定来展开，不仅造成我国侨务法治建设的明显滞后，而且成为我国社会主义法律体系的重大缺憾。

因此，我们应当适度放宽侨务立法所保护的法律关系主体范围，实现侨务立法保护主体从归侨侨眷向海外侨胞的扩展。长期以来，我国侨务立法保护主体主要集中于归侨侨眷，虽对华侨保护有所涉及，但也只是限于狭义的理解，造成侨务立法存在明显的局限。侨务立法的保护对象不仅包括归侨侨眷，还应包括华侨和外籍华人，而且应当将华侨华人作为未来立法的重点对象。关于华侨华人数量目前有多种不同的说法，少则 3 000 万，多至 8 700 万。其中，2007 年中国国家汉语国际推广领导小组办公室主任许琳曾说海外有 5 000 万以上的华侨华人和超过 100 万名的留学生。厦门大学庄国土教授的课题组认为至 2008 年世界华侨华人总数超

---

[1] 中华人民共和国国务院新闻办公室：《中国特色社会主义法律体系》，人民出版社 2011 年版，第 9 页。

过 4 500 万，[1] 华侨华人研究所的路阳认为至 2015 年华侨华人总数约为 5 000 万。[2] 2018 年国务院侨办主任许又声在全国人大常委会第十三次会议报告华侨权益保护现状时指出，我国有华侨华人 6 000多万。[3] 此外，与华侨联系密切的归侨侨眷总人数有 3 000 多万。[4] 华侨华人合称为海外侨胞，是我国的独特优势和重要资源，是我国实施"一带一路"倡议、实现中华民族伟大复兴梦想不可或缺的力量。所以，我国涉侨群体总人数大约 9 000 万，其中华侨华人 6 000 多万，构成一个规模相当可观的特殊群体。即使以 6 000 多万计算，相对于我国近 14 亿人口，所占比重虽然有限，但从其绝对规模来看也并非一个小体量，甚至超过世界上许多国家的人口总数。

在国际学术界，与我国海外侨胞相近似的概念是"diaspora"，即"离散人群"，是指侨居于国外而具有本国国籍的人。从国籍的

---

[1] 厦门大学庄国土教授认为，中国人大规模向海外移民始于 16 世纪末，到 17 世纪初，世界华人数量约十余万人，主要分布在东南亚各地。至 19 世纪中期，世界华人数量约 150 万人，仍高度集中于东南亚。19 世纪中叶以后，大规模华工出国从根本上改变了世界华侨华人分布的状况，北美、拉丁美洲、大洋洲和欧洲都出现数量不等的以华工为主的华人社区。由于 19 世纪后期东南亚以外的国家和地区均排斥华工，20 世纪初华人的数量仍高度集中于东南亚。到 20 世纪 50 年代初，世界华侨华人约有 1 200 万～1 300 万人。20 世纪 70 年代以来，大规模的中国新移民决定性地改变世界华侨华人高度集中于东南亚的格局。到 2008 年，世界华侨华人总数超过 4 500 万人，而东南亚华侨华人的比例降为 73%，北美、欧洲、澳洲和日本、韩国的华侨华人数量激增。参见庄国土："世界华侨华人数量和分布的历史变化"，载《世界历史》2011 年第 5 期，第 4～14 页。

[2] 路阳："印度和菲律宾海外移民政策比较及启示"，载《东南亚纵横》2016 年第 1 期，第 43～51 页。

[3] 许又声："国务院关于华侨权益保护工作情况的报告"，载《全国人民代表大会常务委员会公报》2018 年第 8 期，第 462～467 页。

[4] "中国侨联主席林军：中国归侨和侨眷人数超 3 000 万"，中国新闻网，http：//www. chinanews. com/zgqj/2010/09－15/2533531. shtml，访问日期：2017 年 8 月 5 日。

角度来看，侨民其实是生活在外国的本国人。在我国国内，则将那些生活在外国但拥有中华人民共和国国籍的人称为“华侨”。与该概念相对应的外籍华人，则是指中国公民的外国籍后裔，以及已经取得居住国国籍的原中国公民及其后代。虽然这种从国籍上予以区分的定义方式已得到国内学术界的普遍认同，但实际上却不能满足侨务法律研究的实际需要。因为国家战略的实施是一个错综复杂的过程，需要最大范围地调动资源，仅仅将侨民政策与法律所涉及的侨民界定为居住在他国的本国公民就显得过分狭隘。正因如此，国内也有学者认为过于严格地区分侨民与入籍者，或者过分强调二者的区别，极易造成研究的不便，国内学术界实际上也常将二者视为一体。在国际学术界，除非在涉及某些特殊现象或问题时，才将侨民与入籍者在概念上区分开来，在大多数情况下则将二者完全看作一个整体，不做概念上的区分。[1] 综合考虑当前世界上主要国家侨务政策的现状，鉴于侨务法研究的需要，我们主张将侨民的范围扩展至所有远离祖（籍）国国土的人，除了在具体权利制度设计中根据国籍作出明确区分外，在指导思想、基本原则等方面，更侧重从情感认同的角度来进行区分，从而将侨民的定义扩大到海外本国人的范畴，在提到侨民政策时所代表的也是国家所制定的适用于所有海外本国人的政策。

长期以来，我国制定的侨民政策偏重对侨务资源的发掘与利用，轻视对侨民资源的培育与经营。我们应当认识到，在百年未有之大变局背景下，我们应当着力构建海外侨胞和国家之间的互惠互利关系模式。为构建、适应这种新型关系，侨务立法应该以“轻便”和“多样化”为导向，即我国侨务立法应体现“轻便”

---

[1] 郑亚伟、贾海涛：“海外华人与海外印度人的相似性及其比较研究的意义”，载《许昌学院学报》2008 年第 3 期，第 115 ~ 118 页。

与“多样化”的特征。要满足“轻便”的要求就需要在制定涉侨政策与法律时充分考虑政策实施的投入与产出、政策的机动灵活性、政策的协调性以及政策在维护和建立海外侨胞与国家关系方面的有效性。简言之，就是侨务政策法规在投入最少、负担最小的情况下，能够同时满足侨胞权益保护和国家战略实现的需要。而“多样化”就需要我国制定的涉侨政策法规能充分考虑到不同海外侨胞的不同需求。我国移民历史悠久，在不同历史时期，移民迁移的原因各有差异，移入国家和地区分布广泛，不同时代、不同地区的移民对中国的感情牵绊自然深浅有别。我国拥有庞大的移民及移民后裔群体，但移民群体内部又可细分为众多不同的小群体，这些小群体因为年龄、阶级、宗教信仰、国籍以及移民世代数量的不同而存在明显差异。因此，制定“轻便”和“多样化”的侨务法律制度，有助于让这些各具特色的侨民感受到祖（籍）国的关爱之情，增强他们对中华民族的向心力，有效调动其参与国家社会经济建设的积极性。

再次，加强侨务立法是构建社会主义法治体系、提高国家治理水平的现实需要。我国正在全面推进法治国家建设，提高国家治理能力现代化水平，加强海外侨胞权益保护立法是法治建设的应有之义，侨胞权益的实现程度体现出我国法治的发展与进步，而且也能彰显国家治理能力的提高。当今世界瞬息万变，世界各国侨务政策以及我国国情、侨情均已发生巨大变化。随着中国在全球化进程中扮演着越来越重要的角色，中国“走出去”的企业与其他相关机构也在迅速增加，越来越多的中国公民到海外留学、定居、就业或旅游，海外侨胞群体不断壮大，原有重点保护归侨侨眷权益的法律体系已经难以满足新时期侨胞权益保护的现实需要。我们必须以法治思维审视中国侨胞权益保护的立法现状与问题，充分借鉴国外侨务立法的实践经验，加强侨务法律体系建设，进一步完善侨务法律制度，切实履行国家责任，保护侨胞各项权益。

我国的法律体系主要划分为宪法、行政法、民商法、刑法、经济法、社会法、诉讼与非诉讼程序法等部门，从侨务法律体系在国家整个法律体系中的法律定位而言，由于侨务法主要是有关海外侨胞权利义务关系的规范，可以将其界定为宪法相关法律的范畴。侨务法直接关乎广大海外侨胞的权利保障与实现，关乎中华民族凝聚力的增强，关乎中华民族复兴大业的最终实现。2014年《中共中央关于全面推进依法治国若干重大问题的决定》明确提出要“依法保障公民权利，加快完善体现权利公平、机会公平、规则公平的法律制度，保障公民人身权、财产权、基本政治权利等各项权利不受侵犯，保障公民经济、文化、社会等各方面权利得到落实，实现公民权利保障法治化。增强全社会尊重和保障人权意识，健全公民权利救济渠道和方式”。❶ 2017年，习近平总书记对侨务工作作出重要指示：“以凝聚侨心侨力同圆共享中国梦为主题，当好海外侨胞和归侨侨眷的贴心人，成为侨务工作的实干家，最大限度把海外侨胞和归侨侨眷中蕴藏的巨大能量凝聚起来、发挥出来，为实现‘两个一百年’奋斗目标、实现中华民族伟大复兴的中国梦不断做出新的更大的贡献。”❷ 党的十九大报告进一步明确指出，“广泛团结联系海外侨胞和归侨侨眷，共同致力于中

---

❶ “中共中央关于全面推进依法治国若干重大问题的决定”，中国政府网，http://www.gov.cn/zhengce/2014-10/28/content_2771946.htm，访问日期：2016年10月5日。

❷ “习近平李克强对侨务工作作出重要指示批示”，中国政府网，http://www.gov.cn/xinwen/2017-02/17/content_5168827.htm，访问日期：2018年10月10日。

华民族伟大复兴”。[1] 党中央高瞻远瞩，以世界眼光从新的历史高度充分肯定了海外侨胞和归侨侨眷在中华民族复兴大业中的重要地位和独特作用。凝聚侨心侨力是中华民族复兴的重要条件基础，要发挥广大海外侨胞、归侨侨眷在中国特色社会主义建设中的重要地位和作用，必须加强侨务法治建设，有效保护海外侨胞和归侨侨眷的合法权益。不断提高立法质量是实现法治的基本方法与途径。侨务立法应该坚持科学规划、立改废并举，完善立法工作机制和程序，扩大公众有序参与，充分听取各方面意见，使法律准确反映经济社会发展要求，更好协调利益关系，发挥立法的引领和推动作用。不断提高立法科学化、民主化水平，提高法律的针对性、及时性、系统性，有效保护华侨权益，助力中华民族伟大复兴。

总而言之，华侨是我国与世界交流的重要纽带与桥梁，对我国社会经济发展以及良好国际形象的树立具有至关重要的作用。无论是从华侨群体的特殊性，还是从其群体规模来看，确有通过特别立法对其权益进行专门保护的必要性。面对百年未有之大变局，对海外侨胞权益不是要不要立法保护的问题，而是如何立法保护的问题。通过立法明确侨胞的各项权利义务，既是完善侨务法律体系的需要，也是解决侨务法治现实问题的必由之路。

二、更新华侨权益保护理念

随着全球化的不断发展，世情、国情、侨情都在发生重大变

---

[1] 习近平：“决胜全面建成小康社会 夺取新时代中国特色社会主义伟大胜利——在中国共产党第十九次全国代表大会上的报告”，新华网，http://www.xinhuanet.com/2017-10/27/c_1121867529.htm，访问日期：2018年10月10日。

化，我们必须及时更新侨务法律体系建构的理念，实现从特殊照顾到融合发展的转型，在利益平衡的基础上推动侨胞权益的平等发展，实现侨胞与中国社会有机融合、多方共赢。

首先，必须坚持融合发展的立法理念。侨务法中的融合发展理念包含两个层面的含义：一是侨胞整体与中国社会的融合发展；二是侨胞内部根据不同群体的具体情况采取不同的权利配置模式。侨务法律体系建设应当以推动侨胞与中国公民平等享有各项权利为基本理念，同时根据不同群体的具体情况采取不同方式区别对待，实现实质性平等。就华侨而言，其本身就是中国公民，在法律上与中国公民享有同等的权利是法律面前人人平等的基本要求，有关华侨权益保护立法的重点应当是消除各种体制、机制障碍，促进归侨、华侨融入中国主流社会。就华人群体而言，由于他们已经加入外国国籍，与中国公民存在明显差异，对其权利义务的规定也应该体现出与一般中国公民的不同。如通过完善华侨权益保护法，切实解决华侨理论上享有、实际上行使困难的权利，切实保障华侨的政治、社会等各项权益。有关华人权益的配置，我们可以借鉴其他国家的立法经验。比如在印度和墨西哥等国的侨务立法中，在民事、社会等方面赋予已经加入他国国籍的侨胞与本国公民基本同等的权利，但这些侨胞不能享有选举权、被选举权以及参政议政权等政治权利。我国相关立法也可借鉴国外立法，适度采用类似的权利配置方式。通过制定外国人永久居留条例，为已经加入外国国籍的海外侨胞在申请永久居留、投资经商、收养子女等方面提供比一般外国人更多的便利条件，简化相关申请程序和流程，为海外侨胞提供更多办事便利，让持侨胞证者在办理银行、保险、证券和期货等金融服务方面享有比一般外国人更多的优惠与便利。根据我国社会经济发展实际，推进华侨、归侨身份证件的社会化应用，为广大侨胞使用相关身份证件在中国境内办理金融、外汇、教育、医疗、交通、电信、社会保险、住宿登记、财产登记、机动车驾驶证申领、房屋交易以及子女接受义务教育等事务创造有利条件，促进广大侨胞在国内的融合与发展。

其次，实现形式平等与实质平等的有机统一。融合发展不是简单地“一刀切”。随着我国进一步改革开放，侨胞“侨”“弱”等特性逐渐有所淡化，但从其群体整体性看仍与国内普通公民存在明显不同。由于我国存在诸多制度性障碍，侨胞在政治、教育、社会保障、出入境、财产保障等方面确实存在行权不畅、权利救济途径有限等现实困境。因侨情的变化而无视侨胞与普通国内公民之间的差别，一味追求形式平等，取消对侨胞的特殊保护，既不符合我国侨情实际，也不利于中华民族伟大复兴目标的实现。侨务立法应当积极追求形式平等和实质平等的统一。既要淡化政策中的“照顾”成分，促进侨胞的融合与平等发展，平衡侨胞与国内公民权益，同时也要充分认识侨胞与中国互动关系的特殊性，破除华侨行权的制度性障碍，拓宽外籍华人权利行使的制度路径，通过法治转型加快侨胞群体融入中国主流社会的进程。此外，融合发展的最终目的是消除侨胞与国内公民的冲突，实现多方共赢。因此，在立法层面要通过具体制度设计不同侨胞群体的权利配置方式，明确具体权利类别与范围边界，实现权利平等和利益均衡，避免引起国内侨胞与其他公民之间的矛盾。融合发展要实现侨胞、中国与侨胞住在国的共赢，而不是单方面追求中国发展与利益实现。中国需要在权衡国内立法的同时，处理好与相关国家的关系，尤其要避免因赋予外籍华人权利待遇而引起其他国家的猜忌，慎重处理与历史上曾经发生大规模排华事件的国家的关系。在不承认双重国籍的前提下，通过国内法赋予在另一国境内的本国侨胞一定权利，必须通过充分的理论论证和周密的制度安排，对其他国家的利益予以合理关切，以避免其他国家产生外籍华人是中国对外经济或政治“渗透”的误解，甚至对国际关系形成不利影响。

第二节　侨务法律体系建设的基本思路

在国家侨务立法层面，目前人们对一些基本问题仍然存在不同的认识，亟须开展深入研究与探讨。这些问题主要包括：侨务立法的适用范围能否从国内权益保护延伸到海外侨胞在国外的权益保护；立法的适用对象可否进一步扩大到海外侨胞，即从目前的归侨侨眷为主要法律适用对象扩大到华侨甚至华人；是否应该改变目前由归侨代表华侨行使政治权利的现状，对华侨的选举权和被选举权作出明确规定；新老华侨权益诉求存在一定差异，立法应该如何予以兼顾和保障；在新的世界经济发展形势下，华侨经济权益保护的重点何在，应该如何给予有效保护；侨务立法应该采用何种模式，是进行专门立法，还是分散立法，是将华侨权益保护与归侨侨眷权益保护混合立法，还是华侨、归侨侨眷、外籍华人分别立法等。为此，我们应当借鉴国外相关立法经验，结合中国国情侨情，探索中国华侨权益保护立法的路径。近年来，韩国、印度、以色列、菲律宾、俄罗斯等国积极开展侨务立法工作，在借助侨务资源促进本国经济社会发展、引进海外侨民人才、保持民族文化传承等方面发挥了积极作用，为我国开展华侨权益保护立法工作提供了有益借鉴。

一、侨务法律体系建设的主要阶段与任务

从宏观层面上看，我国的侨务法律体系建设必须与中国社会

以及国际社会的发展相互结合，必须符合我国逐渐走向国际舞台的实际需要，不仅要实现有法可依，而且还要适应我国整体法律秩序建构以及全球化发展的趋势，具有一定的前瞻性。

根据我国侨务法治建设的现状和世界上其他国家和地区侨务立法与实践经验，我国侨务法律体系建设应该采取分步建设、不断完善的策略，在完善现有归侨侨眷权益保护法的基础上，开展华侨权益保护专门立法，以完善国内权益保护制度为基础，重点推进侨胞海外权益保护立法。第一阶段的重点是通过立法进一步明确华侨的法律地位，规定其权利与义务，重点加强华侨国内权益的保护。第二阶段的重点是开展海外侨胞权益保护立法，确立海外侨胞的主体范围，明确其享有的权利与义务，特别是海外华人及其后裔的法律地位，加强侨胞海外权益保护，逐步建立系统的“大侨务”海外侨胞权益保护法律体系。第三阶段的重点是完善侨务法与其他国内法、国际法的衔接机制，保障法律的统一。对已有立法进行加工、整理与完善，消除法律之间相互矛盾、重合的地方，完善不同法律法规之间的衔接机制。侨务法律体系建设应去粗取精，去伪存真，查漏补缺，通过深入研究和科学建构，形成一个相互协调、内在和谐、有机统一的法律体系。

侨务法律体系建设主要从两个方面展开：一是调整相关法律的纵向关系，主要是消除不同层次涉侨立法之间的矛盾与冲突，解决立法体系存在的问题，科学完善侨务法律体系的内在等级结构。立法通常可以分为三个不同的层次，即法律、行政法规与地方性法规，甚至包括部门规章、地方规章以及省级以下地方政府机关制定的规范性文件等。我们应该根据不同国家机关的关系以及中央与地方的立法权限划分，明确哪些涉侨法规由全国人大制定，哪些涉侨法规由国务院或地方政府制定。二是调整相关法律的横向关系。主要是理顺不同法律部门中涉侨法律之间的关系，即通过调整国家法的内在结构，保障涉侨法律之间相互配合、有机协调。由于法律的表现形式与其内部结构并非完全一致，出于方便法律编纂的目的，惯常的做法是将属于不同法律部门的规范放置在同一个法律文件中，这就造成一个规范性文件可能包含多个法律部门的规范。就侨务法律体系而言，主要表现为有关华侨权益保护的法律规范分别散见于宪法、刑法、刑事诉讼法、民法、民事诉讼法、经济法、行政与行政诉讼法等法律法规中。保护华侨的国策以及华侨法律地位的法律规范主要体现在宪法中，有关华侨实体权利的规定集中于民法、行政法、经济法、国籍法等法律法规中，有关华侨权利救济的规范则散见于民事诉讼法、刑事诉讼法、行政诉讼法等法律法规中。在立法的初始阶段，各部门法的制定主要关注不同层级法律规范的统一问题，一般不会太多考虑法律规范之间的一致与协调。但当立法发展到一定规模的时候，不注意法律之间的横向协调统一与相互配合，就会直接影响法律实践的展开，制约法治的实际效果。从侨务法律体系构建的角度而论，既要重视不同法律规范的纵向协调，更要保障不同部门法律法规中的涉侨规范的相互一致，通过立法消除相关法律之间存在的矛盾与冲突。

二、适度扩大涉侨立法保护的主体范围

对涉侨概念的界定决定华侨权益立法保护的主体范围与内在逻辑。侨务法律体系建设应当立足于“大侨务”，构建广义的侨务法律体系。我国现有华侨权益保护法律体系是基于狭义的侨务理论的立法。目前国内所称“侨”是指定居在国外的中国公民，实际上是将具有中国国籍且长期定居国外作为侨的必备条件，我国

的侨务也属于狭义的侨务概念。基于这样的理念，不仅人为地将海外侨胞割裂为华侨（长期定居国外的中国公民）、华人（外国人）以及其他居留国外的中国公民，而且出于对涉侨保护立法国际敏感性的担忧，长期以来将涉侨立法局限于归侨侨眷权益保护的范围，较少关注侨胞海外权益的保护问题，甚至将涉及华人的立法视为不能触碰的红线，未能将华侨华人权益保护问题纳入应有的立法范围。无论是学术界还是实务界，目前国内有关侨务立法的讨论基本上局限于狭义的“华侨”，与国外相关概念界定及使用习惯存在明显差异。国内一般将中国海外侨胞划分为华侨和华人两大类，国籍是对二者进行区分的核心要素。毛起雄主编的《华侨华人百科全书·法律条例政策卷》在序言中指出，华侨和华人与中华民族在血缘、历史和文化等方面都具有紧密联系，具有非常大的相似性，但由于历史原因，二者已经演变成不同的概念。1955 年，中国正式宣布不支持双重国籍，并与印度尼西亚政府签订双边条约，解决了印尼华侨的双重国籍问题，华侨成为定居在国外的中国公民的专称。从立法来看，1980 年《国籍法》采取单一国籍原则，明确规定中国不承认双重国籍。华侨华人的国籍问题正式以法律形式固定下来，保留中国国籍的海外侨胞称为华侨，已加入外国国籍的侨胞则自动丧失中国国籍，称为华人或者华裔。[1] 此为目前国内学界对华侨、华人概念最为普遍的认识，有关华侨华人问题研究大多以此作为基点而展开。因此，“华侨”概念强调的重点是中国公民在国外“定居”的事实。在此基础上，有学者进而提出“华侨”定义的三个层次：一是居住在海外的中国公民；二是定居在中国领土之外，与定居在香港、澳门或台湾地

---

[1] 毛起雄主编：《华侨华人百科全书·法律条例政策卷》，中国华侨出版社 2000 年版，第 555～556 页。

区的中国公民相区别；三是已取得外国永久居留权，公派出境或旅游、留学等人员不在此列。[1] 汤唯等人则认为“华人”应当具备两大要素：一是定居外国而祖籍是中国；二是自愿加入或取得外国国籍，或申请退出中国国籍并获得批注、已丧失中国国籍。[2] 庄国土认为虽然华人并非中国公民，但因其在一定程度上保持中国文化（或华人文化）且具有中华血统，因此，在不强调法律身份时，华人的概念可以涵盖华侨。人们为行文方便，常常以“华侨”统称“华侨华人”。[3]

虽然近年来已有学者主张加强华侨权益保护立法，围绕侨务立法的模式形成采用分散立法和专门立法的争议，但在为谁立法的问题上却比较一致，均遵循着华侨权益保护立法的基本思路，如全国人大常委会在 2018 年 9 月发布的第十三届全国人大常委会立法规划[4]，主张侨务立法采用分散模式的刘国福以及主张采用专门立法模式的张德瑞等学者[5]，讨论重点基本上集中于华侨国内权益的保护，对华侨海外权益保护问题关注有限，更少论及华人权益保护立法问题。究其原因，主要是目前国内虽然在政策层面强调海外侨胞权益保护，但在政治学、法学以及相关立法实践层面，大多数人仍然坚持华侨与华人的二元思维模式：一方面将华人权

---

[1] 邵允振：《1980 年代以来的美国华侨华人与中美关系》，暨南大学 2005 年博士学位论文，第 16 ~ 17 页。

[2] 汤唯、张洪波：《华侨权益的法律保障机制》，山东人民出版社 2006 年版，第 15 页。

[3] 庄国土：“世界华侨华人数量和分布的历史变化”，载《世界历史》2011 年第 5 期，第 4 ~ 14 页。

[4] “十三届全国人大常委会立法规划”，中国人大网，http：//www. npc. gov. cn/npc/xinwen/2018 - 09/10/content_2061041. htm，访问日期：2019 年 1 月 21 日。

[5] 刘国福：“华侨国内权益保护立法模式探析”，载《东南亚研究》2011 年第 1 期，第 67 ~ 71 页；张德瑞：“我国华侨权益保护专门立法问题探微”，载《八桂侨刊》2016 年第 1 期，第 56 ~ 61 页。

益保护视为敏感问题，担心由此引发国际社会的反弹，不利于我国与相关国家关系的发展；另一方面认为应当将华侨、华人分别纳入中国公民和外国人相关立法，完全没有必要通过专门性立法保护海外华侨华人权益，专门立法属于庸人自扰。

事实上，不仅我国近代就有为海外侨胞专门立法的传统，而且自 20 世纪 90 年代开始，世界上已经形成了新的侨胞权益保护理论，并对许多国家的立法实践产生深远影响。从我国侨务立法的历史传统来看，清末民国时期，我国并未对海外侨胞进行严格区分，在立法实践中所采用的是广义的“华侨”概念，20 世纪 50 年代以前，中国政府出台的所有政策和法律文本中，“华侨”与我们今天使用的“海外侨胞”的含义完全相同，相关侨务立法所保护的法律主体既包括在外国居住、具有中国国籍的华侨，也包括已经加入外国国籍但具有中国血统的人及其在国外的后裔，除部分政治权利外，在其他一般性权利的享有资格方面，对于华侨在海外居住的时限并无明确要求。换言之，凡身在海外、具有中国血统者，只要没有经本人主动申请、中国政府正式批准放弃中国国籍，无论其有无加入外国国籍，皆为中国海外侨民，亦即华侨，实际上就是我们现在所说的海外侨胞。当时对“华侨”的界定所采用的是血统主义的标准，判断一个人是不是华侨，并非根据其是否具有中国国籍，关键是考察其有无中国血统。根据清政府在 1909 年颁行的《大清国籍条例》、北洋政府 1914 年颁行的《修正国籍法》以及南京国民政府 1929 年颁行的中华民国《国籍法》与《国籍法施行条例》，即使华侨定居海外长期不归，只要本人未主动申请并经中国政府批准放弃中国国籍，就可继续保有中国国籍。日本学者小林新作对华侨的定义是：“华侨者，不问其国籍如何，是从中国领土移住外国领土的中国人民，或其子孙居住在外国领土的，都叫做华侨。”[1] 虽然民国时期有法学学者强调华侨身份与国籍的关系，并对广义的“华侨”定义加以修正，认为“凡是中国人移植或侨居于外国领域而并未丧失中国国籍的，叫做华侨”，[2] 但其观点并未得到普遍认同，当时的社会主流观点仍然采用惯用的“华侨”概念，基本上将华侨与海外侨胞等同使用。如我国著名的华侨研究专家李长傅明确反对根据国籍认定华侨，主张从“中国人”的本质上研究华侨。认为中国人的本质是一个中华民族，民族并非种族，而是属于历史、社会的范畴，民族主要是在语言、领土、经济生活、文化生活方面具有共通性，最主要的特征是在传统心理上具有共通性。传统心理就是民族感情和民族意识。他认为“所谓华侨，乃中国人移居外国领土者，从事经济活动，及其子孙之未消失中国民族意识之谓也。”[3] 即使是强调华侨身份与中国国籍身份联系的法学学者也不得不承认华侨与国籍关系的复杂性，承认“事实上发生‘双重国籍’或‘复籍’情事，那是另一问题”，双重国籍“是国际私法上的严重问题，原则上‘复籍问题’亦依所在国法律为断。不过中国因为有领事裁判权关系，于是百弊丛生，国籍问题愈形复杂。”[4]

中华人民共和国成立初期，延续了保护海外侨胞权益的立法传统。中国人民政治协商会议第一届全体会议通过的《中国人民政治协商会议共同纲领》（以下简称《共同纲领》）第十三条规定：“中国人民政治协商会议为人民民主统一的组织形式。其组织成

---

[1] 李长傅：“华侨研究之基础问题”，见《南洋史地与华侨华人研究：李长傅先生论文选集》，暨南大学出版社 2001 年版，第 3～8 页。

[2] 丘汉平：《华侨问题》，商务印书馆 1934 年版，第 4 页。

[3] 李长傅“华侨研究之基础问题”，见《南洋史地与华侨华人研究：李长傅先生论文选集》，暨南大学出版社 2001 年版，第 3～8 页。

[4] 丘汉平：《华侨问题》，商务印书馆 1934 年版，第 4 页、第 12 页。

分，应包含有工人阶级、农民阶级、革命军人、宗教信仰、小资产阶级、民族资产阶级、少数民族、国外华侨及其他爱国主义分子的代表。”第五十八条规定：“中华人民共和国中央人民政府应尽力保护国外华侨的正当权益。”《共同纲领》具有临时宪法的性质，按照《共同纲领》的规定，在普选的全国人民代表大会召开以前，由中国人民政治协商会议的全体会议执行全国人民代表大会的职权，制定中华人民共和国中央人民政府组织法，选举中华人民共和国中央人民政府委员会，并行使国家权力的职权。换言之，当时国外华侨的代表享有立法以及选举国家领导人等一系列重要权利。1949 年 9 月 21 日至 30 日，中国人民政治协商会议第一届全体会议在北平召开，15 名华侨代表出席会议。司徒美堂作为美洲华侨代表在大会上发言，表示相信“侨胞在新政府切实保障华侨正当权益号召下，一定会踊跃投资，返到祖国来”。在此次会议上，致公党以党派名义递交《由中央人民政府研究和实行护侨政策案》的提案，对维护华侨的合法权益，保护华侨的生命财产和人身自由，起到了积极的作用。[1] 根据 1954 年《宪法》第二十三条、第二十七条的规定，全国人民代表大会由省、自治区、直辖市、军队和华侨选出的代表组成。全国人民大会的职权包括行使修改宪法、制定法律、监督宪法的实施，选举和罢免中华人民共和国主席、副主席、最高人民法院院长、最高人民检察院检察长，决定国务院总理等国家重要领导人，以及决定国民经济计划、审查和批准国家的预算和决算、批准省（自治区和直辖市）的划分、决定战争与和平等重大国家问题。1953 年中央人民政府颁行

---

[1] 参见文华：“中国人民政治协商会议第一届全体会议上的第一份党派提案”，民革中央网站，http：//www.minge.gov.cn/n1/2018/0419/c415154 - 29937369.html，访问日期：2019 年 1 月 11 日。

的《选举法》第七条、第十九至二十三条的规定，人民武装部队和国外华侨进行单独选举，具体选举办法另订。全国人民代表大会代表，由省人民代表大会、中央直辖市和人口在五十万以上的省辖工业市人民代表大会、中央直辖少数民族行政单位、人民武装部队和国外华侨选举产生。其中，各省应选全国人民代表大会代表的名额，按人口每八十万人选代表一人。中央直辖市和人口在五十万以上的省辖工业市应选全国人民代表大会代表的名额，按人口每十万人选代表一人。全国少数民族应选全国人民代表大会代表一百五十人。人民武装部队应选全国人民代表大会代表六十人。国外华侨应选全国人民代表大会代表三十人。1952 年，中央侨务委员会经中共中央批准发布了《关于海外侨民工作的指示》，表明当时华侨和海外侨胞基本被视为相同的概念。1954 年召开的首届全国人民代表大会共有代表 1 141 名，其中有侨界推选的华侨代表 30 人，代表世界各地一千多万华侨参加会议。❶ 当时对华侨代表并无中国国籍的明确要求，而是以其中国血统与民族意识作为最主要的衡量标准。其中最典型的例证就是著名爱国侨领陈嘉庚当选为第一届全国人大代表。陈嘉庚参加第一届全国人大代表大会时兼有中国和英国国籍，直到 1957 年，为了表达对中国政府单一国籍政策的支持与认同，他亲笔写信给其侨居新加坡的儿子陈国庆，委托为其办理放弃英国国籍的相关手续。❷

海外侨胞权益保护立法的明显转折发生在改革开放以后。1980 年施行的《选举法》第二条、第四条及第六条规定，全国人民代表大会的代表，省、自治区、直辖市、设区的市、自治州的人民

❶ “周恩来总理在人大常委会上就批准签署中国与印度尼西亚双重国籍条约的说明”，中华人民共和国外交部档案，档案号：105－0055－02（1）。

❷ 林新繁：“陈嘉庚放弃英国国籍”，载《海内与海外》1995 年第 7 期，第 52 页。

代表大会的代表，由下一级人民代表大会选出。全国人民代表大会的代表，由省、自治区、直辖市的人民代表大会和人民解放军选举产生，人民解放军和华侨代表的产生办法另订。1982 年《宪法》不再单列华侨为人大代表选举单位，只是概括性规定“中华人民共和国保护华侨的正当的权利和利益。”1982 年，《第五届全国人民代表大会第五次会议〈关于修改中华人民共和国全国人民代表大会和地方各级人民代表大会选举法〉的若干规定的决议》将《选举法》第六条“华侨代表的产生办法另订”修改为“全国人民代表大会和归侨人数较多地区的地方人民代表大会，应当有适当名额的归侨代表”。同日通过的《第五届全国人民代表大会第五次会议关于第六届全国人民代表大会代表名额和选举问题的决定》明确规定：“华侨应选代表三十五人，由归国华侨中选出。”此后，历届全国人民代表大会华侨代表均为 35 人，并以同样的办法产生。地方人民代表大会根据全国人大代表选举办法作出相应规定。如 1989 年颁行的《江西省各级人民代表大会代表选举实施细则》第七条规定，地方各级人民代表大会代表的名额，由省人民代表大会常务委员会按照便于召开会议、讨论问题和解决问题，并且使各民族、各方面都能有适当数量的代表的原则决定。第十一条规定，在分配县以上地方各级人民代表大会代表名额时，应掌握代表结构的合理比例。本行政区域内归侨、侨眷，港澳同胞的眷属人口较多的，至少应有代表 1 名。第二十一条规定，旅居国外的中华人民共和国公民和港澳同胞，在县级以下人民代表大会选举期间在国内的，可在原籍地或者出国前居住地参加选民登记。但相关法规并未对“归侨人数较多”的具体标准作出明确界定或说明。华侨旅居海外的“特殊性”被放大，并常与“华人”相提并论，“华侨华人”之类的表述屡屡出现在官方侨务工作文件与学术研讨中。这种概括性表述具有明显的模糊性，而不加区分的一揽子政策方针，导致华侨实际上丧失了通过行使人民代表选举权与被选举权参与国家重大决策的权利。目前全国人民代表大会中虽有侨界代表，但实际上皆为归侨和侨眷代表。虽然人民代表大会选举法规定华侨人口较多的省市可以有一定比例的华侨代表，但在选举实践中，只有归侨侨眷代表具有完全意义上的人大代表权利。近年来，虽有部分来自海外的华侨代表列席全国和地方人民代表大会和政治协商会议，但并没有相应的投票权利。

换言之，我国海外侨胞保护立法的方向在改革开放后发生了重大转变，20 世纪 80 年代开始，我国官方开始采用狭义的“华侨”概念。四十多年来，海外侨胞权益保护立法存在一定的缺失。除宪法及人民代表大会代表选举法中的概括表述外，我国其他相关立法对华侨的保护基本上局限于归侨侨眷，实际上基本将海外侨胞排除在外。对“华侨”明确采用狭义界定最早可见于 1990 年颁行的《归侨侨眷权益保护法》。该法第二条规定“华侨是指定居在国外的中国公民”，直接将华侨与中国国籍相关联，具有中国国籍成为华侨身份不可或缺的条件，已经加入外国国籍的海外侨胞被等同于一般外国人，被排除在我国侨务立法保护范围之外。华侨范围的大幅缩减，限制了“大侨务”事业的发展，不利于中华民族伟大复兴梦想的实现。在中华人民共和国成立初期，面对东西方冷战下的复杂国际关系，我国明确禁止双重国籍，坚持狭义的华侨保护理念，属于特定历史时期的无奈之举，对我国与相关国家的关系发展具有积极作用与意义。但当今世情、国情和侨情均已发生重大变化，原有的政策与理念不仅明显落后于国际社会侨胞保护立法的发展，而且难以适应中华民族复兴的现实需要。

从世界侨胞权利理论发展的趋势来看，国际移民是世界各国长期存在而且日益普遍的现象，随着全球化的不断深入与发展，国际移民的规模也在不断壮大，无论是欧洲还是拉美、亚洲还是非洲，世界各国均有海外侨胞分布在世界各地。虽然各国海外侨胞数量多少有别，但政府立法在不同程度上均需面对海外侨胞权益保护的课题。由于海外侨胞权益与国籍立法密切相连，为了解决海外侨胞权益保护问题，越来越多的国家改变传统国籍制度，采用更为灵活的国籍政策。以色列、印度、菲律宾、韩国、日本、德国、俄罗斯、匈牙利、罗马尼亚等国都旗帜鲜明地将侨务工作范围扩展到海外侨胞，分别围绕海外印度人、海外菲律宾人以及海外俄罗斯同胞等海外侨胞的权益保护展开立法和政策制定。在我国国内，人们对海外侨胞立法的基本问题尚未达成共识，如有学者主张以“中国人”“中国血统人”或者“中国系人”称呼我国海外侨胞，也有学者对我国海外侨胞的具体称呼存在不同见解；对于侨胞权益保护立法的必要性以及具体立法方式等存在争议。但从世界侨务法治发展的历史经验与基本趋势来看，在国际法许可的范围内，充分利用国际规则，促进侨胞政策适时转变和立法创新，无疑有助于更加广泛地团结海外侨胞，凝聚侨心，汇聚侨智，共同致力于中华民族伟大复兴。

因此，我国侨务法律体系建设应当采用广义的华侨理念，将狭义的华侨、华人等涵摄到侨务立法的保护对象中，通过综合立法、单独立法与嵌入式立法三种方式并用的路径，构建广义的侨务法律体系。首先通过修改宪法、国籍法等相关法律法规，嵌入海外侨胞法律地位等相关条款，正式确认海外侨胞的法律身份。在此基础上，进一步制定综合性的海外侨胞法律地位法，明确海外侨胞的分类，规定华侨、华人及外国籍后裔在国内的基本权利义务，加强对海外侨胞国内与海外权益的保护，进而分别制定华侨、华人及外国籍后裔等有关海外侨胞的单行法规，明确海外侨胞身份认证、出入境、回国定居等专门事项的办理条件、程序及效力，为海外侨胞出入中国国境、在中国从事创业经商、定居生活等社会经济活动提供更多便利与明确指引。

三、侨务法律体系建构的模式选择

从各国侨胞权益保护立法经验来看，其立法模式主要有综合性立法、单行立法和嵌入式立法三大类。其中，采用综合立法模式的有俄罗斯、韩国、匈牙利、罗马尼亚、斯洛伐克等国家。斯洛伐克于 1997 年制定了《斯洛伐克海外侨胞法》，罗马尼亚于 1998 年颁行了《罗马尼亚海外侨胞法》。俄罗斯国家杜马于 1999 年 5 月颁行《俄罗斯联邦海外同胞政策法》，至 2018 年已经先后修订八次。韩国则在 2000 年制定了《海外韩国人移民与法律地位法》，并先后于 2004 年、2008 年和 2013 年三次进行修订。匈牙利在 2001 年通过《匈牙利族人地位法》，并于 2003 年进行修订。除综合性立法外，有些国家还就海外侨胞问题进行单行立法。以色列在 1950 年颁行《以色列回归法》，并于 1954 年和 1970 年修订。为了提高韩国境内的在美韩人的法律地位，并为其出入境提供便利，1999 年韩国国会通过《韩国海外同胞入境及法律地位法》。此后该法经过多次修改，2004 年修改后的《韩国海外同胞入境及法律地位法》规定其适用对象包括两大类，一是作为大韩民国国民在外国取得永久居留权者或者以永久居留为目的而居住在国外者，简称为“在外国民”。二是曾拥有大韩民国国籍者（包括大韩民国政府成立以前移居到国外的同胞）及其直系亲属，取得外国国籍者中符合总统令规定者，从而将中国的朝鲜族公民和俄罗斯高丽人都纳入韩国的在外同胞行列，法律上实现了在外同胞待遇的平等。❶ 菲律宾于2003年制定《海外菲律宾人保留和恢复国籍法》、《菲律宾海外投票法案》等法律。此外，罗马尼亚还在2007年制定了《海外罗马尼亚人资助法》，对海外侨胞援助作出专门规定。嵌入式立法主要是在原有一般性立法中嵌入部分有关海外侨胞的相关条款。如墨西哥于1996年在《墨西哥宪法》中写入了海外侨胞双重国籍的规定，主要是宪法第30条、第32条、第34条和第37条。2004年以来，印度通过宪法修正案以及修改《印度国籍法》，改变了长期坚持的单一国籍政策，设立"海外印度人身份"，通过给予海外印度人身份认可和选举权等方式将海外印度人与母国的亲缘关系合法化，除巴基斯坦和孟加拉国以外的世界各国的印度人，只要其住在国认可"双重国籍"，均可申请海外印度公民身份，从而增加印度对海外印度人的吸引力。❷ 目前多数国家的海外侨胞立法实行的是三种方式并用的方案。

关于华侨权益保护立法，我国学界和实务部门长期存在不同认识。近年来，国内学者围绕海外侨胞权益保护立法究竟应该采用何种模式的问题进行讨论，主要形成两种观点。一是专门立法说，主张制定专门的华侨权益保护法。汤唯等人在其所著《华侨权益的法律保护机制》一书中主张对华侨权益保护进行专门立法，提出创制华侨权益保障法的具体建议。❸ 翟靖在《法制建设的一个

---

❶ 严海玉："刍议韩国在外同胞法的违宪诉讼"，载《延边大学学报》（社会科学版）2013年第2期，第29～34页。

❷ Ministry of Oversea Indian Affairs, Annual Report 2012 – 2013, Policy Planning and Research Division, Ministry of External Affairs (Government of India), New Delhi, 2013, p14, http://www.mea.gov.in/Uploads/PublicationDocs/21385_Annual_Report_2012 – 2013_English.pdf，访问日期：2018年10月9日。

❸ 汤唯、张洪波：《华侨权益的法律保障机制》，山东人民出版社2006年版，第352～358页。

重要课题——华侨权益保护立法势在必行》一文中对华侨权益立法的必要性、紧迫性和可行性进行了分析。[1] 郑丙浩、王丽霞在《新时期如何完善侨务法律制度》一文中提出整合现有侨务法律法规、制定华侨权益保护法，主张在时机成熟时制定一部统一的侨务法律等。[2] 王卓在《浅议华侨权益的立法保护问题》一文中认为有必要通过制定完备法律对归侨、侨眷等特殊群体的权利给予保护，并强调应注重华侨主体身份的法律定位、侵犯华侨权益的程序救济等问题。[3] 张德瑞的《我国侨务法治建设的回顾、反思与前瞻》《我国华侨权益保护专门立法问题探微》以及郭宗杰的《侨务法律体系问题研究》等论著也主张采用特别立法模式。[4] 二是分散立法说。主张这种观点的学者认为有必要在相关法律中写入华侨权益保护的专门条款，但无必要就华侨权益保护单独制定一部专门性法律，而应将相关内容分散体现在各部门法之中。如刘国福认为，中国公民权益保障方面的法律日益健全，适时赋予华侨完全的国内公民待遇，逐步淡化乃至取消对其适当照顾，增加有关公民权益保障一般法中的涉侨内容，是保护华侨国内权益的有效方法。制定特别法保护华侨国内权益，因立法成本巨大，并非保护华侨权益的最佳选择。主张保护华侨权益立法模式应该从特别

---

[1] 翟靖："法制建设的一个重要课题——华侨权益保护立法势在必行"，载《理论导报》2005 年第 7 期，第 37 ~ 40 页。

[2] 郑丙浩、王丽霞："新时期如何完善侨务法律制度"，载《安徽农业大学学报》（社会科学版）2010 年第 5 期，第 82 ~ 84 页。

[3] 王卓："浅议华侨权益的立法保护问题"，载《法制与社会》2012 年第 9 期，第 294 ~ 296 页。

[4] 张德瑞："我国侨务法治建设的回顾、反思与前瞻"，载《八桂侨刊》2013 年第 4 期，第 9 ~ 14 页；张德瑞："我国华侨权益保护专门立法问题探微"，载《八桂侨刊》2016 年第 1 期，第 56 ~ 61 页；郭宗杰："侨务法律体系问题研究"，见朱羿坤主编：《侨务法论丛》，法律出版社 2015 年版，第 60 ~ 71 页。

法转向一般法。[1] 王明譞在《华侨国内权益保护的立法建议》一文中认为，华侨国内权益没有得到有效保护的主要原因，是未能有效地贯彻实施一般法，而不是没有保护华侨权益的统一法，主张以分散式立法保护华侨国内权益。[2]

根据目前的世情、国情、侨情及未来发展趋势，我们认为应该尽快制定有关华侨权益保护的专门法律，以适应社会经济发展的现实需要，助推中华民族复兴大业的实现。自从 2003 年第十届全国人大一次会议上有人大代表首次提出制定华侨权益保护法的议案以来，每年的全国人大和全国政协会议均收到有关华侨权益保护立法的议案和提案，分布在世界各地的华侨的呼声也日益高涨，华侨权益保护立法已经成为侨界最为关心的问题。作为特殊的法律群体，华侨华人是一个数量可观、能量极强、具有鲜明特点的群体，是我国社会主义建设的重要力量，侨务法治化是社会主义法治体系建设的重要构成部分。随着全球化程度不断提高，我国逐渐与国际接轨，华侨数量还将不断增加，亟须通过专门立法，明确华侨的法律地位，对其国内外权益加以规范和保护。

首先，世情、国情和侨情变化决定了华侨权益保护立法的必要性。进入 21 世纪，全球化进程明显加快，我国的改革开放也在不断扩大和深化，跨国交流活动更加频繁，国际移民现象日益普遍。改革开放以来，我国公民出国留学、境外就业、投资经商人数不断增加。这些中国公民有相当一部分选择在国外定居、入籍，其身份也就随之发生转变，成为华侨华人。联合国经济与社会事

---

[1] 刘国福："华侨国内权益保护立法模式探析"，载《东南亚研究》2011 年第 1 期，第 67 ~ 71 页。

[2] 王明譞："华侨国内权益保护的立法建议"，载《学理论》2012 年第 31 期，第 116 ~ 117 页。

务部发布的《2017年国际移民报告》显示，2017年全球移民总数达到2.58亿，比1999年增长了69%。其中进入21世纪以后的数量增长更为迅速，1990年至2005年，国际移民数量年平均增长250万，2005年至2017年，平均年增长约560万。国际移民占全球总人口的比重虽然较小，但总比例一直在不断提高。2017年，国际移民人数占全球总人口的3.4%，意味着世界上每30个人中，就有一个是国际移民。2000年至2010年，全球净输出人口最多的前五个国家分别是孟加拉国、印度、中国、墨西哥和缅甸，中国人口净流出数量位列全球第3位。2010年至2015年，全球净输出人口数量最多的前五个国家分别是叙利亚、印度、孟加拉国、中国和巴基斯坦，中国人口净流出数量位列全球第4位。[1] 据华侨华人研究专家庄国土先生的推断，2008年全世界华侨华人总数为4 543万，其中新移民数量为1 030万。[2] 2018年我国官方的说法是，全世界海外侨胞总数有6 000多万。[3] 按照人口移动的规律，华侨华人的数量长期处于动态变化的过程中。实际上，海外侨胞主要包括华侨、华人两大类。华侨、华人均为侨务工作的重要对象，但具体而言，二者又是两个不同的法律概念，同时也是两个不同的社会群体。华侨是定居在国外的中国公民，持中国护照；华人是已经加入外国国籍的原中国公民及中国公民的外国籍后裔。在大多数国家一般都对外国公民加入该国国籍规定了一定的条件，比如要取得本国长期或永久居留权，并满足法律规定的居住时限

[1] 安然编译："联合国最新权威数据：国际移民总量达2.58亿"，载《华侨华人历史研究》2018年第2期，第95~96页。

[2] 王望波、庄国土：《2008年海外华侨华人概述》，世界知识出版社2010年版，第11页。

[3] 许又声："国务院关于华侨权益保护工作情况的报告"，载《全国人民大会常务委员会公报》2018年第3期，第462~467页。

要求。因此，在一般情况下，中国公民要成为华人，首先要取得华侨身份。近年来，随着我国国力的不断上升，越来越多的华侨希望保留中国国籍，也有部分已经加入外国国籍的原中国公民提出了恢复其中国国籍的诉求，中国公民的外国籍后裔选择加入中国国籍的现象也在日渐增加。据美国《侨报》报道，美国亚裔权益团体联盟2011年发布的报告显示，第一代移民中有57%的人入籍成为美国公民，华人移民有六成以上已经加入美国国籍，入籍比例高于旅美外国移民的总体入籍比例。[1] 美国是世界上移民归化程度最高的国家。有学者认为，按照全世界华侨华人比例为1∶9或新移民人口中40%为华侨推算，华侨总数应该有四五百万人。[2] 进入21世纪，我国的改革开放不断深入，国际化水平明显提高，华侨与国内的联系进一步增强，涉侨群体快速扩大。广大侨胞或在国内投资经营，或回国内旅游探亲、短期居住，与国内联系日益密切、频繁，权益保护诉求不断增强。除华侨华人外，越来越多的中国公民出国旅游、工作或居住。根据公安部的统计，2017年中国内地居民出入境2.92亿人次。[3] 2018年度我国出国留学人员总数为66.21万人，与2017年的统计数据相比较，出国留学人数增加5.37万人，增长8.83%。从1978年到2018年年底，各类出国留学人员累计达585.71万人。其中2018年有153.39万人在国

---

[1] “研究指全美华人人口突破400万　全美238万会讲中文”，中国新闻网，http://www.chinanews.com/hr/2011/10-27/3418698.shtml，访问日期：2018年10月8日。

[2] 范如松、严武龙：“保护华侨在国内权益应予立法”，见丘进主编：《华侨华人研究报告》(2012)，社会科学文献出版社2012年版，第280页。

[3] “2017年我国内地居民出入境达2.92亿人次”，中国政府网，http://www.gov.cn/xinwen/2018-01/19/content_5258273.htm，访问日期：2018年12月1日。

外进行相关阶段的学习和研究。[1] 另据商务部数据显示，2017 年年末我国在外各类劳务人员 97.9 万人，较 2016 年同期增加 1 万人。2018 年 9 月末在外各类劳务人员 99.6 万人，较上年同期增加 3.5 万人。[2] 部分出境的中国内地公民在国外生活、工作、学习居留时间较长，甚至超过华侨华人居留的时间。这些人对住在国的社会经济文化有比较深刻的认识，属于技术或文化高端人才，成为我国事实上的重要侨务资源。

从侨务实践层面看，我国侨务工作的对象已经发生重大变化，工作范围明显扩大，早已突破了狭义的“华侨”，包括了所有在海外工作、留学人员以及外籍华人等更为广义的海外同胞。2013 年，时任国家副主席李源潮在第九次全国归侨侨眷代表大会上发表题为《团结动员广大归侨侨眷和海外侨胞，为实现中华民族伟大复兴的中国梦作出独特贡献》的祝词，强调“广大归侨侨眷和海外侨胞不仅为挽救民族危亡、建设独立民主的新中国作出了历史性贡献，而且是建设中国特色社会主义的宝贵资源，是实现中华民族伟大复兴的重要力量。党中央充分肯定广大归侨侨眷和海外侨胞在中国改革开放和社会主义现代化建设中的独特作用和重要贡献”。“希望广大归侨侨眷和海外侨胞发扬热爱中华、振兴中华的爱国爱乡传统，把民族的梦想、祖国的梦想化为个人的梦想、家庭的梦想，把自己的发展和人生的追求融入祖国的发展和民族的追求，以我们每个人、每个家庭的努力奋斗汇聚成实现民族梦、祖国梦的磅礴力量，为实现中华民族伟大复兴的中国梦作出独特

---

[1] 中国教育部：“2018 年度我国出国留学人员情况统计”，中华人民共和国教育部网，http：//www. moe. gov. cn/jyb _ xwfb/gzdt _ gzdt/s5987/201903/t20190327 _ 375704. html，访问日期：2019 年 6 月 6 日。

[2] “2018 年我国对外劳务输出人员数量情况”，中国产业信息网，http：//www. chyxx. com/industry/201810/686964. html，访问日期：2019 年 6 月 5 日。

贡献”。❶ 2014 年《中共中央关于全面推进依法治国若干重大问题的决定》中提出要“依法维护海外侨胞权益”。❷ 2018 年赵乐际在第十次全国归侨侨眷代表大会上代表党中央发表了题为《为新时代凝聚侨的力量 谱写民族复兴的新篇章》的致辞，继续沿用了“归侨侨眷和海外侨胞”概念，在讲话中强调“广大归侨侨眷和海外侨胞响应党和人民的号召，始终同祖国同呼吸、共命运，积极发挥独特优势，为我国改革开放和社会主义现代化建设，为坚持‘一国两制’、推进祖国统一，为传播中华文化、加强中外交流合作，作出了积极贡献，科教领域的最前沿，创新创业的第一线，祖国遇到大事难事的关键时，五洲四海的大舞台，到处都活跃着侨的身影，展现出广大归侨侨眷和海外侨胞爱国爱乡的赤子情怀、自强不息的奋斗精神、开放自信的国际形象”，同时希望广大归侨侨眷和海外侨胞牢记党和人民嘱托，传播好中国声音，助力祖国发展，维护中华民族大义，弘扬中华文化，为实现中华民族伟大复兴的中国梦、推动构建人类命运共同体作出新的贡献。❸ 这些表述方式表明，我国实际上已经将海外侨胞作为国家侨务的重要工作对象。如果侨务法律体系中不能明确海外侨胞的法律地位，就难以为海外侨胞回国创业发展提供有效的制度保障，势必将削弱侨务法治的实际效果，不仅不利于侨心、侨力的凝聚，而且将直接

---

❶ 李源潮：“团结动员广大归侨侨眷和海外侨胞为实现中华民族伟大复兴的中国梦作出独特贡献”，载《人民日报》2013 年 12 月 3 日，第 5 版。

❷ “中共中央关于全面推进依法治国若干重大问题的决定”，中国政府网，http://www.gov.cn/zhengce/2014-10/28/content_2771946.htm，访问日期：2019 年 1 月 15 日。

❸ “第十次全国归侨侨眷代表大会在京开幕 习近平李克强栗战书汪洋王沪宁韩正王岐山到会祝贺 赵乐际代表党中央致词”，新华网，http://www.xinhuanet.com/politics/2018-08/29/c_1123348759.htm，访问日期：2019 年 1 月 15 日。

影响中华民族伟大复兴梦想的最终实现。但有些政府部门因对现有政策法规缺乏深刻认识，在制定法律法规的过程中对华侨这一特殊团体缺乏应有的关注，在国内权益保护方面将华侨等同于已经回国定居的归侨，在海外权益保护中又将保护重点放在出国旅游、留学、劳务输出的公民以及到国外投资的企业，对在国外长期定居的华侨缺乏应有的关注，更将华人权益保护视为敏感问题而不敢触碰，导致侨胞国内、海外权益被多层面忽略，相关保护措施不仅数量有限，而且缺少针对性和有效性。此外，根据我国现有政策法规的规定，华侨与归侨也是两个密切相关但又不同的群体，只有在满足相应法定条件的情况下，华侨才转为归侨。《居民身份证法》第九条规定，香港同胞、澳门同胞、台湾同胞迁入内地定居的，华侨回国定居的，以及外国人、无国籍人在中华人民共和国境内定居被批准加入或者恢复中华人民共和国国籍的，在办理常住户口登记时，应当依照本法规定申请领取居民身份证。换言之，只有华侨依法办理回国定居手续，办理常驻户口登记并申领居民身份证，才能转为归侨。如果华侨只是在国内生活、工作，而未办理回国定居手续，其身份仍然是华侨而非归侨。目前我国尚未就华侨权益保护制定专门性法律，华侨在国内权益的保护规定散见于我国相关法律、行政法规、地方性法规、部门规章，主要是参照归侨侨眷权益保护法及其实施细则的有关规定，或通过制定政策的方式予以保护。随着改革开放的不断深入，定居国外的中国公民数量迅速增加，回国创业、为国服务的华侨也越来越多，广大华侨对于在国内参政议政、购产置业、投资兴业、慈善捐赠、社会保障、子女教育等方面权益保护的诉求日益强烈，现有立法已经难以满足华侨权益保护的现实需要，加强华侨权益保护立法的呼声越来越高，历届全国人大代表多次提出有关制定华侨权益保护法的议案和建议。

习近平总书记指出，保护人民权益是法治的根本目的。坚持以人民为中心是落实全面依法治国战略、建设社会主义法治国家、实现国家治理体系和治理能力现代化的重要要求。以立法回应人民群众最关心、最直接、最现实的权益，是我国社会主义立法的鲜明特征和突出优势。2020 年年底党中央印发的《法治社会建设实施纲要（2020—2025 年）》将“保障人民权利”作为推进法治社会建设指导思想的重要内容，将“坚持以人民为中心”“坚持权利与义务相统一”作为推进法治社会建设的主要原则。立法必须与时俱进，人民群众美好生活需要有了新内涵，也就意味着民生立法有了新任务。目前我国侨务立法以分散式立法为主，既有归侨侨眷权益保护法等单行法，又有行政法规、部门规章和地方性立法。这种法律体系框架的构建主要通过各个具有立法权的机关逐步地、分散地制定相关法律法规的方式来完成，是分散式立法模式的产物。分散式立法模式充分体现了“成熟一部、制定一部”的立法理念，符合改革开放初期的立法需要。但随着我国不断推进深化改革，分散立法模式已经难以适应法治社会建设的现实需要。集中表现为分散式立法导致不同的侨务法律规范之间存在矛盾冲突，在实践中相关法条适用存在困难。各个涉侨法规的具体出台时间先后有别，各具自身时代特征。随着社会不断发展，为了适应社会经济发展的实际需要，立法理念发生变革，不断对原有的原则、规则进行修正，使其体现在稍后出台的侨务法律之中。这种立法模式往往导致不同时代的法律法规对同一问题的规定存在冲突和矛盾。要消灭这些冲突和矛盾，需要通过立法修改进行协调、统一。但我国涉侨法律数量繁多，而每届人大任期内通过的法律数量则比较有限。当一部涉侨法律已经修改，若其他相关法律未能同时进行修改，就会人为造成法律规定不一致，增加法律适用的障碍，不利于法律的有效实施。通过制定专门性华侨权益保护法，进一步明确海外侨胞的法律地位，是解决当前侨务法治发展困境的必由之路。通过专门性立法可以较好地满足侨胞权益保护对法律制度的整体性、系统性需求，解决法律规范相互矛盾冲突的问题，节约立法资源。通过国家立法机关主导立法的方式，扭转侨务立法的部门化趋势，更加有效地协调法律规范冲突，减少法律适用障碍。制定专门的侨胞法有利于建构结构严密、协调一致的侨务法治体系，有利于体现保护侨胞的价值理念，提高华侨权益保护法律的位阶，对提升侨务法的地位、切实贯彻保护侨胞的国策具有深远意义。

中共十九大强调中国特色社会主义进入新时代，我国社会主要矛盾已经转化为人民日益增长的美好生活需要和不平衡不充分发展之间的矛盾。我国社会主要矛盾的变化是关系全局的历史性变化，对党和国家工作提出了许多新要求。我们必须坚持和发展中国特色社会主义道路，完善和发展中国特色社会主义制度，加快建设中国特色社会主义法治体系，建设社会主义法治国家，更加注重改革的系统性、整体性、协同性，推进国家治理体系和治理能力现代化。推进华侨权益保护立法，既是对建设中国特色社会主义法治体系的具体落实，也是进一步贯彻实施宪法原则的有力措施，更是完善我国涉侨法律体系的必然要求。制定华侨权益保护法，有利于形成华侨权益保护的整体制度和机制保障，将散见在相关法律中的涉侨内容进行系统整合，在中国特色社会主义法律体系下统筹进行制度设计；制定华侨权益保护法，有利于适应当前我国公民移民国外的数量日益增多的趋势，加强对移民输出后的规范管理，进一步推进国家治理体系和治理能力现代化。

今年来，全国人大及其常委会高度重视华侨权益保护工作，制定归侨侨眷权益保护法，开展归侨侨眷权益保护法执法检查，为依法保护侨界群体权益、促进侨务工作法治化建设发挥了积极推动作用。2015 年、2016 年国务院立法工作计划将制定华侨权益保护法列为研究项目，侨办等部门开展了调研论证等基础性工作。2018 年 4 月，国务院侨办主任许又声在第十三届全国人民代表大会常务委员会第二次会议上做了题为《国务院关于华侨权益保护工作情况的报告》，建议抓紧研究制定华侨权益保护法，适时列入全国人大常委会立法规划。[1] 我们应当在现有基础上，全面认识通过立法保护华侨权益的战略性意义，从国际视野和中华民族复兴的高度，突破陈旧思想意识的束缚，不断创新思维，积极推进华侨权益保护立法。

第三节　侨务法律体系的基本框架

侨务法律体系建设应当以宪法为基础，以华侨权益保护法为龙头与主干，辅之以领事保护、外籍华人法律制度等其他相关法律法规、行政规章，国际条约与协定，以及地方性侨务法规，共同构成有机统一的侨务法律体系，为华侨各项合法权益提供全面保护。

一、侨务法律体系的功能定位

何为法律体系？根据《中国大百科全书·法学卷》的解释，法律体系是“由一个国家的全部现行法律规范分类组合为不同的

[1] 许又声：“国务院关于华侨权益保护工作情况的报告”，载《全国人民代表大会常务委员会公报》2018 年第 8 期，第 462～467 页。

法律部门而形成的有机联系的统一整体”。[1] 这种法律规范的分类组合、有机联系的统一整体，既可以指一个国家（或地区）的法律规范体系，也可以指一个国家（或地区）的法律渊源体系，还可以指一个国家（或地区）的整个法律制度体系。法律渊源是法律规范的外在表现形式，法律制度体系不仅包括法律规范体系，还包括法律意识、法律活动等。另有学者认为，法律体系的构成，“除了法律规范的部门划分以及划分后的整体性外，还应当包括法律的渊源体系、法律的构成体系、法律的规范体系、法律的效力体系等”。[2] 虽然学界对法律体系的定义存在差异，但大多数学者认为法律体系应当是作为部门法的有机整体的表现，是一国现行的全部法律规范按照不同的法律部门划分而构成的有机统一的整体，法律体系本身有着稳定的、层次性的内部结构，并可划分为若干个子法律系统。法律体系内的法律规范应当形成彼此相互衔接、相互呼应的联系，呈现逻辑性、系统化的特征。一个国家的部门法律只有具有上述特征，才能证明该部门法的体系化建构已经完成。同样的道理，侨务法律体系的建构也应当以上述标准作为衡量尺度。侨务法律体系首先涉及侨务法在国家整个法律体系中的法律定位问题，其次是侨务法本身的体系结构问题，包括侨务法律体系所涉及的具体法律规定是否形成了层次清晰、前后衔接、逻辑严谨、高度系统化的内在结构体系。只有达到这些标准，才能宣称一个国家的侨务法律体系已经建构成功。反之，如果这个国家制定了繁多的涉侨法律规定，但这些规定散乱无序，甚至相互矛盾冲突，缺乏内在的体系化结构与层次，法律规范之间缺

[1] 《中国大百科全书·法学卷》，中国大百科全书出版社 1984 年版，第 84 页。

[2] 李林：“中国特色社会主义法律体系的构成”，见刘海年、李林主编：《依法治国与法律体系建构》，中国法制出版社 2001 年版，第 7 页。

少应有的内在逻辑与衔接，最多只能说这个国家具有侨务法律制度，而不能说这个国家已经形成了完整的侨务法律体系。

侨务法律体系包含有关侨务的所有法律法规，具体包括侨务法律制度、侨务组织法律制度、海外侨胞投资税收法律制度、海外侨胞出入境法律制度等方面的内容。如我国的宪法、民法典、外商投资法、社会团体登记管理条例、个人所得税法等涉及侨务问题的法律规定，以及国务院侨办、公安部、外交部等制定的涉及海外侨胞的规范性文件等，均属于侨务法律制度的范畴。除了国家立法以及中央部门发布的规范性文件外，各级地方立法机关制定的涉及广大侨胞权益的地方条例、办法等也可归属于侨务法律制度的范畴，如广东、福建、浙江、上海、湖北等省（市）所颁行的华侨权益保护条例，江苏、福建、四川等省颁行的华侨投资权益保护办法等，各省市颁行的华侨回国定居管理办法，以及《广东省华侨捐赠兴办公益事业管理条例》《上海市华侨捐赠条例》等。但这些广博而繁杂的法律法规的存在，并不必然意味着侨务法律体系的形成。因为法律体系本身应当是部门法的有机整体，必须具有稳定的层次和系统的结构，而且各层次的法律规范本身应当具有内在的逻辑性和系统性。虽然目前侨务法律法规等已经达到一定的数量规模，但总体立法层次偏低，规范功能不强，约束力偏弱，整体效力较为有限。侨务法律法规等涵盖的具体法律内容较为繁杂，具体规范不够全面系统，法律法规以及规范性文件之间缺乏应有的体系性，相互之间难以实现紧密衔接。就具体内容而言，侨务法律的内容主要集中于归侨侨眷国内权利义务的规范，对海外侨胞权益保护明显不足，未能充分体现以人为本的基本理念，难以适应新形势下国家利益的现实需要，侨务法律体系的构建依然任重道远。

侨务法律体系的完善，不仅要实现国内涉侨法律规范的统一，还要实现国内涉侨法律与国际法的协调与相容，符合基本国际规则。当今世界处于全球化加速发展的进程之中，国际法数量不断增多、作用日益凸显，深刻影响各国国内相关立法。中国正在越来越深入地融入国际社会，相继加入和签署了一系列国际条约，并对遵守其规则作出承诺，国际法在中国法律生活中的作用不断增强。在此背景下，我们不能一味固守国内法"自给自足"的理念，而应当打破封闭性的法律建构传统，适当协调国内法与国际法的关系，系统梳理与侨务法密切相关的国际法渊源，实现我国侨务立法与国际法律的有机衔接，促进法律秩序的真正生成，适应我国参与全球化进程的现实需要，推动中国社会经济的长足发展。

二、制定专门的侨胞权益保护法

华侨属于中国公民中的特殊群体，他们虽长期定居国外，却又与祖国血脉相连。目前我国有关华侨权益保护的规定基本散见于我国缔结或承认的国际条约和相关国际习惯，以及我国部分法律、行政法规、地方性法规或部门规章，缺乏侨胞权益保护的专门立法。为了更加有效地保护海外侨胞的各项权益，应当专门颁行有关华侨这一特殊群体的权益保护立法。广义的华侨权益保护法律制度在保护对象上囊括了华侨、归侨侨眷、外籍华人及其后裔，在法律规范上涉及民事、行政、刑事、经济、诉讼、仲裁等不同门类。因此，侨胞权益保护立法属于综合性的立法实践活动。侨胞权益保护法作为统领性的专门立法，主要目标是增强法律规范的可操作性和约束力，这就决定了侨胞权益保护法不仅要合理配置侨胞各项权利，还要构建顺畅、有效的行权保障机制，实现与其他法律的有机衔接，为侨胞权利的实现架桥铺路，从而引领侨务法律规范的体系化发展方向。在制定侨胞权益保护法的过程中必须解决立法定位、立法内容、实施机制等基本问题。

首先，明确侨胞权益保护法的“桥梁法”定位。法是不同层级的规范组成的有机统一体，侨胞权益保护法自然不能例外。根据法律统一性的要求，不同层次的法律规范各有自身的功能定位，高层次的法律规范明确法律方向与原则，低层次的法律规范则要实现法律规定的具体化，同时各级规范之间又要保持纵向一致。效力相同、范围相当的法律规范之间应当保持横向相容统一并互补互助。这些纵横交错的具体联系，应该统一体现于基本法律原则、规则和范畴之中。因此，侨务法律体系的建构应当具有坚实的历史基础，同时遵循系统理论的指引。萨维尼在论及《德国民法典》的制定条件时曾经强调：“法学家必当具备两种不可或缺之素养，此即历史素养，以确凿把握每一时代与每一法律形式的特性；系统眼光，在与事务整体的紧密联系与合作中，即是说，仅在其真实而自然的关系中，省察每一概念和规则。”[1] 部门法之间的关联是法律体系的基本关系或基本结构，在这个体系中，法律规范组合的社会价值或作用是相互关联而非各自为政的。[2]

在侨务法律领域中，需要重点关注特别法与普通法的关系。在我国侨务法律体系中，虽然海外侨胞权益保护的特别法十分重要，但也不能凭借该法包打天下。海外侨胞权益保护法律制度必然是普通法与特别法的有机结合，各就其位，各司其职。如没有

---

[1] ［德］弗里德里希·卡尔·冯·萨维尼：《论立法与法学的当代使命》，许章润译，中国法制出版社2001年版，第37页。

[2] 朱继萍：“法律的规范构造及其关联和体系化”，载《南京大学法律评论》2009年第1期，第191~203页。

普通法，再多的特别法也难以奏效；如果没有特别法，则无法回应技术进步和经济全球化，难以满足现代移民社会的现实需要。从现有实践经验来看，世界主要侨民大国无论是为了推动技术进步、发展经济、促进社会发展，还是为了改善人口结构、保障政局稳定或国家统一，都会不遗余力地制定侨民保护的特别法，同时侨民也可以根据祖籍国的普通法获得相关法律保护。另有一些国家则将侨民保护的法律规范分散在相关普通法之中。如美国、加拿大、澳大利亚和新西兰等移民国家，虽未专门颁行海外公民保护的特别法，但也针对侨民群体的特殊性，因人制宜地修订和调适国籍法、移民法、选举法等相关规范，以回应侨民权益保护的实际需求。我们必须在中国特色的社会主义法律体系之下，通盘考虑，运筹帷幄，找准海外侨胞特别法的定位，实现海外侨胞权益保护法与其他法律法规相互衔接、相互配合，从而形成整体有序的海外侨胞规范体系、实施体系、保障体系和监督体系。因此海外侨胞权益保护立法不需要重复普通法中已经存在的法律规范，侨胞权益保护法的功能定位应该是架设普通法与海外侨胞之间的“桥梁”，主要作用和意义在于为侨胞行使相关权利架桥铺路，消除侨胞行权的实际障碍，保障权利行使的现实性与可行性。在此意义上，侨胞权益保护法属于行权指引法，立法目的在于实现侨胞权益与相关部门法、专门法的有机衔接。我国在 2009 年就已经初步建成了社会主义法律体系，主要法律部门均已具有比较完备的法律规范。仅就公民权利而言，仅《宪法》第三十四条至第四十九条就规定了 16 项公民基本权利义务，《民法典》“总则编”第五章“民事权利”专章有 23 条（第一百零九条至第一百三十二条），全方位确认了民事主体的民事权利。因此，侨胞权益保护法既没有必要重复其他基本法律的已有规定，也不可能替代浩如烟海的其他基本的部门法。作为特别法，侨胞权益保护法应当与普通法错位发展，将立法目标锁定在明确侨胞法律地位、合理配置侨胞权利以及为侨胞行权提供明确指引等方面，架起连接侨胞权益保护与其他相关法律的桥梁。

三、侨务法律的体系化

首先，强化中央与地方立法的对接。我国是单一制国家，按照《立法法》的规定，设区的地级市均享有地方立法权。由于各地社会经济发展水平存在较大差异，东部、中部、西部之间的发展水平基本上呈现出从高到低的梯度结构。地方立法有利于各地结合本地实际，应对社会经济发展中出现的新问题，探索改革发展的新型道路与方式方法。近年来我国地方立法发展迅速，取得了丰富的立法成果，在一定程度上弥补了中央立法供给的不足。在华侨权益保护立法方面，地方立法更是发挥了先行先试的作用。2015 年 7 月广东颁行全国第一部华侨权益保护省级综合性立法《广东省华侨权益保护条例》，至 2022 年 1 月，先后已有广东、福建、浙江、湖北、海南、上海、四川、贵州等八省（直辖市）陆续出台省级华侨权益保护条例。这些省市通过在华侨权益保护立法方面先行先试，进行一系列有益探索，为国家侨务立法的发展积累了宝贵经验，具有重要现实意义。但法制的统一性是实现依法治国的重要保证，我们也应重视社会主义法律体系内部的协调与统一，通过制定、完善相关法律规范，加强地方侨务立法与中央相关法规的对接。比如在有关外籍华人权益如何用法律加以规定的问题上，广东、福建、湖北、浙江等地的华侨权益保护条例均作出相关规定，所采取的入法方式主要是参照华侨权益保护的规定。其中广东省首先在华侨权益保护条例中采用了较为积极的参照模式，只要法律、法规没有明文排除的，华侨享有的相关权益，即可对外籍华人参照执行。福建省、湖北省和浙江省的华侨权益保护条例也采取了同样的方式。上海市和四川省的规定则显得比较模糊，只是将外籍华人的权益保护指引到法律、法规和本省（市）有关法律法规。这就意味着如果法律、法规和本省（市）有关法规没有作出明确规定，本地华侨权益保护条例中有关外籍华人权益保护的条款恐难兑现。即使是广东等省的华侨权益保护条例的规定，也具有明显的局限性，主要表现在未能明确可以在哪些方面参照、在什么程度上参照以及如何参照等具体问题，缺乏应有的可操作性。即使是对外籍华人权益保护问题回应得最明确、最直接的《江苏省华侨投资权益保护条例》，也存在明显的不足。该条例的主题聚焦于华侨投资权益保护，其中规定原本是华侨的投资者，即使后来变成外籍华人，仍可享受华侨的同等待遇。其所保护的对象范围仅仅限于由华侨转化为外籍华人的这一特殊群体的投资权益，并未对原有外籍华人群体的权利诉求作出回应。随着我国不断深化改革开放，越来越多的外籍华人来到中国创新创业，通过立法适度回应外籍华人权益保护的问题，已经成为大势所趋。但因受制于地方立法权限，无论是从华侨还是外籍华人的权益保护来看，实际上都是地方立法无法完成的任务，地方立法对此类问题的有限回应也确实显得有些力不从心。因此，我们应当及时总结地方侨务立法的经验，将合理可行的规则上转化为国家立法。通过国家立法，积极、统一地回应海外侨胞对权益保护的现实需求，同时进一步明晰中央与地方涉侨立法的权力边界，真正做到各司其职，有机对接，确保侨胞权益保护立法的有效供给。

其次，加强侨务法与党的政策以及一般法的有机衔接。一方面是加强涉侨法律与党的政策的衔接，保障政策与法律的统一。2018 年中共中央发布《深化党和国家机构改革方案》，强调要“以加强党的全面领导为统领，以国家治理体系和治理能力现代化为导向，以推进党和国家机构职能优化协同高效为着力点，改革机构设置，优化职能配置，深化转职能、转方式、转作风，提高效率效能，积极构建系统完备、科学规范、运行高效的党和国家机构职能体系，为决胜全面建成小康社会、开启全面建设社会主义现代化国家新征程、实现中华民族伟大复兴的中国梦提供有力制度保障。”为加强党对海外统战工作的集中统一领导，更加广泛地团结联系海外侨胞和归侨侨眷，更好发挥群众团体作用，改革方案明确规定由中央统战部统一管理侨务工作。国务院侨务办公室并入中央统战部，中央统战部对外保留国务院侨务办公室牌子。调整后，中央统战部在侨务方面的主要职责是统一领导海外统战工作，管理侨务行政事务，负责拟订侨务工作政策和规划，调查研究国内外侨情和侨务工作情况，统筹协调有关部门和社会团体涉侨工作，联系香港、澳门特别行政区和海外有关社团及代表人士，指导推动涉侨宣传、文化交流和华文教育工作等。国务院侨务办公室海外华人华侨社团联谊等职责划归中国侨联行使，发挥中国侨联作为党和政府联系广大归侨侨眷和海外侨胞的桥梁纽带作用。[1] 为了保证政策与法律的有机统一，急需作出相应的修改，或者修改宪法相关条文，删除第八十九条的相关规定，或者对改革政策进行相应的调整，以保持与宪法的一致性。我国现行的《归侨侨眷权益保护法》及其实施细则，以及广东、福建、上海、

---

[1] “中共中央印发《深化党和国家机构改革方案》”，中国政府网，http://www.gov.cn/zhengce/2018-03/21/content_5276191.htm#1，访问日期：2019 年 9 月 10 日。

浙江等省市的华侨权益保护条例等涉侨地方性法规和规章均有“县级以上人民政府负责侨务工作的机构应当协调有关部门做好保护归侨、侨眷合法权益，各级人民政府应当重视和加强华侨权益保护工作”以及类似规定。随着《深化党和国家机构改革方案》的贯彻实施，地方侨务管理机构由原来的政府侨务（外事）办公室相应地转为地方党委统战部，应当通过修改相关法规或者改变机构设置，实现政策与法律的协调统一。

另一方面，为了有效保护海外侨胞的各项权益，应当进一步加强宪法与相关法律法规的衔接，保障相关法律法规与国家政策的和谐统一。如根据宪法规定华侨应当享有的政治权利，应当在选举法中得到具体体现，实现一般法与宪法的协调一致。此外，加强一般法律之间的衔接与统一。按照我国《外商投资法实施条例》的规定，华侨在国内的投资参照适用《外商投资法》及其实施条例。《外商投资法》所确立的主要是外商投资法律制度的基本框架和规则，虽然有些规定可以直接执行，如不得利用行政手段强制转让技术等，有的制度已经制定了具体配套性规定，如外商投资准入负面清单等，但外商投资企业投诉工作机制、外商投资信息报告等制度仍然需要制定相关配套规定予以细化。同时，由于外商投资涉及清算结算、税收、外汇、劳工等诸多方面，牵涉面极广，急需加强外商投资法与归侨侨眷权益保护法、公司法、证券法、破产法等现有法律的衔接。

再次，实现国内法与国际法的有机衔接。国际法是一个庞大的法律体系，国际惯例是国家之间交往的公认准则。国际法或国际惯例是根据国家之间的交往习惯和历史发展，特别是经过多边国际组织成员国的共同协商、决议而制定，是多种政治力量、文化以及习惯相互竞争、妥协的结果。国际法主要是国家之间的法律，也包括类似国家的实体组织以及国家组成的国际组织协商制订的规则体系。第二次世界大战后，国际法体系中的政治准则主要有《联合国宪章》、和平共处五项基本原则、尊重国家主权和领土完整原则等。此外，国际法中还有大量的经济贸易准则、人权保护准则。我国涉侨法律的制定和修改应当根据我国国情与国策，以保护国家和人民的根本利益为宗旨，遵循公认的国际法准则，在保持我国法律独立性的基础上展开。既要尊重《联合国宪章》和《各国经济权利和义务宪章》的基本原则，即“各国的主权、领土完整和政治独立”，“所有国家主权安全”，“互不侵犯”等原则与精神，同时也必须符合维护我国国家主权和根本利益的基本要求。如涉侨经济立法的制定和修改，应该遵循公平合理、互惠互利、平等协商的原则，重视华侨投资者的权益保护，营造良好的投资法律环境，以实现互利共赢，促进我国社会经济的稳定与发展。

结　语

习近平总书记指出，“当前，我国处于近代以来最好的发展时期，世界处于百年未有之大变局，两者同步交织、相互激荡”。[1] 在这新的时代，我们应当积极参与世界发展，主动提出中国方案，为变局中的世界贡献更多的中国智慧和力量，不断拓宽中国发展道路，引领世界发展方向。随着我国不断扩大改革开放，越来越多的国人走出国门，走向世界各地，我国已经成为世界上侨务资源和海外公民众多的国家之一。海外侨胞是中华民族的重要组成部分，是维护国家主权、安全、发展利益以及促进中外友好相处的重要依靠力量，是我国不可替代的重要资源。侨务法治是中国特色社会主义法治不可或缺的构成部分，对于树立我国负责任大国的国际形象、实现国际接轨具有重要战略意义。

我国长期重视涉侨立法，尤其是改革开放以来，不断完善依法护侨的法律制度，大力提高侨胞权益

---

[1] 习近平：《论坚持推动构建人类命运共同体》，中央文献出版社2018年版，第539页。

保护水平，在侨务法治建设方面取得显著成绩。目前我国已经初步构建以宪法为基础、归侨侨眷权益保护法为主干、地方涉侨立法为补充的具有中国特色的社会主义侨务法律体系。特别是党的十八大以来，我国深入贯彻全面依法治国战略，认真落实宪法关于华侨权益保护的规定，侨务法治建设取得长足进步。但综观我国侨务法律体系的现状，仍然存在体系不够完备、法律统一性不足等问题。有关侨胞国内权益保护的规定散见于部分法律、行政法规、地方性法规或部门规章之中，缺乏专门侨胞权益保护法的统领。侨胞海外权益保护立法极为薄弱，有关外交与领事保护的国内立法基本处于空白状态，缺乏针对侨胞海外整体权益保护的系统性立法。涉侨法律法规尚未形成有机统一的整体，存在各自为政、互不协调、创新不足、重复空泛、衔接不畅、效果不彰等突出问题。侨胞社会、政治等主要权利类别保护存在缺失，社会、文化权益保障明显不足。

在百年未有之大变局背景下，国际关系更加复杂多变，全球治理方式、发展中国家的制度建设、人类社会的发展道路等亟须更加合理、有效的制度方案的引领。随着单边主义在全球明显抬头，侨胞海外权益保护的需求日趋突出，我国侨务法治建设急需新视野、新思路、新举措。我们必须适应世情、国情与侨情的最新变化，全面把握国际移民发展的基本趋势，充分认识侨务立法的必要性、紧迫性与可行性。在继承我国传统侨务理论的基础上，适度借鉴印度、俄罗斯等典型侨务国家侨务法治建设的实践经验，从中华民族复兴、“人类命运共同体”构建的高度，不断创新侨务立法观念，立足于“大侨务”、多方共赢等基本理论，通过侨务立法促进融合发展，追求形式平等与实质平等的有机统一，结合我国国情与侨情，加强侨务立法，完善侨胞权益保护相关配套制度措施，构建完备的新时代中国特色社会主义侨务法律体系。

我国侨务法律体系建设应该采取分步建设、不断完善的策略，在完善现有《归侨侨眷权益保护法》的基础上，开展侨胞权益保护专门立法，以完善国内权益保护制度为基础，进而推进海外权益保护制度的发展。侨务法律体系建设重点从两个方面展开，首先调整相关法律的纵向关系，主要是消除不同层次涉侨法律之间的矛盾与冲突，解决立法体系存在的问题，科学完善侨务法律体系的内在等级结构。其次调整相关法律的横向关系，理顺不同法律部门中涉侨法律规范之间的关系，即通过调整国家法的内在结构，保障涉侨法律之间的相互配合与有机协调。应当以大侨务理念为指引，将狭义的华侨、华人等涵摄到侨务立法的保护主体范围中，通过综合立法、单独立法与嵌入式立法三种方式并用的路径，构建广义的侨务法律体系。侨务法律体系的构建应当以宪法为基础，以华侨权益保护法为龙头与桥梁，明确华侨经济、政治、社会、文化等主要权利的配置方案与范围，再辅之以领事保护、外交保护、外籍华人法律制度等其他相关法律法规、行政规章，以及国际条约与协定、地方性侨务法规等，共同构成有机统一的侨务法律体系，为侨胞各项合法权益提供更加全面、有效的保护。

党的十九届五中全会明确提出要加快构建以国内大循环为主体、国际国内双循环相互促进的新发展格局。构建新发展格局是一项系统性工程，亟须加强战略谋划和顶层设计。为了充分利用国际国内两种资源，实现更加强劲的可持续发展，我们应当主动作为、善于作为。进入新时代，定居国外的中国公民数量仍在不断增加，回国创业、为国服务的华侨以及投身于中国社会经济建设的外籍华人也越来越多，广大侨胞对在国内参政议政、投资兴业、社会保障以及子女教育等权益保护的要求日益强烈。我们必须展示大国担当，承担大国责任，以法治理论为指导，不断建构和完善具有中国特色社会主义的侨务法律体系，引领世界侨务法治的发展方向，助力中华民族伟大复兴，促进人类命运共同体的构建，推动人类美好生活的实现。

参考文献

一、专著

中共中央马克思恩格斯列宁斯大林著作编译局编译．马克思恩格斯全集（第1卷）［C］．北京：人民出版社，1995.

中共中央马克思恩格斯列宁斯大林著作编译局编译．马克思恩格斯文集（第1卷）［C］．北京：人民出版社，2009.

中共中央马克思恩格斯列宁斯大林著作编译局编译．马克思恩格斯选集（第1—4卷）［C］．北京：人民出版社，2012.

毛泽东．毛泽东选集（第3卷）［C］．北京：人民出版社，1991.

国务院侨务办公室、中共中央文献研究室．邓小平论侨务［M］．北京：中央文献出版社，2000.

习近平．干在实处走在前列：推进浙江新发展的思考与实践［M］．北京：中共中央党校出版社，2006.

习近平．论坚持推动构建人类命运共同体

［M］. 北京：中央文献出版社，2018.

习近平. 决胜全面建成小康社会 夺取新时代中国特色社会主义伟大胜利：在中国共产党第十九次全国代表大会上的报告［M］. 北京：人民出版社，2017.

中共中央文献研究室. 十八大以来重要文献选编（上、中、下册）［C］. 北京：中央文献出版社，2016.

国民政府侨务委员会. 侨务十五年［M］. 南京：国民政府侨务委员会，1947.

蔡鸿源. 民国法规集成（第 33 册）［C］. 合肥：黄山书社，1999.

周南京. 世界华侨华人词典［M］. 北京：北京大学出版社 1993.

王铁崖. 中外旧约章汇编（第一册）［C］. 北京：三联书店，1957.

毛起雄. 华侨华人百科全书 法律条例政策卷［M］. 北京：中国华侨出版社，2000。

周南京. 世界华侨华人词典［M］. 北京：北京大学出版社，1993.

周南京. 华侨华人国籍问题讨论辑［C］. 香港：香港社会科学出版社有限公司，2005.

毛起雄、林晓东. 中国侨务法律法规概述［M］. 北京：中国华侨出版社，1994.

刘国福. 侨务法律制度研究［M］. 北京：法律出版社，2012.

刘国福. 侨情变化与侨务政策［M］. 广州：暨南大学出版社，2013.

张赛群. 中国侨务政策研究. ［M］. 北京：知识产权出版

社，2010.

李安山等. 双重国籍与海外侨胞权益保护［M］. 南京：江苏人民出版社，2016.

董传杰. 涉侨法规政策文件汇编（2014 年版）［C］. 广州：暨南大学出版社，2014.

国务院侨务办公室政策法规司. 2013—2014 年侨务法规文件汇编［C］. 内部印行，2015.

国务院侨务办公室政策法规司. 2016 年侨务法规文件汇编［C］. 内部印行，2017.

国务院侨务办公室政策法规司. 国务院侨办课题研究成果集萃［C］. 内部印行，2011.

潮龙起. 侨务理论研究成果集萃［C］. 广州：暨南大学出版社，2014.

许军珂、李红勃. 文化权利的法律保障机制研究［M］. 北京：世界知识出版社，2015.

胡志强. 中国国际人权公约集［C］. 北京：中国对外翻译出版公司，2004.

白桂梅. 人权法教学参考资料选编［C］. 北京：北京大学出版社，2012.

夏勇. 走向权利的时代：中国公民权利发展研究［M］. 北京：社会科学文献出版社，2007.

中山大学历史系孙中山研究室等. 孙中山全集（第 3 卷）［C］. 北京：中华书局，1984.

中山大学历史系孙中山研究室等. 孙中山全集（第 5 卷、第 6 卷）［C］. 北京：中华书局，1985.

朱羿坤. 侨务法论丛［C］. 北京：法律出版社，2015.

曹云华.2013年世界侨情报告［M］. 广州：暨南大学出版社，2014.

陈奕平.2014—2016年世界侨情报告［M］. 广州：暨南大学出版社，2018.

丘进. 华侨华人研究报告（2011）［C］. 北京：社会科学文献出版社，2011.

丘进. 华侨华人研究报告（2012）［C］. 北京：社会科学文献出版社，2012.

林勇. 华侨华人研究报告（2013－2014）［M］. 北京：光明日报出版社，2015.

贾益民. 华侨华人研究报告（2014）［C］. 北京：社会科学文献出版社，2014.

黎海波. 海外中国公民领事保护问题研究（1978—2011）［M］. 广州：暨南大学出版社，2012.

孙国华. 中国特色社会主义法律体系前沿问题研究［C］. 北京：中国民主法制出版社，2005.

周鲠生. 国际法（上、下册）［M］. 北京：商务印书馆，1981.

李明欢. 国际移民政策研究［M］. 厦门：厦门大学出版社，2011.

李明欢. 各国移民政策法规比较研究［M］. 广州：暨南大学出版社，2018.

李双元、蒋新苗. 现代国籍法［M］. 长沙：湖南人民出版社，1999.

金默生、柴发邦. 中华人民共和国国籍法讲话［M］. 北京：群众出版社，1981.

国务院侨务办公室政研司．北美华侨华人新视角——华侨华人研究上海论坛文集［C］．北京：中国华侨出版社，2008.

王辉耀等．中国国际移民报告（2014）［M］．北京：社会科学文献出版社，2014.

王辉耀等．中国国际移民报告（2018）［M］．北京：社会科学文献出版社，2018.

中华人民共和国国务院新闻办公室．中国特色社会主义法律体系［M］．北京：人民出版社，2011.

汤唯、张洪波．华侨权益的法律保障机制［M］．济南：山东人民出版社，2006.

李长傅．南洋史地与华侨华人研究：李长傅先生论文选集［C］．广州：暨南大学出版社，2001.

丘汉平．华侨问题［M］．上海：商务印书馆，1934.

王望波、庄国土．2008 年海外华侨华人概述［M］．北京：世界知识出版社，2010.

中国大百科全书·法学卷［M］．北京：中国大百科全书出版社，1984.

刘海年、李林．依法治国与法律体系建构［M］．北京：中国法制出版社，2001.

法律出版社法规中心．常用国际公约与国际惯例［C］．北京：法律出版社，2015.

李涛．海外菲律宾人与菲律宾的社会经济发展［M］．北京：社会科学文献出版社，2012.

文化部外联局．联合国教科文组织保护世界文化公约选编．北京：法律出版社，2006.

陈嘉庚．南侨回忆录［M］．上海：上海书店，1991.

李少平、李卓彬．涉侨纠纷多元化解工作指南［C］．北京：人民法院出版社，2019.

郭忠华．中国公民身份的历史发展与当代实践［M］．上海：格致出版社、上海人民出版社，2014.

郭忠华．公民身份的核心问题［M］．北京：中央编译出版社，2016.

陈鸿瑜．海外华人之公民地位与人权［C］．台北：台湾华侨协会总会编印，2014.

王赓武．中国与海外华人［M］．香港：商务印书馆，1994.

韩德培、李龙．人权的理论与实践［M］．武汉：武汉大学出版社，1995.

颜春龙．侨务法学新论——以移民跨国传播为视角的族群权利研究［M］．成都：四川大学出版社，2008.

全国政协提案委员会．把握人民的意愿（第1卷）［C］．北京：新世界出版社，2003.

全国政协提案委员会．把握人民的意愿（2004年卷）［C］．北京：新世界出版社，2005.

殷敏．外交保护法律制度和中国［M］．上海：上海人民出版社，2010.

张磊．外交保护中跨国公司国籍认定法律制度研究［M］．北京：法律出版社，2014.

周成新．国际投资争议的解决方法［M］．北京：中国政法大学出版社，1989.

夏莉萍．领事保护机制改革研究——主要发达国家的视角［M］．北京：北京出版社，2011.

广东省公安厅出入境管理局．支持广东自贸试验区建设和创新驱动发展出入境政策措施［M/OL］，2017［2019－12－28］，http：//ftz. gzns. gov. cn/zcfg/zhl/201707/t20170717_349771. html.

广东省政协华侨权益保护情况调研组．广东省政协关于华侨权益保护情况的调研报告［M］．内部材料，2015.

［美］E. 博登海默．法理学——法律哲学与法律方法［M］．邓正来译，北京：中国政法大学出版社，1999.

［挪］A. 艾德等．经济、社会和文化的权利［M］．黄列译，北京：中国社会科学出版社，2003.

［英］奈杰尔拉波特、［英］乔安娜·奥弗林．社会文化人类学的关键概念［M］．鲍雯妍、张亚辉等译，北京：华夏出版社，2005.

［美］罗科斯·庞德．通过法律的社会控制［M］．沈宗灵、楼邦彦译，北京：商务印书馆，2010.

［德］弗里德里希·卡尔·冯·萨维尼．论立法与法学的当代使命［M］．许章润译，北京：中国法制出版社，2001.

［英］尼克，史蒂文森．文化与公民身份［M］．陈志杰译，长春：吉林出版集团有限责任公司，2007.

［英］詹宁斯·瓦茨．奥本海国际法［M］．王铁崖等译，中国大百科全书出版社，1998.

国际移民组织（IOM）．世界移民报告 2018［M/OL］，全球化智库（CCG）译，2018［2019－10－10］，https：//worldmigrationreport. iom. int/2018.

Kimmy Kaplan and Emmanuel Sivan. Haredim Yisraelim：Hishtalvut Belo Temi’ah？［Israeli Haredim：Integration Without Assimilation？］［M］Tel Aviv：Van Leer Jerusalem Institute/Ha Qibbutz Ha Me’uhad Publishing House，2003.

Commission on Filipinos Overseas. Commission on Filipinos Overseas: A Primer on the Citizenship Retention and Re – acquisition Act of 2003 3rd edition [M]. Manila: Commission on Filipinos Overseas, 2009.

The Scalabrini Migration Center with the International Organization for Migration. Country Migration Report: The Philippines 2013 [M]. Makati: International Organization for Migration, 2013.

Zoltán Kántor, Balázs Majtényi, Osamu Ieda, Balázs Vizi, Iván Halász. The Hungarian Status Law: Nation Building and/or Minority Protection [M]. Sapporo: Slavic Research Center, Hokkaido University, 2004.

Dcpartment of Foreign Affairs and Trade. Global Irish: Ireland's Diaspora Policy [M]. 2015.

Dr Delphine Ancien, Prof. Mark Boyle and Prof. Rob Kitchin. The Scottish Diaspora and Diaspora Strategy: Insights and Lessons from Ireland [M]. Scottish Government Social Research, 2009.

Chanda. R. Movement of Natural Persons: A Case Study of South Asian Countries, in Research Report [M]. CUTS Centre for International Trade Economics & Environment, 2004.

Charistian Karner. The thought world of Hindu Nationalism: analyzing a political ideology [M]. New York: The Edwin Mellen Press, 2006.

Katie Kuschminder, MetkaHercog. The power of the strong state: A comparative analysis of the diaspora engagement strategies of India and Ethiopia [M]. Social Science Electronic Publishing, 2011.

Elisa Mosler Vidal and Jasper Dag Tjaden. Global Migration Indicators 2018: Insights From The Global Migration Data Portal [M]. Berlin Global Migration Data Analysis Centre, International Organization for Migration, 2018.

High Level Committee on Indian Diaspora (Government of India), Report of High Level Committee on Indian Diaspora [M/OL]. http://indiandiaspora.nic.in/diasporapdf.pdf [2017-5-11].

Chandrashekar Bhat, India and Indian Diaspora: A Policy Issues [M/OL]. http://www.uohyd.ernet.in/sss/cinddiaspora./0cc4.html [2020-3-20].

Ministry of Overseas Indian Affairs, 25 million Overseas Indians across the globe: Ministry of Overseas Indian Affairs Annual Report 2006-07 [M/OL], 2007, https://www.mea.gov.in/images/pdf/annual-report-2006-07.pdf [2016-2-5].

Ministry of Oversea Indian Affairs, Annual Report 2012-2013 [M/OL]. Policy Planning and Research Division, Ministry of External Affairs (Government of India), New Delhi, 2013, http://www.mea.gov.in/Uploads/PublicationDocs/21385_Annual_Report_2012-2013_English.pdf [2018-10-9].

Ministry of External Affairs. Annual Report 2015-2016 [M/OL]. Policy Planning and Research Division, Ministry of External Affairs (Government of India), New Delhi, 2016, http://www.mea.gov.in/Uploads/PublicationDocs/26525_26525_External_Affairs_English_AR_2015-16_Final_compressed.pdf [2020-1-10].

Ministry of External Affairs, Annual Report 2018 - 19 [M/OL]. Policy Planning and Research Division, Ministry of External Affairs (Government of India), New Delhi, 2019, http://www.mea.gov.in/Uploads/PublicationDocs/31719_MEA_AR18_19.pdf [2020-1-12].

二、论文

习近平．“大侨务”观念的确立 [J]. 战略与管理，1995，2：111-113.

许又声．国务院关于华侨权益保护工作情况的报告 [J]. 全国人民代表大会常务委员会公报，2018，8：462-467

尤权．坚持大统战工作格局 [J]. 侨务工作研究，2019，6：4-7.

李海峰．迎接全国华商组织的蓬勃发展：在“全国华商组织经验交流会”上的总结讲话 [J]. 侨务工作研究，2005，1：27-30.

银行周报编辑部．有关部会商定“华侨”定义 [J]. 银行周报，1948，38（44）“专载”：29.

回国侨民事业辅导委员会．回国侨民临时接待所接待侨民暂行办法 [J]. 福建省政府公报，1941，1175：4385-4386.

李明欢．国际移民的定义与类别——兼论中国移民问题 [J]. 华侨华人历史研究，2009，2：1-10.

李明欢．Diaspora：定义、分化、聚合与重构 [J]. 世界民族，2010，5：1-8.

刘国福．华侨国内权益保护立法模式探析 [J]. 东南亚研究，2011，1：67-71.

刘国福．引进外国人才政策：严峻形势、重大挑战和未来发展［J］．国家行政学院学报，2018，4：21－26.

刘国福、翁里．《全球移民契约》的重要理念、主要特点及其对中国的启示［J］．华侨华人历史研究，2019，1：1－8。

张德瑞．我国侨务法治建设的回顾、反思与前瞻［J］．八桂侨刊2013，4：9－14.

张德瑞．我国华侨权益保护专门立法问题探微［J］．八桂侨刊，2016，1：56－61.

王盛泽．福建省侨房问题的由来及政策落实［J］．当代中国史研究，2013，3：103－112.

王列生．论公民基本文化权益的意义内置［J］．学习与探索，2006，6：54－61.

王子林．地方立法重复空泛现象的分析与对策［J］．人大研究，2018，11：29－32.

宋晓燕．中国外商投资制度改革：从外资“三法”到《外商投资法》［J］．上海对外经贸大学学报，2019，4：5－13.

郑达．试析马来西亚华商投资的发展问题与对策［J］．南洋问题研究，2009，3：67－76.

张锦顺、辛瑞玲．凝侨智侨力 谋汕头发展：汕头市首次邀请华侨列席市人代会［J］．人民之声，2017，4：51－52.

廖小健．海外中国公民安全与领事保护［J］．南洋问题研究，2009，3；52－59.

任贵祥．新时期中国对外开放的先声：邓小平侨务思想述评［J］．中共中央党校学报，2006，10：91－97.

朴光星．在“同胞”中建构新“族群”：韩国“在外同胞”政策实践与中国朝鲜族［J］．中央民族大学学报：哲学社会科学版，

2017，5：13－19.

肖永平、郭明磊．全球化视野下的双重国籍—兼论我国国籍法的弊端与对策［J］．武汉大学学报：哲学社会科学版，2006，5：581－588.

康晓丽．略论韩国的侨务公共外交［J］．八桂侨刊，2015，1：59－64.

康晓丽．论印度的海外印度人政策及其对中国侨务政策的启示［J］．南亚研究，2013，1：127－144.

乔素玲．俄罗斯海外同胞权益保护制度探析［J］．华侨华人历史研究，2018，4：76－83.

路阳．菲律宾政府的海外菲律宾人政策探析［J］．华侨华人历史研究，2014，3：11－19.

路阳．印度和菲律宾海外移民政策比较及启示［J］．东南亚纵横，2016，1：43－51.

董希骁．摩尔多瓦共和国公民重获罗马尼亚国籍现象解析：兼评索罗斯基金会调研报告［J］．国际论坛，2013，6：71－76.

丘立本．外国侨务工作新动向及其原因与启示（上）［J］．侨务工作研究，2005，2：36－39.

庄国土．世界华侨华人数量和分布的历史变化［J］．世界历史，2011，5：4－14.

庄国土、康晓丽．以色列的侨务政策及对中国的启示［J］．国际观察，2013，6：56－62.

卓依斯．巴尔那桑．返回印度：海外的印度人在母国寻找母脉［J］．赵洪译，经济资料译丛，1996，2：43－45.

段颖．diaspora（离散）：概念演变与理论解析［J］．民族研究，2013，2：14－25.

肖斌．俄罗斯侨务资源及其对远东地区的作用［J］．东北亚学刊，2017，3：31－34.

张宏莉、张玉艳．俄罗斯对外语言推广政策及其启示［J］．甘肃社会科学，2011，6：187－190.

林新繁．陈嘉庚放弃英国国籍［J］．海内与海外，1995，7：52.

严海玉．刍议韩国在外同胞法的违宪诉讼［J］．延边大学学报：社会科学版，2013，2：29－34.

孙国华．论法与利益之关系［J］．中国法学，1994，4：36－43.

张文显．建设中国特色社会主义法治体系［J］．法学研究，2014，6：13－19.

李步云．实行依法治国，建设社会主义法治国家［J］．中国法学，1996，2：14－27.

郑亚伟、贾海涛．海外华人与海外印度人的相似性及其比较研究的意义［J］．许昌学院学报，2008，3：115－118.

翟靖．法制建设的一个重要课题：华侨权益保护立法势在必行［J］．理论导报，2005，7：37－40.

郑丙浩、王丽霞．新时期如何完善侨务法律制度［J］．安徽农业大学学报：社会科学版，2010，5：82－84.

王卓．浅议华侨权益的立法保护问题［J］．法制与社会，2012，9：294－296.

王明譞．华侨国内权益保护的立法建议［J］．学理论，2012，31：116－117.

安然．联合国最新权威数据：国际移民总量达2.58亿［J］．华侨华人历史研究，2018，2：95－96.

苏力．市场经济对立法的启示［J］．中国法学，1996，4：24－32.

钱大军．法律体系理论与当代中国法律体系的建构［J］．南京师范大学学报，2012，4：42－47.

李响、李松霖．中国海外侨胞法地位建构的误解及其澄清［J］．法治论坛，2020，2：328－336.

朱继萍．法律的规范构造及其关联和体系化［J］．南京大学法律评论，2009，1：191－203.

翁里、张烨．依法解决国籍冲突途径新探［J］．浙江大学学报：人文社会科学版，2004，6：87－93.

冯泽华．论我国侨务立法理念的转型［J］五邑大学学报，2017，4：66－69.

王香平．全面推进依法治国 努力建设法治中国：十八大以来习近平同志关于依法治国的重要论述［J］．新湘评论，2014，19：12－19.

于安．法律体系化趋向判断［J］．瞭望，2010，10：17－20.

中共中央．中共中央关于制定国民经济和社会发展第十四个五年规划和二〇三五年远景目标的建议［N］．人民日报，2020－11－4（1）．

光明日报特约评论员．实践是检验真理的唯一标准［N］．光明日报，1978－5－11（1）．

新华社．中央公安部公布华侨出入国境暂行办法［N］，人民日报，1951－8－3（1）．

新华社．习近平在十八届中共中央政治局常委同中外记者见面时强调：人民对美好生活的向往就是我们的奋斗目标［N］．人民日报，2012－11－16（4）．

新华社．习近平在中央统战工作会议上强调：巩固发展最广泛的爱国统一战线为实现中国梦提供广泛力量支持［N］．人民日报，2015－5－21（1）．

习近平．创新创新再创新 加快创新型国家建设步伐［N］．人民日报，2014－6－10（1）．

王聪、李强等．省政协视察团就全省贯彻落实《广东省华侨权益保护条例》情况展开视察，呼吁：尽快制定实施细则推动条例全面落地［N］．南方日报，2016－11－15（A05）．

张烁．1978 年到 2017 年间 83.73% 留学人员选择回国发展［N］．人民日报，2018－3－31（1）．

Maurice Roche. Studies Social Citizenship：Grounds of Social Change//Engin F. Isin & Bran Turner，Handbook of Citizenship Studies［M］．London：Sage，2002.

T. K. Oommen. Conceptualizing Nation and Nationality in South Asia//S. L. Sharma and T. K. Oommen，Nation and Nationality in South Asia［M］．New Delhi：Orient Longman，2000.

John D. Skrentny. Defining Nations in Asia and Europe：A Comparative Analysis of Ethnic Return Migration Policy［J］．International Migration Review，2007 Winter，41（4）．

Kenny Zhang. Attached，Less Attached or Not Attached? Participation in Canada of Overseas Citizens［J］．APF Project Series，2010，10（2）．

Henry Rojas. A Comparative Study of the Overseas Voting Laws and Systems of Selected Countries，A Development Associates Occasional Paper［J］，Democracy and Governance，2004，17.

John D. Skrentny，Stephanie Chan，John Fox and Denis Kim，

Defining Nations in Asia and Europe：A comparative Analysis of Ethnic Return Migration Policy [J]. IMR, 2007, 41 (4) .

Amit Baruah, Dual Citizenship for PIOs in Some Countries：PM [N], The Hindu, 2003 - 1 - 10.

Rahul Kanwal, Will Provide Citizenship to Persecuted Minorities：Rajnath Singh [N/OL], India Today, 2019 - 12 - 16. https：//www. indiatoday. in/india/story/once - rafale - is - inducted - our - enemy - will - think - very - hard - before - doing - anything - air - chief - bhadauria - 1628754 - 2019 - 12 - 16 [2021 - 1 - 19].

后　记

暨南大学素有“华侨最高学府”之称，侨务法学是暨南法学的特色学科。受侨校氛围的熏陶，近十余年间，我的学术研究主要围绕侨务法律史与现行侨务法治展开。其间，既感受到侨务法学的魅力，更体会到跨界探索的挑战，经历着痛并快乐的过程。本书系在2015年教育部人文社科重点研究基地重大项目“侨务法律体系研究”结项成果的基础上修改而成，也是本人出版的第一部侨务法著作。感谢暨南大学教育部人文社科重点研究基地（华侨华人研究）的大力支持，感谢暨南大学法学院/知识产权学院朱义坤院长的鞭策与鼓励，感谢知识产权出版社彭小华编辑的热心帮助。

该书是国内首部系统研究侨务法律体系的专著，虽然屡经修改，但仍难尽如人意。最终决定出版，既为抛砖引玉，接受学界检验，亦为对自己的侨务法研究作一个阶段性总结。侨务法学属于法学中的新兴交叉学科，既跨越法学、政治学、社会学等不同领域，又涉及法学各不同部门法的专业知识。由于本人学识浅陋且论题艰深，本书只能视为初步探索，其中难免存在疏漏之处，敬请学界同人不吝赐教。

乔素玲

2021 年 12 月 26 日

于暨南大学第二文科楼